新日文丛

文书档案中的历史

倪玉平 主编

清华大学出版社
北京

版权所有,侵权必究。举报: 010-62782989, beiqinquan@tup.tsinghua.edu.cn。

图书在版编目(CIP)数据

文书档案中的历史/倪玉平主编. —北京:清华大学出版社,2024.4
(日新文丛)
ISBN 978-7-302-66055-2

Ⅰ.①文… Ⅱ.①倪… Ⅲ.①文书档案-中国-古代 Ⅳ.①K206.3

中国国家版本馆 CIP 数据核字(2024)第 070477 号

责任编辑:马庆洲
封面设计:曲晓华
责任校对:欧　洋
责任印制:刘海龙

出版发行:清华大学出版社
网　　址:https://www.tup.com.cn,https://www.wqxuetang.com
地　　址:北京清华大学学研大厦A座　　邮　编:100084
社 总 机:010-83470000　　邮　购:010-62786544
投稿与读者服务:010-62776969,c-service@tup.tsinghua.edu.cn
质量反馈:010-62772015,zhiliang@tup.tsinghua.edu.cn

印 装 者:北京鑫海金澳胶印有限公司
经　　销:全国新华书店
开　　本:165mm×240mm　　印　张:20.5　　字　数:300 千字
版　　次:2024 年 6 月第 1 版　　印　次:2024 年 6 月第 1 次印刷
定　　价:89.00 元

产品编号:100930-01

前言

史料是史学研究的基础。脱离史料的史学研究，只能是无根之木，无源之水。史料分为很多种类，即以文字存在的史料，也可分为官私史书、文书档案、地方史乘、传记谱牒、文集笔记、日记信件、报刊杂志等。每类史料自有其特殊的价值，都有着不可被其他类史料所取代的作用。不过不可否认的是，在众多类史料之中，文书档案以其第一手性而在史学研究中占据突出的地位。为方便学生更好地了解文书档案的分布及特点，提高学生精细地解读文献的能力和研究能力，清华历史系特开设"文书档案中的历史"课程，邀请清华大学历史系老师，就各自研究过程中所经常使用到的文书档案进行专题介绍。我们还有幸邀请了原中国第一历史档案馆副馆长李国荣研究员向同学们专门介绍清宫档案。

由于"文书档案中的历史"课程是在疫情期间连续开设，大部分授课内容是在网上举行。虽然线上授课的体验和效果确实不如面对面的线下交流好，却也因为网络技术的发达，非常便利地就为我们保存了珍贵的录音资料。

历史学是清华大学历史最悠久、成就最辉煌的学科之一。1911年建校初期就开设有中国史、西洋史等课程，1926年正式成立历史系，著名学者王国维、梁启超、陈寅恪、蒋廷黻、雷海宗等都先后在历史系执教，形成了中西交融、古今贯通的学术传统，培养了一批又一批高水平的史学人才，在中国的学术史上书写了浓墨重彩的篇章。1952年随着院系调整的进行，历史系并入北京大学等校，其后三十多年，历史系在清华不复存在。20世纪80年代以后，清华大学逐渐恢复包括历史学科在内的人文学科。1985年成立思想文化研究所，主要从事中国古代思想文化史的研究。1993年，清华历史系恢复建制。2003年，历史系与思想文化研究所合并，成立新的历史系，对原有力量进行整合。目前，清华历史学科依托清华大学良好的学术环境，形成了以历史系为中心，多学科密切合作、名家汇集、梯队合理、特色明显的学术格局。

除个别老师有系统完整的文字讲稿外，大部分老师的授课内容都需要进行重新整理。因为同时担任日新书院几位同学的导师，我邀请这几位同学加入到对本课程录音资料的整理工作中，并协助老师完成校对。这几位同学的分工是这样的：

沈王也同学整理了刘国忠老师的讲稿，刘晓阳同学整理了阿风老师和仲伟民老师的讲稿，沈致远同学整理了李国荣老师和曹寅老师的讲稿，赵予辰同学整理了方诚峰老师、刘晓峰老师和吕昭老师的讲稿。对以上同学的付出表示感谢。

由于是对课堂讲稿的整理，我们尽量让文字保持原汁原味，以通俗流畅和方便阅读为目的。这样的做法是否妥当，还有待读者诸君检阅。

需要指出的是，有个别老师的讲稿因各种原因没有收录进本书，很有遗珠之憾。对于诸位同事的辛勤努力，致以崇高的敬意。

本书被纳入日新书院优秀教材建设系列（第三种），得到日新书院的出版资助。清华大学出版社马庆洲编审为本书的出版做了大量细致的工作，谨致谢忱。

倪玉平

2024年1月8日

目录
CONTENTS

商周文书 ……………………………… 赵平安 1
  一、商代甲骨文 ………………………………… 2
  二、西周金文 …………………………………… 18
  三、春秋盟书 …………………………………… 20
  四、战国简帛、符节、玺印 …………………… 21
  五、商周文书的特点 …………………………… 23

清华简与古代文史研究 ……………… 刘国忠 25

秦汉"以文书御天下" ………………… 侯旭东 44
  绪论 ……………………………………………… 44
  一、如何与何为 ………………………………… 48
  二、秦汉文书的全局观察 ……………………… 52
  三、各类文书管窥 ……………………………… 55
  四、文书中的秦汉世界 ………………………… 72
  五、文书研究的方法 …………………………… 75
  参考文献 ………………………………………… 76

中古出土文献 ………………………… 张国刚 79
  绪论 ……………………………………………… 79
  一、敦煌与敦煌文书 …………………………… 80
  二、新疆与吐鲁番文书 ………………………… 84
  三、黑水城文书(黑城学) …………………… 86

- 四、石刻题记与墓志 …… 87
- 五、中古文献与历史研究 …… 89

南宋徐谓礼文书 …… 方诚峰 109
- 一、前言：宋史研究的"新材料" …… 109
- 二、徐谓礼文书的发现 …… 111
- 三、徐谓礼文书的内容 …… 114
- 四、如何读徐谓礼文书？ …… 138

徽州文书 …… 阿风 146
- 一、徽州的历史 …… 147
- 二、徽州文书的发现 …… 150
- 三、徽州文书的分类 …… 153
- 四、徽州文书的史料价值 …… 166

清华契约文书 …… 仲伟民 168
- 一、绪论 …… 168
- 二、意义与价值 …… 169
- 三、如何使用契约 …… 185

明清档案的历史遗存、百年刊布与研究展望 …… 李国荣 187
- 一、明清档案与国运沧桑 …… 188
- 二、明清档案与国学大师 …… 192
- 三、明清档案的百年刊布 …… 195
- 四、明清档案的开发研究 …… 205

文书档案与法国史研究 …… 吕昭 213
- 一、文书档案与法国历史学博士培养 …… 213
- 二、"文书""档案"与史料 …… 219
- 三、档案与历史研究的关系 …… 221
- 四、法国档案管理与历史研究 …… 225
- 五、研究工具 …… 227

西欧中世纪官方文书的形制与格式 …… 张弢 229
- 一、历史辅助科学 …… 229
- 二、德语学界的史料二分法 …… 231

三、史料学辑要……………………………………………… 234
　　四、中世纪德意志帝王诏旨的现代刊本………………… 250
俄联邦档案的采集和运用………………………… 王　奇 256
　　一、俄联邦档案管理工作的原则及其特点……………… 256
　　二、俄联邦史学研究者工作方面的特点………………… 269
　　三、客观地还原本来面目………………………………… 273
印度档案…………………………………………… 曹　寅 275
　　一、绪论…………………………………………………… 275
　　二、史料与史实…………………………………………… 278
　　三、历史分期……………………………………………… 282
文书档案中的历史·日本篇……………………… 刘晓峰 286
　　一、从汉字进入日本说起………………………………… 286
　　二、金石文：名垂青史的渴望…………………………… 292
　　三、大化改新后律令时代的文书档案…………………… 299
　　四、从律令国家体制到庄园制…………………………… 307

商周文书

赵平安

文书是人们在社会活动中为处理各种事务而形成的、具有特定效用的信息记录。[①] 学者指出"自有文字后，文书也就逐渐产生，根据考古发现，我国距今六千多年前的仰韶文化时期，已有文字的萌芽。至今三千多年前的殷商时代已有了成熟的文字。文书的创制自然是为了记录事情和表达思想的。可以想象，文字从萌芽、创制、演进到成熟的几千年中，也应当同时逐渐和使用着原始文书。"[②] 文书以具体的文字为表达载体，故文书的出现与文字的成熟密不可分。另一方面，文书不同于一般文字表达的一大特点是文书具有官方性，文书的制作者一般是权威性的某一社会组织。国家是社会组织的高级形式，当国家机器诞生以后，面临各种复杂事务，必须通过某种管理工具行使权力、传达意志，文书因此应运而生。由此可以归纳出产生文书的两大必要条件，其一是成熟的文字，其二是国家组织。殷商时期的甲骨文已经是一种较为成熟的文字，具备了形成文书的基础条件；其次，殷商已经是一个王朝国家，形成了以商王为核心的国家组织。综合来看，殷商时期已具备产生文书条件，应已存在文书。

从甲骨文"册"字的字形看，殷商时期已经行用简册作为书写载体。由于各种原因，今日无法得见殷商时期简册，但从后世简册的使用情况看，简册可能是殷商时期文书的重要载体之一，其具体状况已无从得知。今日我们得见的殷商时期文书，主要是甲骨文。甲骨文的制作者与所有者主要为商王以及某些高级贵族，这就决定了甲骨文的官方性背景；甲骨文的创制是为了记录事情和表达思想，并通过占卜

[①] 王健主编：《文书学》，北京，中国人民大学出版社，1999年，第7~8页。
[②] 梁毓阶编著：《文书学》，北京，档案出版社，1985年，第9页。

的形式行使权力、传达意志。因此，殷商时期的甲骨文属于文书的一种，亦是目前我国可见时代最早的文书，可称是文书的滥觞。

商周时代的文书种类十分丰富，以地下出土资料为限，以时代为轴，有代表性的可分为：
- 商代甲骨文
- 西周金文
- 春秋盟书
- 战国简帛、符节、玺印

本文主要介绍我国文书的滥觞——商代甲骨文，并简单介绍西周金文、春秋盟书以及战国简帛、符节、玺印等商周文书类型。

一、商代甲骨文

（一）甲骨文的发现

晚清时期安阳小屯村一带农民在耕作时常会发掘出甲骨，小屯村民以为药材，售于药店，谓之龙骨。此时人们并未意识到甲骨的真正价值，因此学者往往将对甲骨的"鉴定与搜藏"的时间作为甲骨发现的时间。甲骨发现之年有两说，一说光绪己亥年（1899），王懿荣首先辨认出甲骨文为殷商文字。此说是学界主流意见。或据1931年《华北日报·华北画刊》所刊汐翁《龟甲文》判定王懿荣与刘鹗共同辨认出甲骨文。二说光绪戊戌年（1898），王襄与孟定生率先辨认出甲骨文。前说依据1903年著录出版的刘鹗《铁云藏龟》自序以及罗振玉所作序、1925年王襄《簠斋殷契征文》序等，后说依据王襄1933年和1935年发表的《题所录贞卜文册》《题易穞园殷契拓册》以及王襄后人所写回忆录。两说相较，后说晚出，仍当以前说为是。

（二）甲骨文的数量

自1899年甲骨文首次发现至今，已逾两个甲子。掌握出土、存世刻辞甲骨的数量及其收藏、著录情况，是全面整理甲骨文材料的基础。

随着殷墟以及其他晚商遗址考古工作开展,陆续有新的刻辞甲骨出现。另外原先藏于公私藏家的甲骨亦被陆续披露出版,故每隔一段时间,学者就会重新统计甲骨文材料总数。胡厚宣先生曾多次对甲骨数量进行统计,①认为殷墟甲骨文材料总共约有15万片。学者近期统计商周甲骨文材料共计16万片,包括了胡厚宣先生所统计的部分以及近年公私藏家披露部分,此外亦包括数百片西周甲骨。②以甲骨收藏地域论,大陆藏10万多片,台湾藏3万多片;国外藏2.7万片,具体分布于十二国,其中又以日本、加拿大两国收藏最多。

(三) 甲骨文主要著录著作

1903年刘鹗出版了甲骨学史上第一部著录著作《铁云藏龟》,此后民国时期学者陆续出版了一系列甲骨著录著作,重要的如《殷虚书契》《殷虚书契菁华》《殷虚书契后编》《卜辞通纂》《簠斋殷契征文》《殷契粹编》《殷虚文字甲编》等。1949年以后,由郭沫若主编、胡厚宣总编辑的《甲骨文合集》于1978—1982年陆续出齐,共计十三巨册。《甲骨文合集》共著录甲骨41956号,依照董作宾五期说将甲骨文分为五期,每期下又依据具体事项分为二十二类。该书的出版,极大地改变了甲骨文资料难以找寻的局面,大大推进了甲骨学与殷商史各个研究领域的发展,堪称甲骨学史上的里程碑式著作。1999年,原《合集》编辑组成员又陆续搜集到一批甲骨材料,出版了《甲骨文合集补编》,共著录甲骨13450片。除了《合集》《合补》外,重要的甲骨著录著作还有中国社会科学院考古研究所编纂的《小屯南地甲骨》,著录有字甲骨4589片;《花园庄东地甲骨》,著录有字甲骨689片;《殷墟小屯村中村南甲骨》,收录甲骨490余片;李学勤、齐文心、艾兰编纂的《英国所藏甲骨集》,收甲骨2674片。2022年,黄天树主编的《甲

---

① 胡厚宣:《甲骨文材料之统计》,《月报》第1卷第5期,上海,开明书店,1937年;胡厚宣:《甲骨文发现之历史及其材料之统计》,《甲骨学商史论丛初集》,成都,齐鲁大学国学研究所,1944年;胡厚宣:《五十年甲骨发现的总结》,北京,商务印书馆,1951年;胡厚宣:《八十五年来甲骨文材料之再统计》,《史学月刊》1984年第5期;胡厚宣:《大陆现藏之甲骨文字》,《中研院史语所集刊》第67本第4分,1996年。

② 葛亮:《一百二十年来甲骨文材料的初步统计》,《汉字汉语研究》,2019年第4期。

骨文摹本大系》出版,该书是第一部以摹本的形式按照新的理论和方法综合整理研究甲骨文资料的集大成之作,共收有字甲骨 70659 片,是目前已出版的收录甲骨材料最多的大型甲骨著录书。被称为"甲骨文最后的宝藏"的故宫藏甲骨文开始陆续出版,目前已出版《故宫博物院藏殷墟甲骨文》的《马衡卷》及《谢伯殳卷》。此外,宋镇豪主编的《甲骨文合集三编》共收甲骨 3 万余片,预计近期将会出版。

(四) 甲骨缀合的范例与著作

甲骨数量虽总计达 16 万片,但历经三千余年,其中完整者数量极少,绝大多数是残片,唯有通过缀合(拼合)复原甲骨本来的面貌。学者很早已经开始甲骨缀合工作,具有代表性的甲骨缀合实例,如 1917 年王国维在《戬寿堂所藏殷虚文字考释》中,缀合了《戬寿堂所藏殷虚文字》1·10 与《殷虚书契后编》8·14 两片。此片缀合以后,王国维发现卜辞中报乙在报丙、报丁之前,与《史记·殷本纪》所记世序不同,从而纠正《殷本纪》之误。此片的缀合亦是王氏写作名文

本片选自《殷契粹编》第 112 片(摹本见《大系》① 51762)。由三片碎骨缀合而成。甲(《殷虚书契后编》8·14)、乙(《戬寿堂所藏殷虚文字》1·10)、丙(善斋藏骨)。甲、乙为王国维缀合,丙为董作宾缀合。

释文:……乙未酒**品上甲十、报乙三、报丙三、报丁三、示壬三、示癸三、大乙十、大丁十、大甲十、大庚七、小甲三、大……、〔戔甲〕三、且乙十……

---

① 《大系》指黄天树主编:《甲骨文摹本大系》,北京,北京大学出版社,2022 年。下同。

《殷卜辞中所见先公先王考》的重要依据。1933年，董作宾找到一片甲骨可与王国维所缀的两片甲骨进一步缀合，由此证明示癸之下为大乙。此片缀合以后，商先公先王的世系亦由此明晰。1933年郭沫若所著《殷契粹编》第113号缀合三片甲骨，得知"上甲之次为报乙、报丙、报丁、示壬、示癸，又为王说得一佳证"。

甲骨缀合工作是甲骨学研究的一项重要基础性工作，缀合以后，残断甲骨文得以通读，可谓甲骨文的再发现。随着甲骨文材料的陆续公布，甲骨缀合的工作亦持续开展，并出现了一些著录缀合甲骨的专书。1939年，曾毅公出版《甲骨叕存》，收入缀合甲骨75版。1950年，曾氏又出版了《甲骨缀合编》，著录缀合甲骨496版，各版按照事类编次，并注明所缀各片具体出处。1955年，曾氏与郭若愚、李学勤合作，出版了《殷虚文字缀合》，共收缀合482版。此后《甲骨文合集》更是缀合两千余版，负责缀合的是桂琼英，这是甲骨学史中容易忽略的。[①] 1970年代以来，缀合工作蓬勃发展，相关成果如台湾学者严一萍《甲骨缀合新编》《新编补》《殷虚第十三次发掘所得卜甲缀合集》，蔡哲茂《甲骨缀合集》《续集》《甲骨缀合汇编》及其高徒林宏明的《醉古集》《契合集》，大陆方面缀合成果最为突出的是黄天树及其团队，缀合成果汇编为《甲骨拼合集》《续集》《三集》《四集》《五集》。

通过学者的不懈努力，甲骨缀合工作已经取得很大成果。据有关学者统计，新世纪以来，新缀甲骨4100组，涉及10000余片，总字数超过10万。新世纪以前的缀合情况较难以统计，新世纪以来的缀合情况亦未能穷尽统计。随着科技手段的应用以及甲骨著录书籍电子化，甲骨缀合工作比过去便捷了许多，随着缀合工作的进行，未来甲骨总数将大大减少，而甲骨文材料反映的信息量则会大幅增加。

（五）甲骨文的释读

甲骨文研究的基础工作主要包括两个方面，其一释字，其二断代。

[①] 王宇信：《甲骨学通论》（修订本），北京，中国社会科学出版社，2015年，第184~185页。

释字是扫清阅读障碍，断代是厘清年代层次，这是两个着眼点不同又相互关联的工作。

刘鹗在1903年出版的《铁云藏龟》中释出40余字，其中34个正确，包括19个干支、2个数字。1904年，孙诒让《契文举例》据《铁云藏龟》所录甲骨写成出版，此书是甲骨学史上第一部考释甲骨文字的开创性著作，释出185字，正确者仅十分之一，故罗振玉、王国维对于此书评价不高。但孙氏所释贞、乘、射、羌、去、省、若、亘、兆、禽、周、复、易等字均不易凭借字形释出，如郭沫若评价的"然考释之业，此为创始"①，且孙诒让在世之时仅有《铁云藏龟》一书作为资料，其所做出的贡献就更值得后人珍视了，其古文字和古文献方面的学力决不在罗王之下。②迄今为止释读甲骨文最多的学者是罗振玉。罗氏本身既是大收藏家，所藏甲骨资料十分宏富，又是一流学者，故在甲骨学研究上成绩斐然。氏著《殷虚书契考释》初印于1914年底，释出485字。1927年，罗氏集结发表《殷虚书契考释》增订本，释字达560字。至此，"甲骨文字之学蔚然成一巨观"③。王国维在甲骨文考释方面与罗氏互相发明，《殷虚书契考释》增订本多参王氏意见。王氏所释虽仅十余字，但其所释字如王、旬、翌、土（社）、我、又（侑、佑、有）等字皆十分常见，对理解卜辞颇为重要。④孙、罗、王三人总计已释出甲骨文中十之二三的字，从史料价值而言，殷先公先王名和王、卜、贞等字的释出最具关键意义。

殷先公先王名的考释事关甲骨文的性质、时代等核心问题，学者关注最多。此类实例如罗振玉、内藤湖南、王国维对王亥的考释与研究，王国维对王恒的考释与研究，罗振玉对季（冥）的考释与研究，王国维对上甲微的考释与研究，罗振玉对三报及二示的考释与研究。其中最具代表性的是王国维的两篇名文《殷卜辞中所见先公先王考》

---

① 郭沫若：《卜辞通纂》，《郭沫若全集·考古编》第二卷，北京，科学出版社，1982年，第37页。
② 裘锡圭：《谈谈孙诒让的〈契文举例〉》，《裘锡圭学术文集》第六卷《杂著卷》，上海，复旦大学出版社，2012年，第47页。
③ 郭沫若：《中国古代社会研究》，北京，商务印书馆，2011年，第205页。
④ 陈梦家：《殷虚卜辞综述》，北京，中华书局，1988年，第60~61页。

《殷卜辞中所见先公先王续考》。二文发表于 1917 年，收入《观堂集林》第九卷。在《先公先王考》中，王氏发现甲骨文中的王亥就是《山海经》《竹书纪年》所载商先公王亥，亦即《世本》之胲、《帝系》之核、《楚辞》之该、《吕氏春秋》之王冰、《史记》之振、《汉书》之垓。此外王氏还讨论了甲骨文中的王恒、季、唐、大乙、上甲、三报、羊甲等先公先王与传世文献的具体对应关系，由此证实了《世本》《史记》等文献所载商人世系的真实性。在这两篇名文中，王氏运用新发现甲骨文资料与传世文献资料相印证，对商王世系及相关问题进行研究，捋清了商先公先王的世系，对卜辞梳理有非常重要的帮助，可谓"二重证据法"的代表作。

绝大部分的甲骨文是卜辞，罗振玉在《殷虚书契考释》中已释出"卜"字，实际上罗氏 1910 出版的《殷商贞卜文字考》已称"贞卜"，可见早在 1910 年罗氏就已辨识出甲骨文中的"贞""卜"二字，且将二者联称，当是认同二者义近。但直至 1931 年董作宾《大龟四版考释》一文发表，学界才真正理解接受甲骨文中"贞"之含义。董作宾将甲骨文中"贞"前一个字解释为贞人名，所谓贞人即是"卜问的人"，依据与贞人同版的商王对某直系亲属的亲称，可以判断卜辞时代，进而判定贞人所处时代，由此贞人则可系联出一批时代相同或相近的卜辞，从此甲骨卜辞材料的时代就不再是"一团浑沌"了，也难怪郭沫若称贞人说的提出为"凿破鸿濛"。

据统计，甲骨文总字数 4500（或说 5000）个左右，通过几代学者一百二十余年的努力，目前已释出 1500（或说 1700、2000）个左右。甲骨文未释字绝大多数是专名字（人名、地名等），对通读文例影响不大，截至目前，绝大多数甲骨文例可以通读。

（六）甲骨断代与甲骨组类学

甲骨文的释读为甲骨分期提供了基础条件，尤其是先公先王名、王、卜、贞等关键字词的释读，与甲骨文的分期断代息息相关。1933 年，董作宾发表了十万余言的鸿篇巨制《甲骨文断代研究例》，全面论证了甲骨断代学说，确定了甲骨文的十项断代标准，并将殷墟出土的甲骨文划分为五个时期。十项标准分别为：世系、称谓、贞人、坑位、方国、人物、事类、文法、字形、书体。其中最重要的标准是世系、称谓、贞人，被陈梦家称为"第一标准"，又以贞人最为关键。① 五个时期则是：第一期盘庚、小辛、小乙、武丁，第二期祖庚、祖甲，第三期廪辛、康丁，第四期武乙、文丁，第五期帝乙、帝辛。十项断代标准犹如一把钥匙，打开了原本"浑沌一团"的16万片甲骨时代先后的大门，有条不紊地划归到五个时期。董作宾的分期断代研究，奠定了甲骨文分期断代研究的基础，把甲骨文研究推入一个新的阶段，影响极其深远。

在甲骨学史中，陈梦家亦对甲骨分期断代做出了巨大贡献。他在甲骨学代表性奠基著作《殷虚卜辞综述》中指出卜辞中的世系、称谓和占卜者乃甲骨断代的首要条件，而占卜者是最好的断代标准；字体、词汇和文例的特征，以及祀典、历法、史实和其他制度，都能在卜人断代的基础上用分期的方法进行研究，借以判定无卜人卜辞的年代，可以称之为甲骨断代的第二标准和第三标准。至于坑位，因其堆积情况复杂，"只能供给我们以有限度的断代启示，而在应用它断代时需要十分的谨慎"②。陈氏提出的坑位对于甲骨断代的有限性极富有远见，此后学者对历组卜辞时代的问题展开讨论，很大程度上是对坑位之于甲骨断代作用程度认识不同引起的纷争。关于殷墟甲骨的分期，陈梦家认为可以分为九期（从武丁起每个王一期），同时指出"在实际分辨时，常有困难，所以我们一则提出早、中、晚三期大概的分期，同时也保留了董氏五期分法。在可以细分时，我们尽量地用九期分法，在不容易细分别时则用五期甚至于三期的分法"③。

陈氏对甲骨断代分期的另外一大贡献是其在董作宾"贞人集团"概念基础上率先提出了"卜人组"的概念，并系联出数倍于董作宾的卜人组，具体包括自组、子组、午组、宾组、出组、何组。并将自组、子组、午组等董作宾所谓"文武丁卜辞"的时代提前至武丁时期，真

---

① 陈梦家：《殷虚卜辞综述》，第137页。
② 陈梦家：《殷虚卜辞综述》，第135~141页。
③ 陈梦家：《殷虚卜辞综述》，第138页。

正"揭穿了文武丁时代卜辞的谜"。由此，陈氏还提出了"即在同一朝代之内，字体文例及一切制度并非一成不变的；它们之逐渐向前变化也非朝代所可隔断的"①的总结，如今看此说可谓高瞻远瞩。

以1976年安阳小屯M5（妇好墓）发掘为契机，李学勤敏锐指出，此前曾出现"妇好"的所谓第四期卜辞，实际应提早至第一期。此类卜辞罕见贞人，只有一个贞人"历"，故被李学勤称为历组卜辞。② 李说提出后，裘锡圭、林沄等学者相继论证历组卜辞提前的依据，但亦有学者从地层角度提出质疑，认为从小屯南地甲骨发掘来看，历组卜辞出于晚期地层，不能提早。实际上，早期地层固然不可能出晚期器物，但晚期地层却完全有可能出早期器物，这就是陈梦家很早就已专门指出的坑位对甲骨断代的有限性。历组卜辞提前是甲骨断代的一个重大突破，在此基础上，李先生提出了殷墟王卜辞的"两系说"，"所谓两系，是说殷墟甲骨的发展可划为两个系统，一个系统是由宾组发展到出组、何组、黄组，另一个系统是由师组发展到历组、无名组。"③此后，李先生进一步发展了"两系说"，指出自组卜辞时代最早，村南北皆有出土，为两系共同源头，黄组卜辞时代最晚，是两系共同归宿。由于按王世分期和贞人等分组是两个不同的步骤，因而同一个王世可能有不同的组类，同一个组类也可能属于不同的王世，这使学者认识到应先分组类，再断代。这一理念极大推进了新的甲骨学体系的建设。今天李先生的"两系说"，已得到学者普遍认同，成为甲骨断代研究上的里程碑。前文所叙黄天树团队编纂的《甲骨文摹本大系》即以此为基本框架。

除了以甲骨文具体内容作为断代依据外，对于科学发掘的甲骨断代，考古学的运用正在加强（坑位、地层、伴随物）。对于能见到实物的学者，也可利用钻凿形态辅助断代。此外，还可以借助科技手段为甲骨断代，例如碳14测年在"夏商周断代工程"中曾得到充分运用，或亦可以引入甲骨断代研究，目前已有外国学者运用碳14检测手段从

---

① 陈梦家：《殷虚卜辞综述》，第153页。
② 李学勤：《论"妇好"墓的年代及有关问题》，《文物》，1977年第11期。
③ 李学勤：《殷墟甲骨分期的两系说》，《古文字研究》第18辑，1992年，第26页。

事这方面工作。

分组、分类、分系、断代，可以把单片甲骨集约化，把混沌的甲骨格式化，使之科学地发挥作用，发挥更大的作用。

(七) 甲骨文的性质

甲骨文主要是占卜的记录，但也有少量非占卜记录。非占卜记录可具体分为三类：卜事刻辞、纪事刻辞、表谱刻辞。

这里说的卜事刻辞，是学者传统所指的记事刻辞的主要部分，但这一名称容易造成混淆，因其内容与占卜事务相关，故称之为卜事刻辞。胡厚宣在1944年所作《武丁时五种记事刻辞考》中系统提出了"记事刻辞"的概念，此类刻辞绝无"贞""卜"之类字，背面亦无钻凿灼烧痕迹。按照刻写位置来分，此类记事刻辞可分为甲桥刻辞、背甲刻辞、甲尾刻辞、骨臼刻辞、骨面刻辞五类，每一类刻辞不仅刻写位置不同，内容也各不相同。若按照内容性质来说，此类记事刻辞大部分又可称为署辞，内容包括甲骨来源、修治甲骨的人员、修治后交付保管的人员等。①

纪事刻辞，是指记录某天发生某事的刻辞。以内容为区分，主要包含两大类，其一是祭祀类纪事刻辞，其二是铭功旌绩类纪事刻辞。②祭祀类纪事刻辞契刻位置往往位于骨面与甲桥部位，从契刻角度而言亦可归为"骨面刻辞"或"甲桥刻辞"中。③ 具体包括"宜义京""宜殷京""宜庚宗"以及一些与祭祀先祖妣有关却不见"卜""贞"字的刻辞。铭功旌绩类纪事刻辞数量较少，只能举出几例，但此类刻辞较为特殊，学者多有关注。代表性的如小臣墙刻辞、人头骨刻辞、兕头骨刻辞、鹿头骨刻辞、骨柶刻辞（宰丰骨、虎膊骨）、牛距骨刻辞等，记载的内容包含战争、献俘、田猎、祭祀等。除以上两大类纪事刻辞外，还有的纪事刻辞不能归入其中，如著名的四方风刻辞。

---

① 李学勤：《关于甲骨的基础知识》，《历史教学》，1959年第7期。
② 方稚松：《殷墟甲骨文五种外记事刻辞研究》，上海，上海古籍出版社，2022年，前言第4页。
③ 宋镇豪、刘源著：《甲骨学殷商史研究》，福州，福建人民出版社，2006年，第11页。

表谱刻辞，主要包含两类，其一是干支表刻辞，其二是家谱刻辞。干支表刻辞将干支连续刻写，多至六十干支。此类刻辞刻于无钻凿卜兆部位，属于非占卜内容。学者统计干支表刻辞总计约五百版，见于各组类刻辞，但绝大多数集中于黄组刻辞。① 一般认为，干支表刻辞是刻手练习刻写的习刻作品。家谱刻辞记载某家族家谱，是甲骨文中尤为特殊的一类刻辞，受到学者高度关注。学者对于家谱刻辞的真伪问题有多次讨论，至今已有约六十篇专门讨论家谱刻辞真伪问题的文章或著作章节。经过学者长期的研究讨论，可初步确认《库方二氏藏甲骨刻辞》1506应为真品，其余四版则为伪刻。② 由此可知，晚商时期的先民已有"家谱"概念，此类家谱传统跨越三千余年，体现了我国传统底蕴的稳定性。

占卜记录是甲骨文的主体部分。卜辞完整格式包括：

1. 兆辞。即兆侧刻辞，记录兆象的情况和次第。
2. 叙辞。亦称前辞，记录占卜时间和卜人。
3. 命辞。亦称贞辞，记录贞问的问题。
4. 占辞。记录根据兆象做出的吉凶判断。
5. 验辞。记录占卜后是否应验的情况。

按照占卜主体区分，甲骨卜辞又可分为王卜辞与非王卜辞两大类。所谓王卜辞，即占卜主体为商王的卜辞。非王卜辞的概念最早由李学勤提出，③ 所谓"非王卜辞"是相对于王卜辞而言的，其占卜主体为王朝高级贵族，一般是来自于王室的诸"子"，早期日本学者所提出的"子卜贞卜辞""多子族卜辞"即属于非王卜辞。

铭功刻辞和记事刻辞的功能是为了展示荣耀或记录事件，不易腐朽的甲骨能够很好地实现展示和保存功能，人们出于展示和保存的需

---

① 方稚松：《殷墟甲骨文五种外记事刻辞研究》，上海，上海古籍出版社，2022年，第144页。
② 相关研究简介可参邓晓娜：《甲骨文家谱刻辞的提出和早期研究》，《甲骨文与殷商史》新10辑，上海，上海古籍出版社，2020年，第22~36页；张惟捷：《新材料彰显"家谱刻辞"的史学价值》，《中国社会科学报》，2021年12月10日。
③ 李学勤：《评陈梦家〈殷虚卜辞综述〉》，《考古学报》，1957年第3期；李学勤：《帝乙时代的非王卜辞》，《考古学报》，1958年第1期。

求,将其契刻于甲骨是容易理解的。以此推之,将数量庞大的卜辞契刻于甲骨亦应出于某种动机,至少反映出商人明确的记录意图,表明甲骨卜辞具有记录性。另一方面,契刻卜辞于甲骨这一行为具有特定的功能,就商人的占卜而言,至少同时包括了决疑和祈请两个方面内容,也正是这两方面内容,促使商人将卜辞契刻于甲骨。其中"祈请"的方面长期为学者所忽视,从卜辞看,商人"祈请"的对象包括自然神与祖先神。占卜不仅是单纯地预知吉凶的活动,而且也是与鬼神沟通与博弈以达成预定目的的活动,卜辞在这一活动中作为商王、贵族与神灵沟通的媒介。① 从这一角度看,甲骨卜辞还具有流通性。甲骨刻辞所反映出的记录性与流通性,是将甲骨刻辞视作文书档案的根本依据。

陈梦家很早已经指出"殷人的典册应该是书于竹木上的,今已无存。但是卜用甲骨上的刻辞,固然是王室的文书记录,是殷代的王家档案"。并列举了四条判断依据:(1)殷代的社会,王与巫史既操政治的大权,又兼为占卜的主持者,所以这些卜辞也可以视作政事的决定记录;(2)卜辞集中出土于殷都安阳,而卜辞中所记占卜地往往有在殷都以外的,可见这些在外地占卜了的甲骨仍旧归档于殷都;(3)殷都的甲骨有很多是储积或累积于一处,可能是当时储档之所;(4)非卜辞的卜事刻辞,除了记述甲骨的来历、整治以外,还有经管的卜官的名字,可见当时有人经管这些档案。② 陈氏提出的四点判断依据,有力地支持了甲骨刻辞是王室文书档案的观点。从殷墟考古来看,一些遗迹所出甲骨应是有意识埋藏的,此类遗迹一般都是窖穴,比如花东H3、小屯北H251、小屯南地H103,出土的甲骨以大版的为主,通常是成堆甲骨集中地出土。这三个窖藏坑的甲骨堆积层的上方填土都经过加工、夯打,表明这是一种有意识的埋藏。此类考古发现是对陈梦家提出的第三条依据的有力支持。

---

① 徐义华:《商代契刻卜辞于甲骨的动因》,《河南社会科学》,2022年第1期。
② 陈梦家:《殷虚卜辞综述》,北京,中华书局,1988年,第46页。

（八）甲骨文社会学的分类

《甲骨文合集》在编纂时按照五期分法编排，同时在每一期下又按其主要内容，从社会史的角度进一步分类编排，共分为四大类二十二小类：

1. 阶级和国家：(1) 奴隶和平民；(2) 奴隶主贵族；(3) 官吏；(4) 军队、刑罚、监狱；(5) 战争；(6) 方域；(7) 贡纳。

2. 社会生产：(1) 农业；(2) 渔猎、畜牧；(3) 手工业；(4) 商业、交通。

3. 思想文化：(1) 天文、历法；(2) 气象；(3) 建筑；(4) 疾病；(5) 生育；(6) 鬼神崇拜；(7) 祭祀；(8) 吉凶梦幻；(9) 卜法；(10) 文字。

4. 其他。

《甲骨文合集》的编纂时代较早，一些分类名词无可避免地带上了时代的史学烙印。此外，一些小类的相关刻辞十分稀少，还有的小类之间含义存在重叠，可以进一步归并。如今从社会学角度重新分类，可将甲骨文内容分为七类：祭祀、战争、田猎、农事、气象、疾病、旬夕。分别举例如下：

(1) 祭祀

50411

著录：《大系》50411

组类：历一 B 类

释文：己亥贞：庚子酒宜于夒，羌卅，十牢。

（2）战争

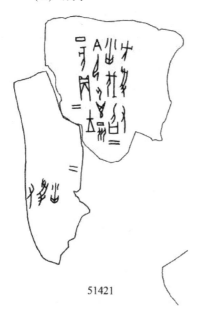

著录：《大系》51421

组类：历二 B 类

释文：龠受又（佑）。二。

丁亥贞：王令皋（毕）众龠伐召方，受又（佑）。二。二。

51421

（3）田猎

著录：《大系》45852

组类：黄类

释文：乙丑〔卜〕，贞：今〔日王田〕□，不雨。〔兹〕巾（孚）。

其雨。二。

戊辰卜，贞：今日王田敦，不遘雨。

其遘雨。

壬申卜，贞：今日不雨。

45852

(4) 农事

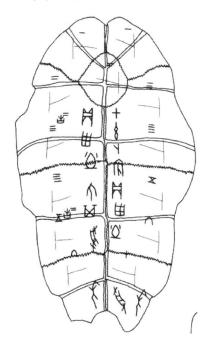

著录：《大系》16012 正

组类：典宾 A 类

释文：甲午卜，宾贞：西土受年。一
二 三 四 五 六 七
贞：西土不其受年。一 二 二
告 三 四 三告 五 六

(5) 气象

著录：《大系》59609

组类：无名组

释文：自今辛至于來辛又（有）大雨。
自今辛至于來辛亡大雨。

（6）疾病

30647

著录：《大系》30647

组类：出一类

释文：旬㞢（有）求（咎），王疒（疾）
首，中日彗。
…旬〔亡〕囚（忧）。

（7）旬夕

46754

著录：《大系》46754

组类：黄类

释文：癸亥卜，㱃鼎（貞）：王旬亡
〔囚（忧）〕。才（在）十月。
甲子工典其妹。

（九）甲骨文与商史研究

商代距今已三千余年，相关史籍绝大多数已湮灭于历史长河之中。殷墟甲骨文作为商人的文书档案，是探知商代历史极其宝贵的一手史料。

王国维是最早利用甲骨文研究商史的代表性学者。1917年，王国维写成《殷卜辞中所见先公先王考》《殷卜辞中所见先公先王续考》二文，堪称王氏所主张的"二重证据法"的典范之作。在这两篇名文中，王氏依据卜辞记载系统考证商先公先王名号，并排列出商先公先王世系，证实《史记·殷本纪》所载商世系大体不误，确为信史，同时又依据卜辞纠正了《殷本纪》所记商世系的个别错误。王氏在两篇名文中提出的许多见解，至今仍是正确可信的，为各家所采纳。相关事例已略叙于"（五）甲骨文的释读"一节，此不赘。当然，王氏二文中亦有一些欠妥之处，如以羌甲为羊甲并证为阳甲、以后祖乙为武乙等说均有可商之处。

同年，王氏所作另一篇雄文《殷周制度论》问世。此文被郭沫若称为"一篇轰动了全学界的大论文"，对史学界影响极大。王氏开篇即言："中国政治与文化之变革，莫剧于殷、周之际。"开门见山地抛出了商周变革的著名观点，并从地域上加以区别夏商文化略同之原因，而周代则与之不同之原因。具体而言：周人制度之大异于商者，一曰"立子立嫡"之制，由是而生宗法及丧服之制，并由是而有封建子弟之制，君天子臣诸侯之制；二曰庙数之制；三曰同姓不婚之制。此数者，皆周之所以纲纪天下。其旨则在纳上下于道德，而合天子、诸侯、卿、大夫、士、庶民以成一道德之团体。周公制作之本意，实在于此。

《殷周制度论》是依据甲骨、金文材料及传世史料进行综合比较研究的著作，篇中成功运用甲骨刻辞等资料来证史，在学术界产生了很大影响。① 不过，王氏此文侧重强调商周变革，忽视商周继承，对此陈梦家曾有专门评述，② 长期以来学者亦颇强调商周继承，③ 是对王氏商周变革之说的一个反思。

王国维在商周制度比较中，也大致廓清了商的制度。后来的商史研究，都是建立在新的理论方法和商代史料的开发的基础上。就同时资料而言，主要是甲骨、金文和其他考古遗址、遗物。其中犹以甲骨文最为重要。

---

① 刘一曼、韩江苏：《甲骨文书籍提要》，上海，上海古籍出版社，2017年，第110页。
② 陈梦家：《殷虚卜辞综述》，北京，中华书局，1988年，第629~631页。
③ 徐中舒：《殷周文化蠡测》，《"中研院"史语所集刊》第二本第三分，1931年；严一萍：《夏商周文化异同考》，《大陆杂志》1952年特刊；张光直：《夏商周三代都制与三代文化异同》，《"中研院"史语所集刊》第五十五本第一分，1984年；王贵民：《"周因于殷礼"集证》，台北，明文书局，1989年，第384~389页；刘源：《周承殷制的新证据及其启示》，《历史研究》2016年第2期。

世纪之交，甲骨学百年之际，商断代史著的撰述由宋镇豪提上日程。该项目先后被列为中国社会科学院重大 A 类课题和国家社科基金项目。在宋镇豪带领下，历经 8 年时间，克服重重困难，终于 2007 年稿成。《商代史》以重建商代史为目标，最终著成商代史论纲、《殷本纪》订补与商史人物徵、商族起源与先商社会变迁、社会与国家、商代都邑、经济与科技、社会生活与礼俗、宗教祭祀、战争与军制、地理与方国、殷遗与殷鉴共 11 卷。总字数 688 万，是一部具有原创性和集大成的断代史著。

《商代史》注重研究领域的开拓，填补了商断代史著述的空白；突破了传统断代史著的体例模式，重视著述的可行性，多层面多视角勾勒复杂纷纭、生动具体的商代历史表象，总结其社会内在特征和时代演进规律；体现多学科性和后续发展性，集结众多学术研究成果，在学科最前沿一线的起点与高层位上完成著述工作，以引领 21 世纪商代史研究继续向纵深领域展开。《商代史》是商代历史研究具有里程碑意义的著作，也是中国古史重要的学术成果之一。

二、西周金文

金文是商周时期的重要文书类型。代表性著录书有《殷周金文集成》《近出殷周金文集录》《近出殷周金文集录二编》等。① 目前收录商周铜器铭文最齐全的著录书为吴镇烽主编的《商周青铜器铭文暨图像集成》《商周青铜器铭文暨图像集成续编》《商周青铜器铭文暨图像集成三编》，此三套书共收商周金文两万余篇，② 其中西周金文占比近半。

---

① 中国社会科学院考古研究所编：《殷周金文集成》，北京，中华书局，1984—1991 年；中国社会科学院考古研究所编：《殷周金文集成》（修订增补本），2007 年；刘雨、卢岩编著：《近出殷周金文集录》，北京，中华书局，2002 年；刘雨、严志斌编著：《近出殷周金文集录二编》，北京，中华书局，2010 年。
② 吴镇烽编著：《商周青铜器铭文暨图像集成》，上海，上海古籍出版社，2012 年；吴镇烽编著：《商周青铜器铭文暨图像集成续编》，上海，上海古籍出版社，2016 年；吴镇烽编著：《商周青铜器铭文暨图像集成三编》，上海，上海古籍出版社，2020 年。

西周金文的内容铸刻在礼器和实用器上,所记往往是有纪念意义的重大事件,具备记录性和流通性,无疑属于商周文书的一种。按照内容划分,西周金文包括祭祀、军事、分封、册命、婚姻、外交、约剂等类别,以下略举较有代表性的两个实例。

册命

器名:同簋

著录:《铭图》5322

时代:西周中期

铭文(宽释):唯十又二月初吉丁丑,王在宗周,格于大庙。荣伯右同,立中廷,北向。王命同:左右吴大父司场、林、虞、牧,自虒东至于河,厥逆至于玄水。世孙孙子子左右吴大父,毋汝有闲。对扬天子厥休,用作朕文考惠仲尊宝簋。其万年子子孙孙永宝用。

约剂

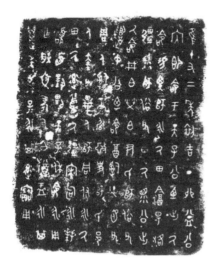

器名:永盂

著录:《铭图》6230

时代:西周中期

铭文(宽释):唯十又二年初吉丁卯,益公内,即命于天子。公乃出厥命,赐畀师永厥田,阴阳洛疆眔师俗父田,厥眔公出厥命:井伯、荣伯、尹氏、师俗父、遣仲,公乃命郑司徒温父、周人司工殷、亚史、师氏、邑人奎父、毕人师同付永厥田。厥率履,厥疆宋句。永拜稽首,对扬天子休命,永用作朕文考乙伯尊盂,永其万年孙孙子子永其率宝用。

三、春秋盟书

盟书，是记载盟誓的文书。《淮南子·氾论训》载"殷人誓，周人盟"。春秋时期盟誓尤其盛行，《左传·成公十三年》载"申之以盟誓，重之以婚姻"，将盟誓的重要性与婚姻并列。盟誓以后，一般有相应文书作为盟誓凭证，此即为盟书。写好的盟书正本需要在仪式中宣读，然后掘地坎埋之。目前所见春秋盟书，主要有侯马盟书与温县盟书两种。

1965年，山西侯马晋国遗址出土大量写有文字的玉石片，数量多达五千余件，可认读者约六百余件，郭沫若最早将这批玉石片命名为"侯马盟书"①。1976年，文物出版社整理出版了《侯马盟书》一书，包含图版、摹本、释文等信息，② 此后亦有增订再版。③

学界对于侯马盟书的内容与时代莫衷一是，或认为盟书主盟人即赵简子赵鞅，政敌为赵尼，盟誓时间为前497—489年；或认为主盟人为赵桓子赵嘉，政敌为赵化，盟誓时间在赵桓子元年（前424）前后。同《温县盟书》比较可知，两说以前说为优。《侯马盟书》将盟书分为宗盟、委质、纳室、诅咒、卜筮五类。宗盟类盟书是赵氏宗主与赵氏家臣的盟誓之辞，主要强调奉事宗庙祭祀与守护宗庙，即"事其宗""守二宫"；委质类盟书是原敌对阵营投降人物所立的誓约，表明与原阵营决裂；纳室类盟书是参盟人表示自身不会肆意扩充土田人口，即所谓"纳室"，并声讨宗族纳室行为的誓约；诅咒类盟书是对既犯罪行的诅咒和谴责；卜筮类盟书是盟誓中有关卜筮的一些记录。④

温县盟书在1930—1942年间就曾多次出土（这批盟书一度被称为

---

① 郭沫若：《侯马盟书试探》，《文物》1966年第2期。
② 山西省文物工作委员会编：《侯马盟书》，北京，文物出版社，1976年。
③ 山西省文物工作委员会编：《侯马盟书》（增订本），太原，山西古籍出版社，2006年；山西省文物工作委员会编：《侯马盟书》，太原，三晋出版社，2016年。
④ 山西省文物工作委员会编：《侯马盟书》，北京，文物出版社，1976年，第11~13页。

沁阳盟书，后来学者认定出土地实为温县盟誓遗址），1980—1982年考古工作者在河南温县盟誓遗址共发现土坎124个，其中有16坑出土书写盟辞的石片，总计数量多达万余片，但目前仅发表一号坎的材料。①温县盟书所涉及的人物与侯马盟书多有相合，盟书遣词基本一致，时代与之相近。学者多依据盟辞"十五年十二月乙未朔，辛酉"将其时代定为晋定公十五年（前497），主盟人为韩简子。

四、战国简帛、符节、玺印

（一）战国简帛

战国时期的文书载体以简帛为主，其中竹简占绝大多数，帛书十分罕见。按照内容划分，战国简主要可分为书类文献简、法律文书简、祭祀卜祷简、遣册等几大类。

书类文献简以清华简为代表。清华简于2008年入藏清华大学，共计2388枚，时代为战国中晚期，文字风格主要是楚国的，当为楚地墓葬出土。清华简内容多为经、史类书，大多前所未见，内容十分重要，"将极大地改变中国古史研究的面貌"。清华简中有部分文献属于典型的官方文书，例如《清华大学藏战国楚简》第五册中有《封许之命》，即周初成王封建许国的册命文书。

法律文书简以包山楚简为代表。包山楚简出土于湖北省荆门市包山二号战国楚墓，墓主为楚国左尹邵佗。包山楚简计有278枚竹简和1枚竹牍，包括司法文书简、卜筮祭祷简和遣策三种。司法文书简是若干独立的事件或案件的记录，这些记录都是各地官员向中央政府呈报的文件，具体包括《集箸》《集箸言》《受期》《疋狱》等。

祭祀卜祷简代表如望山一号墓简、葛陵简等。望山一号墓位于楚纪南城之西的八岭山古墓区，是一座中级规模楚墓，时代为战国中晚期，墓主悼固是楚悼王曾孙。墓中所出竹简残断太甚，经拼接竹简总

---

① 河南省文物研究所：《河南温县东周盟誓遗址一号坎发掘简报》，《文物》，1983年第3期。

数共计207枚。这批竹简的内容，主要是为墓主悼固卜筮祭祷的记录。该墓随葬品较为丰富，举世闻名的越王勾践剑亦出于墓中。葛陵简出土于河南新蔡的一座战国中期大型楚国贵族墓葬，共计1571枚，内容以卜筮祝祷为主。该墓墓主为楚国封君平夜君成，地位很高，葛陵简为研究楚国上层贵族卜筮、祭祷等方面的习俗礼制，以及上层贵族与中下层贵族的异同情况，提供了第一手资料。此外，此类祭祀卜祷简与商代卜辞颇有相似之处，可见商周甲骨卜辞以至战国竹简卜辞是一脉相承的。[1]

遣册是专门记录随葬品器物的简牍，首见于楚地。遣册简代表如长沙五里牌简、长沙仰天湖简、望山二号墓简、信阳长台关简、曾侯乙墓简、葛陵简。其中曾侯乙墓简时代最早，时代为战国早期，亦是目前发现时代最早的简书。

（二）战国符节

符节是传达命令、征调兵将以及各项事务的一种凭证，用金、铜、玉、角、竹、木、铅等不同原料制成，种类众多，形状各异，用途有别。商周时期或已有符节存在，但目前可见最早的符节实物时代已至战国时期。《周礼·地官·司徒》有"掌节"一职，并言"凡通达于天下者必有节，以传辅之，无节者有几则不达"，符节的重要性可见一斑。

《周礼》依据用途将符节划分为玉节、角节、虎节、人节、龙节、符节、玺节、旌节。目前学界一般按地域将存世的先秦符节分为秦系符节、楚系符节、燕系符节、齐系符节。秦系符节，目前所见的主要有新郪虎符、杜虎符、栎阳虎符，形为伏虎或立虎，剖为两半，皆作军事用途。楚系符节，有王命龙节、王命虎节、鄂君启节等。其中王命龙节作传递并饮食认证用，王命虎节作传递用，鄂君启节作贸易运输用。燕系符节，目前所见有骑传马节，马形，或为传递用。齐系符

---

[1] 李学勤：《竹简卜辞与商周甲骨》，《郑州大学学报》（哲学社会科学版），1989年第2期。

节存世数量最多，包括乘虎符、憨节、齐大夫马节、亡纵熊符、雁节、鹰节、辟大夫虎节、将军虎节等。①

（三）战国玺印

玺印是古代行政办公或社会交往时使用的凭证。玺印出现很早，商代已有，民国出土传世及1949年后科学考古发掘出土的商玺均可为证，作为信物凭证的玺印大量运用则始于战国。依据归属及用途可将玺印分为官玺与私玺两大类。一般将姓名前带官名或地名的归于官玺，姓名或名字前后带成语的归于私玺。官玺按照国别可划分为齐系官玺、燕系官玺、晋系官玺、楚系官玺，私玺则可分为单姓姓名私玺、复姓姓名私玺、名字私玺等。②

五、商周文书的特点

通过以上对商周文书类型及发展脉络的梳理，大致可以概括出以下几点认识：

其一，出土文献所反映的文书特点远非商周文书的全豹，但却真实反映了商周文书的局部面貌。需要说明的是，尽管如今可以看到的晚商西周文书资料分别以甲骨文、金文为主，但并非表明当时就是以甲骨、铜器作为文书的最主要载体。从甲骨金文"册"字字形看，晚商西周时期无疑已经行用简册，更可能是当时文书的主要载体。此外，即使是一些载于金文的文书可能亦有相应的书写于简册的底本。③

其二，某些文书，如祭祀卜祷、封赏、约剂等文书，从商代以下具有一定的连续性。这一点前文亦有提及，楚地所出祭祀卜祷简的词

---

① 洪德荣：《先秦符节的搜集、整理与研究》，上海，东方出版中心，2023年，第257~258页。
② 施谢捷：《古玺汇考》，安徽大学博士学位论文，2006年，第24~25页。
③ 石安瑞：《铸铭之前的书写：论西周青铜器铭文制作使用的写本》，《出土文献》，2021年第3期。

句、形式、占卜事项等均与晚商时期的卜辞颇为相似，而两者相隔已近千年，这表明某些早期文书的形式是较为固定的。

其三，某些门类的原始文书制度，在商代应已形成。

其四，与后世相衔接的、真正意义上的行政文书制度应是伴随郡县制的建立而逐渐建立起来的。

（赵平安讲述、徐熠整理）

清华简与古代文史研究

刘国忠

非常高兴能有机会向大家介绍我们出土文献研究与保护中心所从事的清华简工作。这十多年来，清华简的整理研究一直是我们的工作重心，(2022年) 11月24日下午，我们中心将举行清华简第十二辑的成果发布会，介绍一批重要的失传文献。

清华简整理报告第一辑从2010年出版以来，已经成为中国古代文史哲学者研究的一个重要焦点。每一辑的成果公布之后，都会立即在学术界兴起一个清华简研究的热潮。而清华简本身也已经是一个热门词，大家如果有机会去网上搜索，就可以看到这个词出现的频率非常之高。

清华简的名称是怎么由来的呢？这是一批竹简，由清华大学收藏，所以就以收藏单位的名义对其命名。我们今天交流的主题就是《清华简与古代文史研究》。我们将聚焦三个问题。第一个问题是：为什么中国古人会用竹简或者是木简来作为书写材料；第二个问题是：清华简是怎么入藏，怎么整理、出版的；第三个问题是：清华简对古代文史研究有什么推动作用。如果大家对清华简还有更进一步的兴趣，可以参考我写的一本小书《走近清华简（增补版）》，2020年由清华大学出版社出版。

首先，我们来讲一下中国古人为什么用"简"来作为书写材料。人类的发展过程中有一个重要的发明，就是文字。我们每个人的一生是很有限的，都是在一定的时间和空间里生存，所以我们与外界的交流也就被限定在一定的时空范围内，其他地方、其他时代的人们就很难知晓我们的历史。但在文字出现后，人类在很大程度上就摆脱了时空的限制，人们的感悟、欢乐、悲伤、发现、发明等各种事情得以通过文字的形式加以记录与传播，从而为子孙后代和其他地方的人所了解和认识，所以文字的发明是人类文明进程中一个重大的飞跃。

有了文字，人类的知识和文明都以一种加速度的形式积累和增加，所以一般而言，我们把文字的发明作为人类进入文明时代的一个重要标志。但是文字本身并不能独立存在，它需要书写在一定的载体上。于是，用什么载体来加以书写，就成为一个需要解决的问题。

在古代，不同地区、不同文明的人们所使用的书写材料存在很大的不同。比如在尼罗河下游三角洲地区，尼罗河两岸生长着一种叫"纸草"的植物。当地人将纸草砍回来后，剥掉它外面的表皮，将里面的纤维切成薄片，并把它们横竖交叉排放在一起，其外观有点像我们现在的草席。之后人们用锤子将它捶结实，阴干或者是晒干，这些纤维便粘在一起，古代埃及人就是拿这种纸草作为书写材料。

在现在的伊拉克和叙利亚等两河流域地区，因为气候比较炎热、干燥，植被很少，所以当地的先民用泥土加工成一块块泥板。等到泥板尚未干透的时候，人们会用一些锐利的东西在泥板上刻写，这就是泥板文书。

在古代欧洲地区，比如像希腊、罗马等地，当地人在宰杀羔羊后，对羊皮进行加工，将其作为书写材料，形成羊皮书。

再比如在古代的印度，当地人将贝叶树的树叶作为书写材料，形成了贝叶经，就是写在贝叶上的经文。

从以上情况可以看出，许多古老地区的文明，都有自己的书写材料。而在以中国为中心的东亚地区，在造纸术发明以前，人们的书写材料有龟甲、兽骨、青铜器等。但是中国等东亚文明圈最流行的书写材料，则是用竹子或者木头加工而成的简或者是牍。简和牍的区别在于，简是一根一根的，我们现在所能见到的早期竹简，宽度大概和筷子差不多。相较而言，牍的宽度更大，可以写若干行的字。在制作材料上，二者是用竹或木加工而成，所以有"竹简""木简"之说。这是造纸术发明之前中国古代最常使用的书写材料之一，具有重要的历史地位。

简或者牍这类书写材料是什么时候开始使用的呢？这个问题目前

还处于研究阶段。迄今为止从地下出土的竹简或者木牍的实物，最早可以追溯到战国时代的早期。20世纪70年代在湖北随州的曾侯乙墓出土过一批简，内容是随葬品的清单，所属的时代可以确定为公元前433年，也就是战国时代早期，这是我们目前所能看到的时代最早的简。但是从文献记载来看，简的使用历史远比战国时期更早。虽然我们发现了商代的甲骨文和金文，但从各种信息来看，当时最主要的书写材料其实应该是用竹子或木头加工的简。这其中的理由，我们可以用一些材料来加以证明。

我们知道，《尚书》是中国上古的一部经典，是当时一些重要文献的汇编，相传为孔子所编，《尚书》中有一篇文献名叫《多士》，所讲述的是西周初年，周公——也就是周武王的弟弟——在周人灭商以后，把商朝的贵族集中起来后进行告诫。其中有一句话："惟殷先民，有册有典。"可见，商朝的先人也有"册"和"典"。那么"册"和"典"是什么呢？

我们在甲骨文、金文中都可以看到"册"，写作 ⊞、⊞ 等字形，它实际上是用绳子将简绑在一起。因为一根简上能写的字是有限的，所以一篇文章一般而言需要写在若干支简上。将书写好的简编在一起，便成了册。所以"册"是一个象形字，形象地体现了一根根简用绳子绑在一起的状态。至于"典"字，在金文中写作 ⊞（召伯簋）、⊞（格伯簋），"典"的上半部分是一个"册"，下面是一个书架或者说是书桌，也就是把一些书放在桌子上或者书架上，表示这些书很重要、地位很高，需经常翻阅，这就是所谓的"典"。

按照周公的说法，商朝的先民就"有册有典"。所以商朝的时候已经有用简作为书写载体的"册"或者"典"，而这些应该是当时最常用的一些书。此外，中国古代史官的地位很高，朝廷所有的活动都会有史官的参与。所谓"左史记言，右史记事"，即是史官对朝廷中重要活动、言论的记录。而在商朝和西周时期，这些史官被称为"作册"，这是因为史官在记录史事时，所用的书写材料就是"册"。总之，种种记载、史实都表明，至迟在商代，用竹木简制作的"册"或"典"已经成为主要的书写材料，而这一点还可以从其他的文化现象中得到证实。

商朝的文字字形很有特点，在当时书写的甲骨文里，我们可以看出一些动物的写法很奇怪。像老虎、象、马、狗，或者是猪（豕），它们本来都是象形字，可是它们呈现的状态却常常不是四脚着地的，而是一个竖着站立的姿势。这不是甲骨文的特例，在青铜器上刻写的金文也是如此。中国古人为什么把动物以这种奇特的方式书写？这一点引起了学者们的思考。

后来学者们经过反复琢磨，才知道了其中的奥秘。当时主要的书写材料是简，简是窄长条的，从我们现在看到的竹简实物来说，先秦的简，其宽度和筷子差不多。而且在书写文字的时候，书写者还要尽量避开简的两边，因此，在书写文字的时候，每个字的宽度方面受到的限制显然就很大，而字的高度方面就不会受此局限。如果某一动物的字形按照它的一般形态展现，往往会显得较宽，会导致两边的书写空间不足，而将动物调转90度，"立"起来书写，则可以很好地解决这个问题。因为简的特点是宽度有限，但纵向空间比较充裕，从而造成了动物被"立"起来书写的这种结果，这是在简上书写所造成的一种形态。至于在龟甲和兽骨上写字，或者在青铜器上铸字，其平面形态完全不同，相关的字体完全不需要这么处理，但偏偏这种"立"起

来书写的动物形态成了甲骨文、金文里的通行写法,这只能用一个原因来解释,即当时通行的书写材料是简,人们长期在简上书写,久而久之,这些字已经习惯用这种模式来书写了,否则我们就很难解释当时的字体为什么是这么一种奇怪的呈现方式。

另外,像我们汉字行款的排列习惯,也和使用竹简有关。中国古书的特点都是竖排的,文字有从上到下、从右到左的固定排列方式。这种排列方式和绝大多数民族的文字书写方式很不相同。那么中国古人为什么要以这种形式书写呢?这与竹简的使用也有关系。中国人习惯于用右手写字,所以当时使用竹简来书写文字时,一般用左手拿着空白简,右手拿着笔,在简上书写。因为简是一个细长的形态,所以自然而然会由上至下书写。写完后书写者很自然地将写好的简放在右边,左手再去拿备用的空白简,如此不断往复,就自然而然形成从上到下、从右到左的排列形式。

中国古人的这种书写特点在三代时就已形成。以青铜器为例,它的书写面积本来可以支持书写者自由发挥,但是其上面的文字仍遵循从上到下、从右到左的书写模式,规规整整地加以排列,极小出现例外,这就证明当时的人们由于长期将简作为书写材料,所形成的书写习惯早已根深蒂固。

因此,我们现在虽然尚未发现三代的简,但是简一定是当时最常用的书写材料。这一时期的墓葬中其实应该有用竹、木简随葬的现象,但由于竹、木材料本身特别容易朽烂,在经历了漫长的时间之后,目前在地下很难发现实物。大家要知道,简在地下要经历几千年而不朽烂,是需要有特殊的地理条件的,这方面有一句非常形象的话:"干千年,湿万年,不干不湿就半年。"在气候炎热、降雨稀少的西北地区,简能够保存到今天,其状态是干简;南方地区地下水位高,如果在地下浸泡于水中的文物能有效隔绝空气,竹、木简就可以长期保存;最麻烦的是中原地区,泥土一会儿干,一会儿湿,竹、木简往往不到半年就完全朽烂了。而夏、商、西周的核心区域正好就在中原地区,如果不是因为特殊情况,竹、木简是很难在地下保存到今天的。因此,如果能在地下发现三代的竹、木简,那当然再好不过,但是这种机会估计比较渺茫，我们不要抱太大的奢望。而像甲骨和青铜器，则都是在特殊场合所使用的一些特定材质的书写材料。不同于简，甲骨或者铜器不容易腐烂，所以我们今天仍能见到实物。

我给大家讲个故事。1974年，在北京丰台的大葆台发现了一座西汉时期的墓葬，出土了很多重要文物，这个墓葬有一个重要的埋葬方式，即所谓的黄肠题凑，是四周用柏木堆垒而成的木椁。其中有一枚简因为夹在木头中，得以留存了下来。除了这一奇迹般保存至今的简，其他的简都早已经朽烂了，没有能够流传到现在。所以从保存下来的这枚简来看，大葆台墓里原本应该有很多简，只可惜其他的简都已朽烂，已经没有任何的迹象了。

总之，中国在造纸术发明以前所使用的主要书写材料，就是用竹子和木头加工而成的简。另外还有白色的丝织品，我们称为帛。帛也是一个很好的书写材料，但因比较昂贵，一般人难以承受其价格，所以使用范围较小。在《墨子》一书中有"书于竹帛"的说法，总共出现了两次。由此可见，古人把重要的事情都用简和丝帛记载下来。因此，竹、木简和帛就成了造纸术发明之前，中国最有特色、最普遍使用的书写材料。

这种情况一直持续到东汉的蔡伦改进造纸术之后。由于纸张还有一个逐渐普及的过程，因此在很长的时间里，简还是和纸张并行使用的。比如1996年，长沙走马楼发现了三国时期的吴简，其数量达到数万枚之多，虽然当时已经到了三国时期，但是还是用简来作为公文的书写材料，这就是一个典型的例子。大约到南北朝时期，简才逐渐为纸张所取代。

如果我们把简的使用从商代开始计算，一直到南北朝时期逐渐废止，简的使用时间长达两千多年，甚至比纸张的使用时间还长。所以我们要了解中国的古代历史和文化，就一定要了解和涉及这么一段"书于竹帛"的历史。

以上是我们讲的第一个问题，也就是简和帛在中国古代的使用情况。

第二个问题就是介绍一下清华简的入藏、整理和出版工作。清华简是在2008年7月15日入藏清华大学的，在此之前，这批简因为被盗掘，曾经历过流散。中国现在仍然有盗墓现象存在，许多墓葬都被盗墓贼光顾过，墓中的各种文物，往往被走私到香港或澳门，再通过香港、澳门流散到世界各地。

对于简这种文物，虽然之前很多墓葬里也有发现，但那时盗墓贼并未重视，可能认为这类东西只是些竹、木片，不值钱的缘故吧。但在1993年，湖北荆门郭店一号墓中抢救出土了《老子》等大批竹简，媒体曾进行了广泛的报道，引起了盗墓贼的注意，意识到这些竹、木片虽然看起来不起眼，但是也有巨大的价值。所以在1994年，盗墓贼盗掘了湖北等地的一些墓葬，墓里的简也被一同运到香港的古董市场上兜售。上海博物馆方面了解到这个情况之后，就想方设法筹集了一些资金，把被盗墓走私到香港的竹简买了回来，这就是所谓的上博简。此后，盗墓贼一旦盗掘了古墓，便会将其中包括竹简在内的所有文物席卷一空。

与此同时，有人看到古代的竹、木简非常值钱，于是开始制作假简兜售，比如在北京的潘家园古玩市场，就有很多人出售假简。一些不懂行的收藏家往往上当，损失惨重，于是对简这类的东西存在警惕心理，一般不敢轻易购买。

从目前我们所了解的信息可知，清华简最晚应该在2006年就已被盗掘，并流散到了香港。2006年，香港著名学者饶宗颐先生庆祝九十大寿，国内一些学者到香港去祝寿时，曾在当地文物市场看到有竹简出售。当时一共出现了两批简，除了清华简之外，还有一批秦代的简，这批秦简后来被湖南大学岳麓书院买走（即后来很有名的"岳麓简"），但这批战国简仍然无人问津。至2008年，清华大学历史系教授李学勤先生了解到有关情况后，向校领导做了汇报。李先生专门指出，如果这批简是真的，就是一批连司马迁都没有看过的珍贵史料。校领导听说后，深感此事重大，遂委托李先生去进一步了解情况。李先生于是请香港大学的张光裕教授去古董商处临摹了一些竹简内容，然后用传真传送过来。

在看到这些原始材料后，李学勤先生非常震惊，因为里面有大量非常珍贵的记载，绝不可能是古董商们所能伪造的。于是，李先生专门向学校汇报，认为从已有的材料看，这批简具有重大的学术价值，建议学校尽快做出决策购买。校领导随即下定决心，一定要将这批简买回来。为了慎重起见，学校委托李学勤先生等竹简专家亲自赴香港，查验实物。李学勤先生等人到了香港之后，去古董商那里对这批竹简进行了目验观测，确定这批竹简没有任何造伪的可能性。

与此同时，清华大学也派人与古董商接洽，古董商同意清华大学在不支付费用的情况下，提前把竹简运到清华，并表示，如果这批竹简最后证明是假简的话，清华届时可以把竹简直接退还，不需支付任何费用，这样就使清华大学免除了后顾之忧，于是这批简于7月15日顺利运到了清华大学。从李先生最初向学校领导汇报清华简的情况，到竹简成功运抵清华大学，前后只用了一个多月的时间，有关行动可以说是极其高效。

由于学校的经费无法用来购买流散海外的文物，学校于是请清华大学的校友出面，以个人的名义买下竹简，再无偿捐献给清华大学。

清华简入藏之后，经清华大学分析中心检测，清华简在流散的过程中已经出现发霉的状况，情况十分危险。于是学校请竹简保护专家紧急制定方案，尽快对竹简进行杀菌处理与保护，这一紧急抢救性的保护工作一直进行到当年9月底才暂时告一段落，竹简也因此得以转危为安。

2008年10月14日，清华大学召开清华大学所藏竹简鉴定会，邀请国内考古学、历史学、简帛学等领域11位顶级专家，对清华简的真伪与学术价值进行了科学鉴定。专家们指出，"这批竹简内涵丰富，初步观察以书籍为主，其中有对探索中国历史和传统文化极为重要的'经、史'类书，大多在已经发现的先秦竹简中是从未见过的，具有极高的学术价值；在简牍形制与古文字研究等方面也具有重要价值"；"从竹简形制和文字看，这批竹简应是楚地出土的战国时代简册，是十分珍贵的历史文物，涉及中国传统文化的核心内容，是一项罕见的重大发现，必将受到国内外学者重视，对历史学、考古学、古文字学、文献学等许多学科将会产生广泛深远的影响"。

这里我们对专家们的鉴定意见稍微做点解释：现在所发现的竹简大致而言可分为两大类：一类是当时的文书档案，包括当时朝廷及地方的文件、簿籍、档案，边远地区所出与屯戍、津关、驿传等关联的材料，等等；另一类就是书籍，即当时人们所阅读的一些图书。中国的古书，传统上有经、史、子、集的四部分类方法，而清华简则以儒家的经典和历史著作为主。当然，我们现在已经知道，清华简也有部分诸子百家的文献，因此经、史、子三类文献都有，其中大多是在已发现的先秦竹简中未曾出现的，具有极高的学术价值，而在简牍的形制与古文字的研究等方面也具有重要价值。

专家们认为，从竹简的形制和文字来看，这批竹简来自战国时代的楚地。在战国时代，楚国是南方的一个大国，它以湖南、湖北为中心，辐射到周边，如河南、山东、江苏、江西等地，曾经一度是当时地域最为辽阔的国家。湖南、湖北一带因为湖网纵横密布，地下水位很高，而且泥土多为青膏泥、白膏泥，透水性很差，因此，这一地理条件特别适合竹简、木简的保存。

由于清华简是十分珍贵的历史文物，涉及中国传统文化的核心内容，受到了党和国家领导、新闻媒体和社会各界的广泛关注，成为当前学术界研究的一个热点。当前，我们国家八部委联合推出的古文字工程，就是由清华大学出土文献研究与保护中心牵头组织的。我们在清华简的整理过程中，已经形成了一个高效且富有丰富经验的团队，成为海内外出土文献研究的一个重镇。

清华简有以下几个特色。首先一点，是清华简的时代很早。经过碳-14的测定，它的抄写年代大概在公元前305年左右，也就是在战国时代中期的后半段。这一时期的著名人物有孟子、庄子、屈原等。当今的电视剧很喜欢做一些穿越时空的题材，主人公往往由于各种原因突然穿越，出现在了古代，从而导致了种种故事。而清华简的发现也可以说是一种穿越，只不过是由古代穿越到今天。在相隔了两千三百多年之后，清华简从地底下破土而出，得以重见天日，两千多年的时间流淌仿佛在突然之间停滞了，然后清华简就直接来到了现代。这是一种真正的穿越，也可以说是我们现代人的眼福。

清华简是战国时代的简册，这一时代的最大特点，是各种文献、古书没有经历秦朝焚书坑儒的劫难，因此我们所看到的清华简，就是战国时代的图书原貌。

第二点，清华简的数量很多。经过清理统计，清华简总数大约有2500枚，这也是我们目前所发现的战国简中数量最大的一批。

最后一点，清华简的意义重大。清华简基本上都是过去从来没见过的古书，根据我们目前的整理结果，清华简总共约有70多篇的文献，其中只有5篇文献见于现存古书，分别是《金縢》《命训》《程寤》《皇门》《祭公》，但是这些文献与传世本的文字也存在很大的差异；其他60多种书都是过去从来没有见过的，而且价值都非常高，甚至可以说是价值空前。截止到2021年，我们总共整理出版了十一辑的整理报告，第十二辑整理报告在这个月底就可以正式公布。已经整理出版的清华简诸篇，先后入选第四、五、六批国家珍贵古籍名录，总数已有40多篇。大家要知道，入选国家珍贵古籍名录是非常不容易的，只有价值极其巨大、版本价值非常好的典籍才能入选。以清华大学为例，清华图书馆珍藏的23万册古籍中，目前被列入国家珍贵古籍名录的，也只有几十种，与清华简的相关篇目不相上下，由此足见清华简的珍贵程度。

党和国家领导人都对清华简非常重视，江泽民主席、胡锦涛主席、习近平主席三代国家领导人，以及温家宝总理、李克强总理，他们都曾来视察和指导清华简的整理研究工作。至于媒体上的报道则更多，包括"新闻联播""探索发现"以及"国宝档案"等新闻节目都做过清华简的相关报道和专题片。2013年，联合国总部还曾举办了清华简展览，受到海外专家、学者和外交家们的广泛关注。

以上我们已经把竹简的使用情况、清华简的主要特点以及清华简的入藏、整理和出版情况做了介绍，接下来我们再分析和探讨一下清华简对古代文史研究的推动作用。

应该指出，当前我们的工作主要是将清华简的各篇资料整理出来，向世人正式公布，而对它们的研究工作目前才刚刚开始。清华简属于中国古代的经典，对于这样的经典，研究工作是没有穷尽的，需要一代一代的学者持续进行研究。我们之所以将清华简的相关材料尽快整理公布出来，就是为了方便全球的学者共同开展研究。不过，从目前已有的研究成果来看，当今对清华简的研究还处于起步阶段，随着时间的推移，清华简的学术价值会在今后得到不断体现。即便如此，清华简对古代文史研究的重要价值已经有很多体现，我们这里可以举几个例子来加以说明。

首先是发现了先秦时期的《尚书》等经学文献和类似的原始典籍。《尚书》是上古时期的重要文献汇编，传说有100篇，为孔子所编。而这百篇《尚书》在秦始皇焚书后遭到了空前破坏，至西汉初年，当时的学者们整理出了其中的28篇，被称为《今文尚书》，其他70多篇皆已失传。汉景帝时，人们在山东曲阜的孔子故宅墙壁中又找到一些《尚书》篇目，但因后来的社会动乱，也未能留存至今。因此，存世的《尚书》只有这28篇《今文尚书》。此后东晋时期又出现了一些所谓的《古文尚书》，但其真伪自从宋代开始即争论不休，成为中国学术史最大的疑案之一。清华简的篇目以儒家经典为主，其中有很多与《尚书》有关的篇目。根据我们的整理，清华简中属于《尚书》或与《尚书》有关的篇目即有20多篇，可以说是《尚书》类文献的空前发现，学术界千百年来第一次能够目睹先秦时期《尚书》类书籍的原貌。尤其可贵的是，清华简给我们提供了解开《古文尚书》真伪之争的钥匙。清华简中恰好有几篇《尚书》类文献，见于东晋所传的《古文尚书》中，因此，我们只要将这些战国时期的抄本与传世的所谓《古文尚书》加以对比，就可以确定传世《古文尚书》文本的真伪。比如清华简中的《尹诰》一篇，就足以推翻传世《古文尚书》中《尹诰》篇（又称《咸有一德》）的可靠性。所以光是清华简中《尚书》类文献的发现，就可以在学术史上大书特书，为《尚书》学的研究提供重大的契机。

其次，清华简补充了很多重要史料，修正了我们固有的认识。这里也可以举一些例子。比如我们经常说自己是炎黄子孙，传世古书中也有很多关于黄帝的记载。但是清华简的一些内容颠覆了我们对黄帝的有关知识，提供了翔实的史料。例如传说中黄帝有二十五个儿子，但是这二十五人中都有谁，学术界并不能完全确定。而清华简《五纪》中有"黄帝有子曰蚩尤"的记载，说实话，我们在整理过程中第一次看到这句话时，几乎都不敢相信自己的眼睛。黄帝和蚩尤之争是古史传说中的重要事件，双方在涿鹿曾进行决战，交战地点相传就在今天河北的涿鹿县。但清华简却说蚩尤是黄帝的儿子，这是我们过去从来没有的记载。后来负责整理工作的程浩老师找到了一条材料，见于《史记·建元以来侯者年表》，其中说："子弄父兵，罪当笞。父子之怒，自古有之。蚩尤畔父，黄帝涉江。"这句话其实已经隐隐约约说明蚩尤是黄帝之子，但是过去学者们从来不敢这么想，如秦汉史学会会长王子今教授就指出，这"或许说明了当时蚩尤传说尚有今人已不能确知的其他情节"。过去没有相关的知识背景，《史记》的这一记录是很难被理解的。现在结合清华简的记载，可以知道古代实际上还有一种传说，即蚩尤是黄帝的儿子，这就从另一个角度为我们了解古史传说提供了珍贵材料。

再比如说清华简中有一部很完整的史书，一共有138支简，记载了从西周初年到战国前期的历史，补充了我们过去所不了解的大量史实，对于历史研究具有巨大的推动作用。

我们来举一个例子，即有关秦人起源的问题。秦始皇统一六国是我们都知道的史实，但是秦这个民族是怎么来的？它起源于何方？这一点过去的学者并不了解，因为我们研究秦人的历史，最主要的依据就是《史记》的记载。

《史记》有一篇叫《秦本纪》，还有一篇叫《秦始皇本纪》，这是我们过去了解秦国历史的最主要材料。但是对于秦人的起源，《史记》的记载却自相矛盾。一种说法是秦来自西方，比如《史记》的《秦本纪》和《赵世家》中都记载说，商朝晚期，秦人有个祖先名为戎胥轩，他曾经娶骊山之女，并生一子名为中潏，中潏"在西戎，保西垂"，四川大学的蒙文通教授据此认为，秦人属于戎族亦即西北的少数民族，见于他的《周秦少数民族研究》一书中，这是一种观点。

然而在《史记·秦本纪》中又有另外一个记载，原文是："秦之先为嬴姓，其后分封，以国为姓，有徐氏、郯氏、莒氏、终黎氏、运奄氏、菟裘氏、将梁氏、黄氏、江氏、脩鱼氏、白冥氏、蜚廉氏、秦氏。"学者们对这些国家进行进一步分析后发现，除了秦国以外，其他可以考证的嬴姓国家都在现在的山东南部，以及江苏北部、河南东部一带，只有秦国分布于西北地区。因此，秦国就有从东方迁至西北的可能。比如钱穆先生即有一个观点，他在《国史大纲》中认为："秦之先世本在东方，为殷诸侯，及中潏始西迁"，最终到了甘肃一带。这是另外一种意见。

综上，对于秦人的起源一直众说纷纭，学界并没有办法确定正确的答案。而这个问题可以说是研究秦史的基础性问题。学者们甚至认为，早期秦人和秦文化的相关问题已经成为制约整个秦史研究的一个瓶颈，而秦人的起源更是一个亟待解决的问题。

现在，有了清华简《系年》后，有关的问题终于可以解决了。《系年》第三章中的记载，揭示了秦人起源和西迁的奥秘。

刚才说过，戎胥轩娶了骊山之女，所生的儿子叫中潏；而中潏后来也有两个儿子，其中一个名为飞（或作蜚）廉，飞廉也是秦人的先祖之一，飞廉之子为恶来。《史记·秦本纪》载："恶来有力，蜚廉善走，父子俱以材力事殷纣。"彼时正好是纣王在位的时候，而恶来力大无穷，飞廉善于奔跑，因此这两个人物都是助纣为虐的典型。这在《封神榜》等相关的小说中也有一定反映。

而清华简《系年》所记载的历史正好与飞廉和恶来有关。《史记·秦本纪》载："周武王之伐纣，并杀恶来。是时蜚廉为纣石（使）北方，……死，遂葬于霍太山。"也就是说，按照《史记》的记载，周武王在牧野之战打败并杀死了商纣王，恶来也在此战役中一同被杀，而飞廉则因之前被纣王派到北方出使而侥幸躲过一劫。据《秦本纪》所言，飞廉最后因无处可去，最后就在北方自杀了。然而《孟子·滕文公下》却有不同的说法，其相关内容是："周公相武王，诛纣。伐奄，三年讨其君，驱飞廉于海隅而戮之，灭国者五十，驱虎豹犀象而远之，天下大悦。"我们知道，在周公东征之时，即西周初年，当时发生了所谓的"三监之乱"。按照《孟子》一书的记载，飞廉其实是死于周公东征之时。这两种说法孰是孰非，以往学界并不能轻易确定。另外，飞廉、恶来助纣为虐，恶贯满盈，史书已有明确记载，但他们的行为给秦人带来怎样的命运，文献中却没有涉及。

清华简《系年》第三章指出，周武王死后发生了三监之乱，对此，周成王伐商邑平叛。在此之后，"飞廉东逃于商盖氏。成王伐商盖，杀飞廉"。其中，商盖氏是在今天山东曲阜的一个嬴姓政权。所以按照这种说法，可知孟子的记载是正确的。同时，《系年》载："（周成王）西迁商盖之民于邾虐，以御奴虐之戎，是秦先人。"这个记载提供了过去从未为我们所知的一个史实，也就是当年周公东征以后，不仅杀了飞廉，还将嬴姓的商盖之民西迁到了邾虐。"虐"在战国楚文字中常通读为"吾"，因此"邾虐"即是《尚书·禹贡》雍州的"朱圉"，也就是《汉书·地理志》天水郡冀县的"朱圉"，在今甘肃省甘谷县西南。在此地，这些商盖之民被安排的任务，是帮助周朝抵御"奴虐之戎"。也就是说秦人本身并非戎族，而是来自东方的嬴姓。他们参与了西周初年的叛乱，因此最后被发配到了西北边疆，替周人守卫疆界。由此，秦人的历史发展过程便进一步清晰了。秦人本起源于东方，后来在西周初年被周人强迁到了西北地区，在此地定居之后秦人逐渐发展壮大，后以大西北为根据地，逐步向东扩展，最后统一了全国。

除此之外，清华简也使我们进一步了解两周之际的历史。《史记·周本纪》在叙述西周灭亡过程时，曾讲了烽火戏诸侯的故事。其中说："褒姒不好笑，幽王欲其笑万方，故不笑。幽王为烽燧大鼓，有寇至则举烽火。诸侯悉至，至而无寇，褒姒乃大笑。幽王说之，为数举烽火，其后不信，诸侯益亦不至。"同时，"幽王以虢石父为卿，用事，国人皆怨。石父为人佞巧，善谀好利，王用之"。当时周幽王的妻子来自于申国，其所生子宜臼本为太子，但因周幽王宠爱褒姒，因此废黜了太子宜臼，欲将褒姒的儿子立为国君，由此引发了王位继承之争。于是，"申侯怒，与缯、西夷犬戎攻幽王，幽王举烽火征兵，兵莫至，遂杀幽王骊山下，虏褒姒，尽取周赂而去。于是诸侯乃即申侯，而共立故幽王太子宜臼，是为平王，以奉周祀。平王立，东迁于雒邑，辟戎寇。平王之时，周室衰微，诸侯强并弱，齐、楚、秦、晋始大"。

这是《史记》所载有关烽火戏诸侯故事的内容。其实，如果从史源的角度来说，这一段史料来自于《吕氏春秋·疑似》中的一段话，原文是：

> 周宅酆镐，近戎人，与诸侯约，为高葆祷于王路，置鼓其上，远近相闻。即戎寇至，传鼓相告，诸侯之兵皆至救天子。戎寇尝至，幽王击鼓，诸侯之兵皆至，褒姒大说喜之。幽王欲褒姒之笑也，因数击鼓，诸侯之兵数至，而无寇至。于后戎寇真至，幽王击鼓，诸侯兵不至，幽王之身乃死于丽山之下，为天下笑。此夫以无寇失真寇者也。

然而，《史记》的这一记载本身是存在问题的。烽火报警的措施，在战国秦汉时期才出现，而在西周时期，根本不可能有这样的制度。《吕氏春秋》是吕不韦的门客所写，其中不少内容并没有历史依据，史料价值并不高。而在司马迁的时代，关于西周灭亡的过程没有太多可以利用的史料。因此烽火戏诸侯的故事，本身就是司马迁的误解，他在误读史料的基础上又加以发挥，不可避免地导致相关的叙述出现了史实的错误。

实际上对于烽火戏诸侯的故事，前人早就有所怀疑，清代学者崔述就曾提出疑问："申在周之东南千数百里，而戎在周西北，相距辽越，申侯何缘越周而附于戎？"申国在现在的河南南阳，《诗经·大雅·崧高》一诗，反映的正是周宣王封申侯到南阳的故事。而周朝的首都镐京则在今西安一带，两地之间相距有1000多里路。戎人在周西北，大约在现在的甘肃一带，从南阳到西安已经有1000多里路，在此基础上，申侯还要再与远在甘肃一带的戎人建立密切联系，其难度可想而知。在西周末年那个时候，交通极其不便，又没有现代通信方式，要实现这一点显然是极其困难的，甚至可以说是不可能的。

又如秦襄公之救周，也是一个很难理解的问题。钱穆在《西周戎祸考》中即指出："此段有不可解者。平王因申侯而立，幽王则为申侯所杀。既为秦襄公将兵救周有功，即不啻与申侯、平王为敌，如何又谓以兵送平王？戎人入周，申侯、平王召之，如何又曰戎无道，侵夺我岐、丰之地？"

以上的各种问题，如果我们参考清华简中的相关记载，所有的谜团即可一扫而空。

清华简《系年》第二章的内容是这样的：

> 周幽王娶妻于西申，生平王。王又娶褒人之女，是褒姒，生伯盘。褒姒嬖于王，王与伯盘逐平王，平王走西申。幽王起师，围平王于西申，申人弗畀，缯人乃降西戎，以攻幽王，幽王及伯盘乃灭，周乃亡。邦君诸正乃立幽王之弟余臣于虢，是携惠王。立廿又一年，晋文侯仇乃杀惠王于虢，周亡王九年，邦君诸侯焉始不朝于周，晋文侯乃逆平王于少鄂，立之于京师。三年，乃东徙，止于成周。

这段记载太重要了，可以说完全颠覆了我们的原有认识。据传世史书，过去我们一直认为周幽王的妻子来自申国，即当今南阳一带。可是据清华简《系年》，我们才恍然，周幽王的妻子实际上是来自西申。20世纪80年代，南阳一带曾出土了不少青铜器，据上面的铭文，我们才知道这个申国当时称为"南申"，而周幽王的妻子来自于西申，显然与南阳的南申国没有任何关系。西申国的位置我们虽然无法具体确知，但总是在今甘肃至陕北一带。因此，申侯与戎人挨得很近，是完全可以联合的，而这一点，过去的史书根本没有提到。周幽王后来起兵包围了西申，这一点传世史书也没有任何涉及，周幽王的这一行动，其目的当然是希望申人交出逃到西申的被废太子，但申人并不屈从，双方的战争即将一触即发。此时与西申交好的缯国，眼见西申有亡国之忧，非常着急，但是缯国自身并无力与西周军队抗衡，于是就投降了西戎，形成了西戎、缯国和西申三股力量的联合。这三个国家一起攻打幽王，最终，"幽王及盘乃灭，周乃亡"。形势的变化可谓完全超乎周幽王的预测，最后三国的联军战胜西周军队，周朝灭亡。此后，邦君诸正，也就是诸侯国君与朝廷各部门的负责人就将周幽王的弟弟余臣立为国君，即携惠王。携惠王在位二十一年，最后为晋文侯所杀，此后"周亡王九年"。最后，晋文侯就将平王迎接回京师，并立其为国君，并于三年后东迁到了洛阳。

清华简所记载的整个西周灭亡过程可与古本《竹书纪年》等书的

内容相对应，但补充了很多细节，整个过程非常合理，从中可以看出，当时并无任何所谓烽火戏诸侯的故事。周人灭亡的缘由主要是统治者内部争夺继承权引发的动乱，最后导致了西周王朝的灭亡。由此可见，清华简向我们提供了非常重要的史实，从而改变了我们对历史的认知。

此外，清华简中还存有很多周代的诗篇。比如清华简第一辑所收录的《耆夜》篇，就记载了周武王八年征伐耆国（即黎国）得胜后举行"饮至"典礼，典礼中饮酒赋诗，许多诗篇前所未见。如"乐乐旨酒，宴以二公，紝仁兄弟，庶民和同。方臧方武，穆穆克邦，嘉爵速饮，后爵乃从。"这些诗句堪称现存最早的祝酒诗，生动还原了当时君臣同乐的场景。同时，该篇还纠正了《尚书大传》《史记》等典籍以为周文王伐黎的传统说法，既有历史价值，又有文学意义。

此外，清华简对复原楚国的历史地理也有重要的作用。清华简《楚居》不仅记述了楚人起源的种种传说，而且有完整的楚国国君世系。篇内非常详细地记载了历代楚王居处建都的地点，不少为前所未知，对楚国历史和地理研究有重要价值。过去楚简中一些零星记载，也可与清华简的记载对勘印证。

楚国曾经一度是战国时期最大的国家。其都城郢过去一直被认为是在今湖北江陵，这一都城因为在纪山之南，故称纪南城。然而，如果拘泥于这一记载，史书中的很多内容便会出现抵牾与矛盾。例如，春秋时期吴王阖庐和伍子胥曾经攻入郢都，还挖出楚平王的尸体，并对其进行鞭尸，以此为伍子胥报仇。然而，若当时吴国的军队已经攻打到湖北江陵这一带，其行军路线与许多历史记载便无法衔接。根据清华简《楚居》的记载，楚国的都邑曾多次迁移，而且都称为郢。纪南城实际上是其众多都城中的一个，清华简《楚居》一篇即提到了13个郢都。因此，《楚居》的这一记载改变了学术界对楚国历史的一些认识。结合考古发现，我们可以对历代楚国的都城位置做更多的探索和分析，以便找到更多的楚国都城遗址。

同时，清华简对《周易》的研究也有很大的推动。清华简《筮法》是一篇与《周易》有关的文献，一共有63支竹简，所论述的是数字卦问题。对于《周易》中的阴爻和阳爻之形成原因，从古到今有很多的争论。后来学者们发现阴爻与阳爻可能和数字有关系，即奇数用阳爻表示，而偶数则用阴爻表示。目前已发现西周时期的数字卦，但数字卦在战国时期的发展情况，过去我们并不了解。而清华简《筮法》所记载的数字卦内容，可在很大程度上帮助我们解开数字卦的疑谜。

　　清华简的《算表》如同一个计算器，是世界上最早的十进制数学算具实物，《算表》由21支简组成。简上面用朱砂画出横线，形成一个图表，图表里面填满了数字，形成一个数字表格。表格的右侧有一支简，上面钻了一个个的小洞，上面缠有丝带，每支简的上方也有一个小洞，也缠有丝带。经分析，我们可知这个表格有非常大的用处，能够非常方便地进行乘法、除法、乘方及开方的运算。此处以"81×72"为例，因为 $81 = 80+1$，$72 = 70+2$，因此可将横排"80"与"1"处的丝带往下拉动，而将竖排"70""2"处的丝带左拉，从而形成4个交叉点，而将4个交叉点上的数字相加，其和就是最终的乘积。当然，这些运算并不局限于整数，亦可将运用范围扩大至分数。比如要计算 $71\frac{1}{2} \times 92\frac{1}{2}$ 等于多少，我们仍可以用同样的计算方法，找到横排的70、1、1/2，以及竖排的90、2、1/2，拉动丝带从而形成9个交叉点，将交叉点上的数字相加后，结果即为乘积。由这两个例子，可见这一算表之巧妙性。清华简算表的运算非常便捷，其精巧构思获得了世界各国数学史专家的交口称赞。2017年的时候曾以"世界上最早的十进制计算器"获得吉尼斯世界纪录的认证。

　　清华简也蕴含有丰富的治国理政思想，其中有关治理国家的一些论述，例如主张明君治国理政，倡导举贤用能，期盼能由明君来治理国家（"以待明王圣君之立"），否则就会"邦家昏乱"，甚至国破家亡。为政的根本在于"使贤、用能"。选人得当与否不仅会改变一个人的命运，而且关系到国家的治乱和兴衰。"非一人是为，万民是为。举而度，以可士兴；举而不度，以可士崩""故举善人，必熟闻其行，焉观其貌，焉听其辞。既闻其辞，焉小觳其事，以程其功""虽贫以贱，而信有道，可以驭众、治政、临事、长官"，这些精辟的论述均体现了当时选贤举能的相关进步思想。

另外，清华简还有强调大力发展经济，改善民生，提倡节俭等内容。对于经济建设的重要性，简文中指出"不起事于农之三时，则多获"。同时，简文还强调积极创造条件、大力发展商业贸易的重要性，如提出应该"谨路室（指清扫整洁接待商旅的住所），摄氾梁（指维护加固商旅往来的桥梁），修谷溢，顺舟航（指疏通水道，便于舟船的往来），则远人至，商旅通，民有利"等。《治邦之道》载："不厚葬，祭以礼，则民厚。"可见对节俭之推崇。此外，清华简还有强调国防建设，并把赢得民心作为军事建设的最高标准。《天下之道》篇中论述说："天下之道二而已，一者守之之器，一者攻之之器"；"天下之守者，民心是守"；"所谓攻者，乘其民之心，是谓攻"。这些论述均表述了相关的理念。

清华简对于我们学校的文化建设也有很好的帮助，如我校的校训"自强不息，厚德载物"，即可用清华简的字体书写，古与今在其中得到了联结。

清华简的重要性是不言而喻的，而相关的研究仍然任重道远，有待同学们的进一步开拓。今天对清华简的简单介绍就到此为止，谢谢在座各位的参与。

秦汉"以文书御天下"

侯旭东

绪 论

1909年开始的八千麻袋事件折射出新旧史料观,也与本课关注的文书档案的命运密切相关。大家可能都听说过,此事中参与的人包括张之洞与罗振玉两位,张之洞撰写过《书目答问》,对传世文献相当熟悉,但对于内阁大库中所收藏的档案的价值并不清楚,甚至打算焚毁,是罗振玉意识到其价值,要求将其保存下来。我们都知道罗振玉在20世纪初对于甲骨文、简牍与敦煌文书的整理与研究均做出过重要贡献。他与张之洞对于史料的认识就有相当的不同,两人可以说是新史料观与传统史料观的代表,而八千麻袋事件也正是两种史料观的交锋。本课所涉及的文书档案,也正是20世纪以后在新史料观下才逐渐受到重视,成为重要的研究对象的。

20世纪以后,随着史学观念的更新,史料的内涵也发生了巨大的变化,变化之一就是史料的种类大为拓宽[①],这里可以三位学者的看法为证。在20世纪初极具影响力的梁启超《中国历史研究法》(1921年发表,1922年出版)第四章"说史料"指出:

> 一、在文字记录以外者,分为三类:现存之实迹、传述之口碑、遗下之古物;

[①] 王汎森:《什么可以成为历史证据——近代中国新旧史料观点的冲突》,1997年初刊,收入所著《近代中国的史家与史学》,上海,复旦大学出版社,2010年,第103~139页;罗志田:《史料的尽量扩充与不看二十四史——民国新史学的一个诡论现象》,《历史研究》2000年第4期,收入所著《近代中国史学述论》,北京,北京师范大学出版社,2015年,第54~83页。

甲，现存之实迹及口碑。……乙，实迹之部分的存留者。……丙，已湮之史迹其全部意外发现者（如邦滓古城）。……丁，原物之宝存或再现者。……戊，实物之模型及图影……

二、文字记录的史料：

甲，旧史。……乙，关系史迹之文件（其最大宗者，则档案与函牍也）。……丙，史部以外之群籍（在寻常百姓家故纸堆中往往可以得极珍贵之史料）。……丁，类书及古逸书辑本。……戊，古逸书及古文件之再现（最近则有从甘肃、新疆发见之简书数百片，……最近古籍之再现，其大宗者则为甘肃之敦煌石室）。……己，金石及其他镂文（商、周彝器；殷墟书契）。……庚，外国人著述①。

梁启超眼中的"史料"已经大大超出了传世的文字资料，涉及保存至今的古迹、考古发现的遗迹（邦滓古城——意大利的庞贝古城，引者）以及图像。即便是文字史料，除了学者所熟知的"旧史"，第二类便是"关系史迹之文件"，其中最多的是档案与函牍，也就是本课所要介绍的主要资料。其实，他所概括的"戊"类中的古文件，无论是甘肃新疆发现的简牍，还是敦煌石窟出土的遗书中间，也包含相当数量的文书。

1928年傅斯年发表的《历史语言研究所工作之旨趣》说"我们不是读书的人。我们只是上穷碧落下黄泉，动手动脚找东西"，大家都耳熟能详，无须多论，也体现了一种新的史料观，从书斋里的学问转向现实中发现新史料，无论是考古学的发掘，还是民族学的实地调查，以及语言学的方言调查，尽管上述实践并非1928年后才出现。无疑傅斯年的文章算是这些研究的宣言书，它们的登场都可以在此脉络下去理解，史语所作为当时最高研究机构，此后很长一段时间也是在这些方面投入大量精力。文书档案成为史学研究对象，也应放在这一学术背景下去认识②。

当然，我们也应看到，对档案价值的重视，并非始于20世纪的新

---

① 梁启超：《中国历史研究法》，上海，上海古籍出版社，1987年，第42~59页。
② 史料扩充的具体成果可参考顾颉刚：《当代中国史学》中编、下编，1945年初刊，上海，上海古籍出版社，2002年，第40~121页。

史学，生活在清代中叶的章学诚就对此有高度的自觉。他在《文史通义》"外篇四·州县请立志科议"中，就强调"案牍簿籍"的意义，可谓开风气之先。只可惜当时无人响应，更谈不上受到重视了。

20世纪以后，随着明清档案的整理，档案与文书开始进入学者的视线。不过，很长一段时间，学者们难以接触到文书档案的原件，主要还是利用各种档案的选编来开展研究，这实际会受到选编者眼光的限制。只是到了1990年代以后，随着大宗档案开始影印出版，这一局面才逐渐改观。

当然，本课关注的是文书档案中的历史，我们也不能因此而一味夸大与抬高文书档案的史料价值，需要对其有恰当的把握。这种分寸感的获得，就来自与大家所熟悉的传世文献价值的比较。

简言之，传世文献，特别是史部的传世文献的主要价值体现在如下五个方面：

1. 提供了自共和元年（前841年）以来连续的年代框架（通过《春秋》、正史的年表、本纪）。

2. 提供了主要朝代疆域的范围与具体的行政机构位置（正史的地理志、郡国志、《元和郡县志》《太平寰宇记》、元明清的《一统志》与地方志）。

3. 提供了主要制度的概况与沿革变迁（正史的志书、《唐六典》《通典》《通考》等政书）。

4. 以朝廷为中心记录了发生的各种事件，宋代以后日益增多的地方志则开始较大规模地保存下来地方的情况。

5. 以朝廷为中心记录了大量精英人物的生平（正史传记）；宋代以后开始大量关注活跃于地方的人物（地方志中的传记）。

除了上述价值，传世文献也有其局限性，如以朝廷为中心的俯视、精英为中心的叙述、男性视角，充满了后见之明等，有学者概括为"皇帝制度论述"[①]，是颇为一针见血的。

[①] 甘怀真说："中国的朝廷所撰写的正史所呈现的是一种皇帝制度政体下的史观，或者说是'皇帝制度论述'。作为一种论述，正史（及其他相关典籍、史料）当然记录了许多事实，但其整体的历史像是为了制定皇帝制度的规范而虚构了许多真实。这些规范包括'大一统''移动官僚支配定居农民'与'以农立国'。……而当代的史家却以'史料'为由，直接继承了正史的虚构观点。"见所编《东亚历史上的天下与中国概念》"导论：重新思考东亚王权与世界观"，台北，台湾大学出版中心，2007年，第50~51页。

正是相对于传世文献的价值与局限，更能接近历史现场的文书档案显示出不可忽视的价值。它们如一面面显微镜，似一幅幅特写，局部、细碎、陌生，却能让我们从空中远眺与俯视下降到地面近观，走到历史行动者身旁，去观察他们的生活、感受他们的工作、聆听他们的想法。文书档案的主角很多是普通人，名不见经传，其人其事几乎都从历史书写中消失；此外也涉及见于史传的名人，乃至皇帝，不过往往是他们的日常工作，这些亦消散于史书中。透过文书档案，可以让他们部分复活，再现历史的微观，对于头脑中灌满了"宏大叙事"与"抽象结论"的今人来说，提供了跳脱与并观的难得契机，去反思与挑战那些已经深入骨髓的认知。收获的不止是一些知识，更是观察过去的新支点、新角度。

文书档案所述往往是微观的事务，但一点一滴的发现相互勾连，小中见大，碎中见通，未必不能铸就撬动宏大结论的杠杆。

在利用上则要注意避免各种档案选编构筑的"陷阱"，即选编者的预设立场、问题意识乃至史观等所形成的取舍标准，需要尽可能回到最原始的档案中去。若利用各种档案选编，亦必须警惕编者在取舍上所带有的问题意识与时代烙印。

关于中国第一历史档案馆出版的档案目录见胡旺林主编《明清档案事业——中国第一历史档案馆发展历程1925—2015》附录六"中国第一历史档案馆档案出版物目录"，北京，人民出版社，2016年，第402~415页，其中有全编，有选编。特别对于选编，尤其要小心。

在方法上，我们则需要注意的是：

细心体会和掌握各类资料的研究方法，有相通者，亦有相异者。

培养互为中心的"二重证据法"，独立而非孤立地看待各类资料，而不是仅仅将文书档案视为传世文献的补充（附属品）。

以上是本课的绪论，下面就转入正题：

本讲主要围绕下面6个方面来讲，核心是前面的5个方面：

1. 引言：如何与何为
2. 秦汉文书的全局观察
3. 各类文书管窥
4. 文书中的秦汉世界

5. 文书研究的方法

6. 参考论著

一、如何与何为

首先是引言：如何与何为，谈谈何为文书档案，以及如何研究。

《史记·秦始皇本纪》，页258：

> （秦始皇三十五年）侯生、卢生相与谋曰："始皇为人……天下畏罪持禄，莫敢尽忠。……天下之事，无小大皆决于上，上至以衡石量书，日夜有呈（程），不中呈不得休息。贪于权势如此，未可为求仙药。"于是乃亡去。始皇闻亡，乃大怒曰……于是使御史悉案问诸生，诸生传相告引，乃自除犯禁者四百六十余人，皆阬之咸阳，使天下知之，以惩后。

此事衍生出所谓的"坑儒"。王子今先生则用这段史料来揭示秦始皇的阅读速度。他估计，以一石120斤，每斤257克计算，合30.8千克，每简38个字计，每天阅读31.79万字①。32万字，大致相当于今天一本300页的书，对于今天横排有标点的书来说，一天要看完这样一本书，也不容易，对秦始皇而言，看的是竖排没标点的简牍，工作量可是不小。不只是皇帝本人如此，整个秦汉王朝的运作也离不开文书。

司马彪《续汉书·百官志三》"大司农"条，页3950：

> 郡国四时上月旦见钱谷簿，其逋未毕，各具别之。边郡、诸官请调度者，皆为报给，损多益寡，取相给足。

大司农类似今天的财政部长，是掌握朝廷物资与信息数据的中枢。王朝物资与人员调配的基本原则，是文书+实物运输来实现全国远近上下一盘棋。郡国—大司农文书作业（一时，即每三个月）—物资调动（官府行为），无论是劳力还是物资都是如此。这虽是关于东汉官方物资调动方式的描述，西汉时可见到与此相关的文书或抄录的文书副本。江苏东海县尹湾汉简"集簿"，还有山东青岛黄岛土山屯汉墓出土的简

---

① 王子今：《秦始皇的阅读速度》，收入所著《秦汉闻人肖像》，北京，社会科学文献出版社，2011年，第28~29页。

牍，以及朝鲜平壤汉墓出土的汉元帝时期的文书都是服务于这一机制的。西北汉简则常能见到从内地郡国向西北边郡运送"赋钱"，并作为俸禄发给戍边的军吏的文书。

郡国间根据大司农的安排相互调剂，可以看作汉代版的"计划财政"，与今天的区别恐怕主要是：短周期的计划，且增加（当时的表述是"多前××"，即比前一年多××）与增长（%）的不同，当时难以对生产本身进行实质性的计划，最多只能是一些象征性的活动，如"藉田""劝农"来表示关注，官府的作用主要针对分配。同样是数目字管理。调度与损多益寡，类似今天的转移支付。这种做法并非始于东汉，秦代便已然。《史记·秦始皇本纪》"二世元年"，页269：

> 尽征其材士五万人为屯卫咸阳，……当食者多，度不足，下调郡县转输菽粟刍藁，皆令自赍粮食，咸阳三百里内不得食其谷。

这便是见于记载的秦代的征调，当时可能只是临时性的措施，西汉以后常态化。这样一种通过文书来统治天下的方式，秦国时期便产生，湖北云梦县睡虎地秦墓出土的秦律《内史杂》简188规定：

> 有事请殹（也），必以书，毋口请，毋羁请（《睡虎地秦墓竹简》释文，页62）

规定了需要用文书来完成向上级的请示。东汉王充（27—约97）《论衡·别通篇》：

> 萧何入秦，收拾文书，见《萧何世家》。汉所以能制九州者，文书之力也。以文书御天下，天下之富，孰与家人之财？

王充生活在今天浙江绍兴一带，也没做过什么高级官职，能看到汉代依靠文书统治天下，可见文书的影响范围。何为"文书"？"文书"一词最早似出现在《史记·李斯列传》中，与本课所涉内容比较接近的"文书"一词见于《汉书·刑法志》，页1101：

> 及至孝武即位……律令凡三百五十九章，大辟四百九条，千八百八十二事，死罪决事比万三千四百七十二事。文书盈于几阁，典者不能遍睹。是以郡国承用者驳，或罪同而论异。

班固这里说的文书，应该指律令、故事等作为处理案件的依据的文字资料，当时当然是以简册的形式保存。现代关于"文书"的定义可以看看日本学者的论著，日本的古文书学自明治时代以来就很发达。日本学者佐藤进一的《新版古文书学入门》（法政大学出版局，1997，页1~2）认为：古文书是古文献的一部分，带有向特定对象传达意思的作品，即从甲到对被称为乙的特定者，为表明甲的意思而做成的表达意思的手段。对这个特定者表达意思这一点是古文书的本质。

在日本学者的一般看法中，文书是一定要有发出者与接收者的，因而他们将"簿籍"之类看上去没有发、接者的不算作文书。佐藤在文后的补注中反思了此定义，认为有点狭窄，认为相关的账簿应计入。

日本研究中国简牍、文书的学者，如大庭脩、池田温、冨谷至等基本都接受文书/帐籍两分的看法。实际上，正如佐藤进一所注意到的，帐籍（中国应称为"簿籍"）本身有对照核查之用，且几乎都需要附在文书中上呈，亦应归在文书中。

新近看法的综述，可见高桥一树《中世史料学の现在》（《岩波讲座日本歴史》第21卷史料论，东京，岩波书店，2015年，第69~98页）。

基于以上原因，下面介绍则将文书与簿籍一并介绍。

文书学最早产生于欧洲。欧洲古文书学（Diplomatics）的开创者是法国学者让·马比荣神父（Jean Mabillon，1632—1707），英文术语diplomatics最早来源于希腊文diploma，原意是"双折"或"折叠"的文件，17—19世纪引申为研究各种古旧文献/文件（documents）的学科。它的研究对象曾经限于中世纪的官方法令、民间契约以及标志各种权力、荣誉和财产赠予、出售、转让或补偿的各种凭据证件。下面是从加拿大University of Alberta网站上找到的写本研究网站上关于"文书学"的概括：

> Diplomatics is the study of "diplomata" or "instrumenta", particularly (though not exclusively) documents of legal force. "Diploma" in classical Latin designates a pair of strips of metal on which was recorded the grant of land to a soldier on completion of his service, and from there is extended to cover all forms of charters, and then all forms of documentary evidence. The modern use of the term was invented in the seventeenth century, and the

first great and still influential study of *De re diplomatica* was by Jean Mabillon and published in 1681.

Father Leonard Boyle's essay on "*Diplomatics*" in *Medieval Studies：An Introduction*（James M Powell，Syracuse，N. Y. ：Syracuse University Press，1976）is a good place to begin.

何为"文书"？我的看法是：

以文字为手段，出于统治目的，记录与传达信息或命令的物品。

按照这一简单的定义，文书的出现和使用，是与统治秩序的存在相连的，当然，并非所有的统治秩序都发明和使用文字，但存在文书，一定背后存在着统治秩序。出土简牍中的"典籍"，如《老子》、上博简《诗论》《论语》等，以及遣册、告地策、私记（后代说的"书信"）、名刺、名谒不属于"文书"。契约看上去只是私人之间为某种交易行为而形成的，背后实际是有官府间接在场的，如对土地税负的交割等，包括官府要盖印等，也属于一种文书。

一些铜铁器、石碑上也刻有"文书"：秦代铁权、秦始皇刻石、王莽时的量器、东汉以后的石碑等，晚近时代的石碑上也常见（详细情况可以参考李雪梅《中国古代石刻法律文献叙录》，上海，上海古籍出版社，2020年）。

从1901年最早在新疆发现简牍至今120多年间，全国大多数省市均出土过简牍，其中以湖南、甘肃、湖北三省出土数量最多，总数近30万枚，其中又以文书类简牍为最多，粗略统计有18.5万枚，几占总数的3/5。出土简牍的时间则从战国中期（前五世纪）到西晋时期（四世纪），前后八百余年，2019年还在新疆尉犁县烽燧中发现百余枚唐代的木简文书[①]。

战国—西晋时期，构成简牍时代的主体。商代据说是"有册有典"，尚未发现。东晋以后还有零星的简牍文书，但主体改为用纸。纸，西汉时便已出现，简纸并行，持续了几百年。洛阳纸贵一语出现

[①] 新疆尉犁克亚克库都克烽燧遗址（时称"沙堆烽"）出土了计会交牌、平安火木简，武周至开元年间，与纸文书同时出土，见《2019中国重要考古发现》，北京，文物出版社，2020年，第163~165页。

于西晋时期，但在新疆楼兰发现有魏晋时期的简牍文书，湖南郴州古井尚出土有西晋惠帝时木简文书。河西走廊墓葬中有随葬的木牍文书抄件则是十六国时期的。

二、秦汉文书的全局观察

下图是根据我对秦汉已知文书功能与事务的认识，概括出来的文书类型与各类文书之间的关系，可以为大家提供一幅尽可能全景式的关系图。

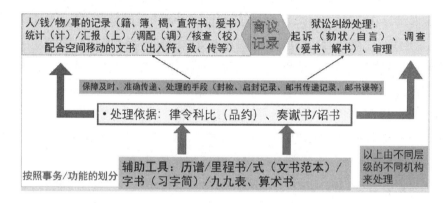

括号中的名称一部分是秦汉文书中出现的自称，另外一些是当时使用的术语（如计、上、调与校）。箭头体现了两者之间的关系：箭头发出方构成箭头所指方的基础、依据或保障。上图大致可以将目前所发现的各类文书以及文书之间的关系呈现出来。

以往学界对文书做过不少分类，常见的分类方式是按照文书的传递方向，如下行、上行、平行来划分。这种分类的问题是难以纳入那些不移动的"楬"（如汪桂海：《汉代官文书制度》，南宁，广西教育出版社，1999年）。

还有一种方式是按照文书性质（名称）来分类（最全面的见李均明：《秦汉简牍文书分类辑解》，北京，文物出版社，2009年），详尽但不易看清各种文书之间的相互关系，因而要想提纲挈领地把握秦汉简牍文书的全局不太容易。

另有一种分法是按照出土地点来分，很多通论性著作都如是（李均明《古代简牍》，胡平生、李天虹《长江流域出土简牍与研究》，李均明等《当代中国简帛学研究（1949—2019）》），这便于具体了解各批次简牍的详情，对于想从总体上认识秦汉简牍文书的全貌，则有些困难。

再有一种分类方式，按照文本的形态分类：草本、副本、底本、正本。这涉及文书的性质，目前还有不少尚待阐明的模糊之处或分歧，甚至不少批次的文书中尚未开展这方面的研究，因此这种分类方式还难以应用到所有的文书简牍。

以上关于分类的研究，可以参考陈松梅的论文《居延汉简文书复原与分类研究述评》，《简帛研究 2018 秋冬卷》，桂林，广西师范大学出版社，2019 年，第 309~319 页。

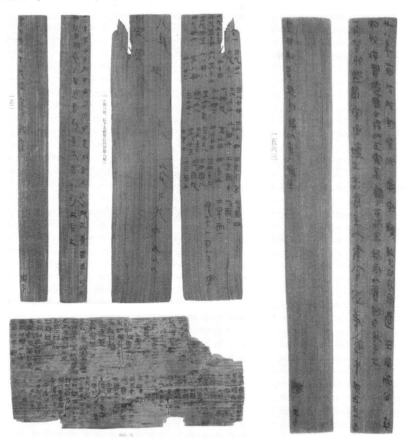

文书档案中的历史

以上是2002年在湖南龙山县里耶镇古井中出土的秦代洞庭郡迁陵县的几件文书。这是历史上第一次大量出土秦代的文书。秦代的律令最早是1975年在湖北云梦睡虎地秦墓出土,这也是首次发现秦简,后来陆续又有出土。秦代行政文书,里耶秦简是第一遭。

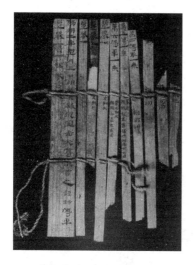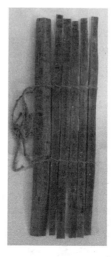

以上是各种不同形制的简牍文书。三张照片中左边和中间两张是编绳尚存的册书,这是当时文书最为通行的形态,出土于甘肃敦煌汉代悬泉置遗址。右边一张是一枚东汉的木牍,出自湖南长沙东牌楼7号古井,是份司法文书,这种将文书书写在木牍上的情况,秦代的里耶简中常见,长沙东汉与三国简中也有不少。

有些预备知识需要了解:简牍的编号,等同于简牍的身份证号,引用时必须一同引用,至于在出版物中的页码,则可以省略。

里耶秦简:J1⑧-157:J:井拼音缩写;⑧:考古发掘划分地层的第八层;157:该地层出土的第157枚简。引用时一般省作:里耶秦简8-157。

居延新简:74EPT52.59AB:74:发掘的年代,1974年;E:额济纳河流域拼音缩写;P:破城子(出土地点名称)拼音缩写;T:探方拼音缩写;另有使用"F"的:房间拼音缩写。AB:两面书写的简牍,A:正面;B:背面。"74"一般均省略,直接写为:EPT52.59AB。

金关汉简：73EJT23：877：73：出土年代1973年；E：额济纳河流域缩写，J：金关缩写，T：探方；还有"C"：采集简。

敦煌悬泉汉简：Ⅱ90DXT0114③：404：指的是1990年敦煌悬泉置遗址发掘的第二区第0114探方第三地层出土的第404枚简。

湖南长沙五一广场东汉简：J1③：325-1-12，J表示水井，1指1号井，③表示简牍出土的地层。最后是出土时所在盆号与具体清理的顺序。也有研究者直接使用出版的数字序号。

三、各类文书管窥

《汉书·食货志序》讲百姓"八岁入小学，学六甲、五方、书、计之事"，"十五入大学，学先圣礼乐，而知朝廷君臣之礼"，涉及学习的基本内容。

湖北江陵张家山247号汉墓出土的《二年律令·史律》（一般认为是西汉初年吕后二年，前186年）规定了史与卜要掌握的基本技能，其中史至少要会默写五千个字，且还要学会八种不同字体的写法：

> 史、卜子年十七岁学。史、卜、祝学童学三岁，学佴将诣大史、大卜、大祝，郡史学童诣其守，皆会八月朔日试之。474
>
> [试]史学童以十五篇，能风（讽）书五千字以上，乃得为史。有（又）以八牒（体）试之，郡移其八牒（体）课大史，大史通课，取最（最）一人以为其县令475史，殿者勿以为史。三岁壹并课，取最（最）一人以为尚书卒史。476

有关分析可以参考邢义田《汉代〈苍颉〉、〈急就〉、八体和"史书"问题——再论秦汉官吏如何学习文字》，收入《治国安邦》，北京，中华书局，2011年。下面按照上图提示的类别，对各类秦汉文书举例做些介绍。

对人——家庭与乡里记录

目前所见最早的户籍，出土于湖南龙山县里耶古城城壕中发现的秦代洞庭郡迁陵县"户版"：

图版	释文	释文	图版
	第一欄：南陽戶人荊不更宋午 　　　　弟不更熊 　　　　弟不更衛 第二欄：熊妻曰□□ 　　　　衛妻曰□ 第三欄：子小上造傳 　　　　子小上造逐 　　　　□子小上造□ 　　　　熊子小上造□ 第四欄：衛子小女子□ 第五欄：臣曰襦　K2/23	第一欄：南陽戶人荊不更黃得 第二欄：妻曰嗛 第三欄：子小上造台 　　　　子小上造 　　　　子小上造定 第四欄：子小女虖 　　　　子小女移 　　　　子小女平 第五欄：五長　K1/25/50	

　　关于"南阳"与"荆不更"所指，学界尚无一致意见。左侧这枚户版记录的宋午家除了家人，还有一位"臣"，也就是家内奴隶。右侧的黄得一家则担任"五长"，即乡里之下更小的管理单位，五家为伍中的"伍长"。宋午一户由他和两个已经结婚的弟弟及其子女组成的，与商鞅变法时的规定不同。

　　除了记录每户成员情况的户籍类文书，现在还出土了不同层级的户口统计文书，不过这些均出自官吏的墓葬，应该不是文书的原件，而是作为随葬品抄录的抄件，但其基本形式应该与原件相去不远。

　　下面五枚木牍分属三份文书，下排右边的那件是乡一级的户口统计，其左边的那份是县级的统计，上端出现了迄今最早的"户口簿"一词。上排的三件是一份文书，属郡级的户口统计，发现于今天朝鲜平壤，那时属于西汉的乐浪郡。这些户口统计每年要从里到乡，到县，最后到郡与朝廷逐级统计并上报（上计），汇总为王朝的户口数字。《汉书·地理志下》保留的只有一年的数字，东汉留下的年度统计稍多，从这些文书看，当时应该是逐年都要统计上报。这类统计各代一直沿用，今天有人口的年度统计，还有十年一次的人口普查。技术有发展，形式相仿。

朝鲜平壤出土西汉元帝初元年间"乐浪郡县别户口多少集簿"木牍

安徽天长汉墓出土东阳县户口簿	湖北荆州松柏汉墓出土西乡户口簿

除了对编户齐民的户口管理，对于刑徒也要登记管理，里耶秦简中保存了大量的资料。仅举一例：

　　卅二年五月丙子朔庚子，库武作徒簿：受司空城旦九人、鬼薪一人、舂三人，受仓隶臣二人・凡十五人
　　　其十二人为英：奘乚庆忌、匈乚㱃、船乚何乚取乚交乚頡乚徐乚娃、聚
　　　一人纯：鼠
　　　二人捕羽：乚亥乚羅　　　　　　（正面）
　　卅二年五月丙子朔庚子，库武敢言之，疏书作徒日簿一牒，敢言之。／横手
　五月庚子日中时佐横以来／囫发　　（背面）　（8-1520+8-1434+8-1069）

这是秦始皇三十二年五月庚子那天，库啬夫武向上级汇报当天在他手下工作的十五位刑徒的分工，这些刑徒分别来自司空和仓。这种被称为作徒日簿的文书是每天都要编制的，里耶秦简中保留下来此类文书相当多。

对人——人口迁移与户口管理

当时官府严格控制百姓外出与迁移，若迁移居住地，则需办理户籍的迁移手续。

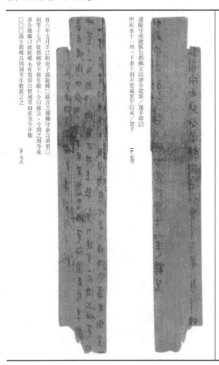

释文如下：

廿六年五月辛巳朔庚子，启陵乡库敢言之：都乡守嘉言渚里□☑
劾等十七户徙都乡，皆不移年籍。令曰：移，言。・今问之，劾等徙☑
书告都乡曰：启陵乡未有枼（牒），毋以智（知）劾等初产至今年数☑
□□□谒令都乡自问劾等年数。敢言之。　正

☑迁陵守丞敦狐告都乡主：以律令从事。／逐手。即□
甲辰水十一刻刻下者十刻，不更成里午以来。貄半　背 16-9

这是秦始皇二十六年五月庚子那天，迁陵县启陵乡啬夫名叫"庠"的小吏上报给县里的文书，因为有名叫"刼"的等十七户居民迁到了都乡，但没有随迁这些户的记录年龄信息的"年籍"，都乡此前应该将此事上报县廷，县廷要求这些户原先所在的乡提供"年籍"，启陵乡应是收到县廷命令的，这是该乡负责人对县里的回复。报告说启陵乡没有刼等户人口出生时间以及年龄的资料，请求都乡自行询问刼等来了解。背面按照书写先后分别是正面文书的书写者签名（豸手）、传递时间、经手人的记录和迁陵县守丞的处理意见。据《史记·秦始皇本纪》，秦王政十六年"初令男子书年"。秦在今天里耶一带建立自己的统治应在秦始皇二十五年二月或略早①，而此前楚国统治下并无书年的规定，全面完成制作"年籍"的工作需要时间，至少一年多以后，启陵乡还没有全部落实。

对人——（官吏、卒）+钱/物的记录

吏名籍（楬，居延新简 EPT56：193）	吏员簿（EPT51：23A）	吏奉（俸）赋名籍（居延旧简 73.16）	吏受奉（俸）名籍（居延旧简 154.34）	吏卒廪名籍（EPT52：424）

---

① 据陈伟主编：《里耶秦简牍校释》第二卷"前言"，武汉，武汉大学出版社，2017 年，第 4 页。

此外，可以并观的还有长吏迁除簿（今人拟名，江苏连云港东海县尹湾汉简3号与4号木牍）。

对物/人——廪食的发放记录

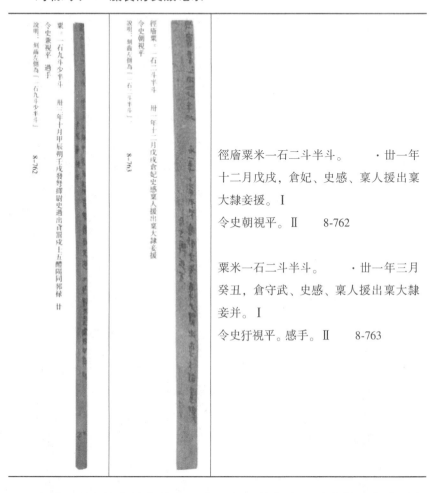

径廥粟米一石二斗半斗。 ·卅一年
十二月戊戌，倉妃、史感、稟人援出稟
大隸妾援。Ⅰ
令史朝視平。Ⅱ 　8-762

粟米一石二斗半斗。 ·卅一年三月
癸丑，倉守武、史感、稟人援出稟大隸
妾并。Ⅰ
令史犴視平。感手。Ⅱ 　8-763

这是里耶秦简中的秦始皇三十一年三月与十二月仓给两位分别名为援和并的隶妾发放廪食的记录。从记录看每次发放要有四位不同系统的官吏参与：三位仓系统的实际经手，一位是县里的令史来监督，可见工作程序上的复杂。这种工作每月要进行很多次。其根据是睡虎地秦简中的秦律："《倉律》曰：縣官縣料出入必平，稟禾美惡相襍⊿，大輸令丞視，令史、官嗇夫視平稍稟，令令史視平，不163從令，貲一甲。164。"

对物——田土的管理

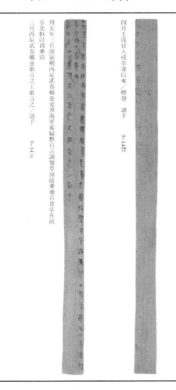

- 卅三年六月庚子朔丁巳,【田】守武爰书:高里士五(伍)吾武【自】言:謁狠(墾)草田六畛Ⅰ武門外,能恒藉以爲田。典縵占。Ⅱ 9-2344
- 六月丁巳,田守武敢言之:上黔首狠(墾)草一牒。敢言之。/銜手。Ⅰ
- (六)月丁巳日水十一刻刻下四,佐銜以來。/□發。Ⅱ 9-2344背

- 卅五年三月庚寅朔丙辰,貳春鄉茲爰书:南里寡婦懟自言:謁狠(墾)草田故桑地百廿步,在故Ⅰ步北,恒以為桑田。Ⅱ
- 三月丙辰,貳春鄉茲敢言之:上。敢言之。/詘手Ⅲ(正)
- 四月壬戌日入,戍卒寄以來。/瞫發。詘手(背)9-15

这是两份爰书,分别是秦始皇三十三年六月和三十五年三月,以田官守武和貳春乡啬夫兹的名义向迁陵县廷报告高里与南里两户居民在授田之外新开垦田地的面积、位置,信息来源是两户户主的口头报告(自言),面积又经过了典的核查,这些信息会增补到田官与乡所管理的田地的簿籍中,最终要上报县里。背面是文书传递与县廷小吏拆封文书的记录。

对物/钱——按田土交纳的钱与牛马饲料(刍藁)

☐ 芻藁志。AⅠ

☐☐☐☐☐☐☐AⅡ

·凡千一百七錢。AⅢ

都鄉黔首田啓陵界中,一項卌一畝,錢八十五

都鄉黔首田貳(春界中者,二項卌七畝,錢百卌九)

·未入者十五☐ BⅢ 里耶秦简 9-543+570+835

这是迁陵县所辖乡向县廷报告的按照田亩交纳牛马饲料以及超过县里所需的饲料后折纳为钱的数额。这一交纳要求的依据见睡虎地秦简《秦律十八种·田律》第8简：

> 入顷刍稾，以其受田之数，无垦（垦）不垦（垦），顷入刍三石、稾二石。

折纳的要求则见于西汉《二年律令·田律》第240-241简：

> 入顷刍稾，顷入刍三石；上郡地恶，顷入二石；稾皆二石。令各入其岁所有，毋入陈，不从令者罚黄金四两。收入刍稾，县各度一岁用刍稾，足其县用，其馀令顷入五十五钱以当刍稾。刍一石当十五钱，稾一石当五钱。

秦代恐怕已经有了后面的规定。

对物——马匹管理

无论秦代还是汉代，均十分详细，因为马匹对于官府而言，是十分重要的资源。不仅每匹马都有名字，也会编制马的名籍，马生病或死亡后均要进行调查，并形成文书上报，汉代甚至对一些频繁使用马匹的机构中一年中使用马匹死亡的数量上限都有规定，超过上限的，管理马匹的官吏都要受罚。关于秦汉马政，有不少研究，同学们可以参考。这里仅举一件里耶出土的秦代调查马匹死亡情况的爰书，看看当时是如何管理马匹的。爰书的释文如下：

> （廿）八年三月庚申，启陵乡赵爰书：士五（伍）朐忍苏溱居臺告曰：居貲（貸），署酉阳，传送牵迁陵拔乘马一匹，骊，牡，两鼻刖取左、右、耳前、后各一所，名曰犯难。行到暴【诏】Ⅰ谿反（阪）上，去谿可八十步，马不能上，即遆（墮）。今死。敢告。/乡赵、令史辰、佐见即居臺杂诊：犯难死在暴诏谿中，西首右卧，□伤其右□下一所。它如居臺告。·即以死Ⅱ马属居臺。Ⅲ
>
> （三月）庚申，启陵乡赵敢言之：上诊一牒。敢言之。/见手。Ⅳ 9-2346正
>
> 三月□辰，迁陵守丞膻之告田主：听书从事，当负，以律令负。/朝手。/即水下七刻，居臺行。Ⅰ
>
> 三月乙丑日中时，高里士五（伍）敝【以来】/见手。Ⅱ 9-2346背

这是启陵乡啬夫名为"赵"上报的一份调查马匹死亡的爰书。死去的马名叫犯难,由在酉阳通过劳役来偿还居贷欠款的无爵位的人,名叫居台的牵着到迁陵公干。后面是对马的颜色、性别与形体的描述。走到暴诏谿一带的山路上,没爬上去,掉到溪谷中摔死了。大概因为此溪谷在启陵乡境内,所以由乡啬夫赵与令史和乡佐一道到马死的现场查看死情。此前,居台应该已经报告了犯难摔死一事,这份文书是官府的核查记录,使用的是爰书,而文书本身属于"诊"。三月□辰一行,是迁陵县守丞的批示。

对物——传置中的车的管理

下面这张照片中的文书发现于甘肃敦煌悬泉置遗址:

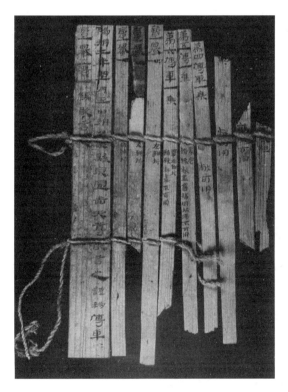

这是西汉阳朔二年(前23年)闰(三)月传车亶舆簿及呈文。悬泉置作为河西走廊上的一处交通保障机构,有十辆传车,用来运送过往的官吏与使者。作为该机构重要的装备,可能是三个月(一时)要向上级汇报一次传车的状态。这是偶然保留下来的一份。

下图是迄今发现的保存最为完整的汉代册书,是居延地区 A27 遗址出土的东汉永元年间的广地南部诸烽燧配发的武器装备的清单（永元器物簿,或兵物簿）,是由四份不同月份甚至是不同年份的册书通过编绳系连在一起的。可能是当地机构保存的文书底本。照片分别是册书的正面和背面,可以了解一下当时文书是如何编连的。

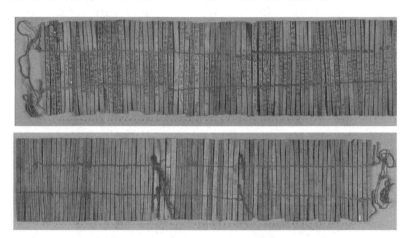

下面两张图片是不同地点出土的"楬",即挂在物品或文书上标识其内容的木牌。

额济纳汉简的签牌（楬）	长沙走马楼吴简的签牌（楬）
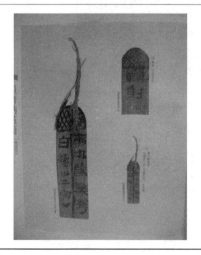	

使用完毕的文书存档后也会挂上表明其内容"楬",五一广场东汉简中出土了不少名为"××（姓名）本事"的"楬",即是。

下面一份文书体现了记录的虚与实，以及如何对付上级的检查：

> 地节二年六月辛卯朔丁巳，肩水候房谓候长光：官以姑臧所移卒被兵本籍为行边兵丞相史王卿治卒被兵以校阅亭隧卒被兵，皆多冒乱不相应，或/易处不如本籍。今写所治亭别被兵籍并编，移书到，光以籍阅具卒兵。兵即不应籍，更实定此籍。随兵所在亭，各实弩力、石、射步数，/令可知。责事诣官，会月廿八日夕。须以集，为丞相史王卿治事。课后不如会日者致案，毋忽。如律令。　　　　居延汉简 7.7

此木牍出土于 A33 地湾遗址，此遗址一般认为是汉代张掖郡肩水都尉府肩水候官驻地。肩水候相当于今天的团长，其命令是要求候长光核查所辖亭隧配发的兵器实物与记录兵器情况的簿籍，要求两者对应，要求在六月二十八日晚上带着文书（被兵籍）到候官驻地，来应付丞相府派来检查工作的王姓小吏的现场核查。这是存留在候官处的文书底本。

对物与物化的人（集簿）

江苏连云港东海县尹湾 6 号汉墓出土 1 号木牍：集簿

西汉成帝末某年东海郡向朝廷上计用的文书抄本（明器）

内容很多，不详细转录释文，仅概括记录的信息类别：

行政机构设置（县邑侯国、乡里、亭邮数量，1—3 行）、郡界（4 行）、县乡三老、孝、悌、力田数量（5 行）、编内官吏数量（6 行）、不同性质的官员分类统计（7—9 行）、户口数量与增量（10 行）、土地面积（11 行）

各类耕地面积（12 行）

种麦子面积（13 行）

人口统计（14—16 行）

春种树数量（17 行）

成户数（18 行）

钱谷收入与支出（19—21 行）

上述内容中也不乏造假的数字：譬如"年九十以上万一千六百七十

人"。当年全郡人口不到140万，90岁以上的占比达0.8%。2010年第六次全国人口普查，全国90岁以上的占比不过0.15%[1]。汉代的医疗条件与营养水平显然无法与当代比，彼时人口的平均寿命与预期寿命也要短得多。90岁以上的人口占比反而比当代高出5倍多，80岁以上的人口数字也很可疑。不是误书就是造假，两组数字都有误的几率不大，造假的可能性相当高。

对事（直符书）：县廷里官吏值班的记录，遇到有案件时，值班的官吏还要负责起诉，西北边地的候官里也发现过类似的文书[2]。

湖南长沙五一广场东汉简 J1[3]：325-1-26：

直符户曹史宋奉、书佐烝谭符書。
直月十七日　正

永初五年七月丁未朔十八日甲子，直符史奉、书佐谭敢言之：直月十七日，循行寺内狱司空、仓、库後，盡其日夜，無詣告當舉劾者。以符書屬户曹史陳躬、書佐李憲，敢言之。背

---

[1] 见国家统计局人口和就业统计司编：《中国人口和就业统计年鉴2011》表2-1 "全国分年龄、性别的人口数"，北京，中国统计出版社，2012年，第34~36页。

[2] 可参马增荣：《汉代地方行政中的直符制度》，《简帛》第16辑，上海，上海古籍出版社，第253~277页。

对人的管理（功劳案）：这是一份西汉张掖郡居延都尉府所辖甲渠候官第十隧隧长徐谭的人事档案，记录了他的功劳，包括获得奖励（赐劳）的原因，这是他未来晋升的主要依据。其功劳是根据担任吏的时间，加上奖励的日子，再扣除病假而形成的；以及自己的能力（会书写、计算、掌握工作所需的律令知识，属于文职）、籍贯、家居地与郡治之间的距离，这或是为他休假回家计算路程所需日程而收集的信息，担任官吏的时间，病假扣除的"劳"。从今天的角度看，还是很简单的，在二千多年前，则已经很不简单了。最近公布了西汉文帝时期的《功令》，是汉初对官吏管理的基本制度，内容十分丰富①，有助于认识这类文书及背后的依据。

居延甲渠候官第十隧长公乘徐譚功將
中功一勞二歲
其六月十五日河平二年、三年、四年秋試射以令賜勞

能書會計，治官民頗知律令，文
　　應令

居延鳴沙里，家去大守府千六十三里，產居延縣
為吏五歲三月十五日
其十五日河平元年陽朔元年病，不為勞　　　居延縣人　　EPT50.10

---

① 见彭浩主编：《张家山汉墓竹简（三三六号）》，北京，文物出版社，2022年。

对人——官吏的调配（东汉建武五年迁补牒）

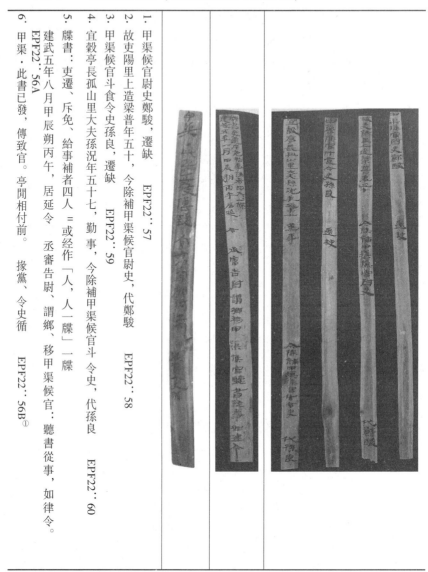

1. 甲渠候官尉史郑骏，迁缺　EPF22∶57
2. 故吏阳里上造梁普年五十，今除补甲渠候官尉史，代郑骏　EPF22∶58
3. 甲渠候官斗食令史孙良，迁缺　EPF22∶59
4. 宜穀亭长孤山里大夫孙况年五十七，勤事，今除补甲渠候官斗令史，代孙良　EPF22∶60
5. 牒书∶吏迁、斥免，给事补者四人＝或经作「人，人一牒」一牒
   建武五年八月甲辰朔丙午，居延令　丞审告尉，谓乡、移甲渠候官∶听书从事，如律令。
   EPF22∶56A
6'. 甲渠·此书已发，传致官。亭閒相付前。
   掾黨、令史循　EPF22∶56B①

空间移动文书：这类文书有很多种，详细分类可参考日本学者鹰取祐司的研究②，这里无法一一列举，只举三例金关汉简中的文书：

---

① 此册书排列顺序及缘由，参侯旭东:《西北出土汉代文书简册的排列与复原》，《简帛》第18辑（2019年），第109~132页。

② 鹰取祐司:《肩水金关遗址出土の通行证》，收入所著《古代中世東アジアの関所と交通制度》，东京，汲古书院，2017年，第175~335页。

私人用传			初元二年正月 驿北亭戍卒符 （通过关口用的证件）
73EJT33∶40A 永光二年五月辛卯朔己未，奴同縣里公乘徐方偕毋未，刪丹長賀，守丞禁移過所，寫移，毋苛留止。如律令／兼掾嘉、令史廣漢	都鄉嗇夫禹敢言之∶始樂里女子惠青辟自言為家私使之居延，與小奴同葆同縣里公乘徐方偕毋官獄事，當得取傳。敢言之。五月己未，刪丹長賀，守丞禁移過所，寫移，毋苛留止。如律令／兼掾嘉、令史廣漢	73EJT37∶522A 73EJT37∶522B 十一月丙辰居延丞印 令印日居延丞佐其以來	居延都尉卒史居延平里徐通大奴宜，長七尺，黑色，髭頭。五鳳元年十月丙戌朔辛亥，居延守丞安世別上計移肩水金關自言∶繇之隴西，還，買騟得敬老里丁韋君大奴宜。今疏書宜年長物色，書到，出如律 十一月丙辰出居延都尉卒史居延平里徐通	

起诉文书（劾状）：出自居延新简的实例：

乃今月三日壬寅（4月24日），居延常安亭长王闳、闳子男同、攻虏亭长赵　EPT68∶59

常及客民赵闳、范翁等五人俱亡，皆共盗官兵，　EPT68∶60

臧（赃）千钱以上，带大　EPT68∶61

刀、剑及铍各一，又各持锥、小尺白刀、葳各一，兰越甲渠当　EPT68∶62

曲隧塞，从河水中天田出。·案：常等持禁物　EPT68∶63

兰越塞，于边关徼逐捕未得，它案验未竟。EPT68：64

建武六年三月庚子朔甲辰（五日，30年4月26日），不侵守候长业劾，移 EPT68：57

居延狱，以律令从事。EPT68：58

·状。辞曰：公乘居延中宿里，年五十一岁，姓陈氏 EPT68：68

今年正月中，府调业守候长，署不侵部，主领吏　EPT68：69

迹候备寇虏盗贼为职。乃今月三日壬寅，居延常安亭长 EPT68：70

王闳、闳子男同、攻虏亭长赵常及客民赵闳、范翁等 EPT68：71

五人俱亡，皆共盗官兵，臧（赃）千钱以上，带大刀、剑及 钺各一，EPT68：72

又各持锥、小尺白刀、葴各一，兰越甲渠当曲隧塞，从河 EPT68：73

水中天田出。案：常等持禁物兰越塞，EPT68：74

于边关徼逐捕未得，它案验未竟。以此　EPT68：75

知而劾，无长吏使劾者。状具此。EPT68：76

建武六年三月庚子朔甲辰，不侵守候长业敢 EPT68：54

言之：谨移劾状一编，敢言之。EPT68：55

三月己酉（十日，5月1日），甲渠守候 移移①居延，写移如律令。/掾谭、令史嘉 EPT68：56②

这是一份东汉建武六年窦融控制河西地区时，甲渠候官所辖的不侵候长陈业对王闳等五人私自携带兵器越过塞墙逃亡事件的调查、取证与起诉的文书，发现于A8遗址的第68探方，该遗址当时是居延都尉府

---

① 宫宅潔怀疑第二个"移"字为误写上去的，见所著：《中国古代刑制史研究》中译本，桂林，广西师范大学出版社，2018年，第252页注释②。恐不确。第二个"移"当指代"劾状"。

② 图版与释文据张德芳主编：《居延新简集释》第六册，兰州，甘肃文化出版社，2016年，第185~189页，其中简EPT68：66与67被认为与此劾状无关。复原据鹰取祐司：《秦漢官文書の基礎の研究》，东京，汲古院，2015年，第485~488页。

所辖的甲渠候官的驻地。这类起诉文书在秦汉官文书中经常能见到。只是随着时代推演，格式前后有不少变化①。

文书传递的保障手段：主要是各种类型的封检，实际往往还配上绳子、泥团并盖印，加在文书外面以防内容外泄，有时还会使用不同颜色的布袋（囊），功能类似今天的信封。秦汉时代朝廷都制定了《行书律》，对文书传递方式以及如何封缄有详细的规定，实物资料中也有不少。

里耶出土的秦代封检	金关汉简中的封检	湖南长沙出土东牌楼东汉简的封检	敦煌发现的完整的晋代封检

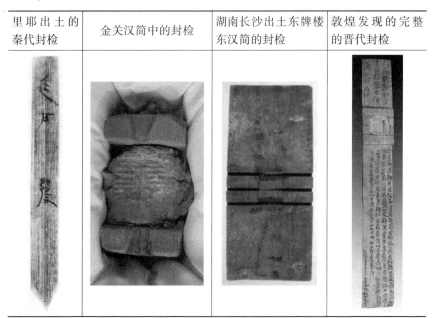

存放文书则有不同材质的"笥"。这方面的研究始于王国维的《简牍检署考》，新近的研究可以参考汪桂海的论文以及张琦的硕士论文与陈韵青的博士论文②。

---

① 有关研究可参考唐俊峰：《甲渠候官第68号探方出土劾状简册的复原与研究》，《简牍学研究》第5辑（2014年），第38~58页；《秦汉劾书格式演变初探》，2017年初刊，修订稿收入出土文献与中国古代文明研究协同创新中心中国人民大学分中心编：《出土文献的世界：第六届出土文献青年学者论坛论文集》，上海，中西书局，2018年，第190~212页。关于此劾状的新近研究，可参侯旭东：《亭长王囚等逃往何处？——从东汉初年的一份劾状说起》，朱玉麒主编《西域文史》第17辑，北京，科学出版社，2023年，第49~70页。

② 汪桂海：《秦汉官文书装具》，《出土文献》2022年第3期，第116~132页；张琦：《秦汉官文书启封记录研究》，硕士论文，清华大学历史系，2019年；陈韵青：《秦汉官吏用印研究》，博士论文，清华大学历史系，2023年。

两种常见的文书工作的辅助性工具：历谱与九九表

甘肃敦煌市清水沟烽燧遗址出土的西汉地节元年历谱	里耶秦简中的九九乘法表
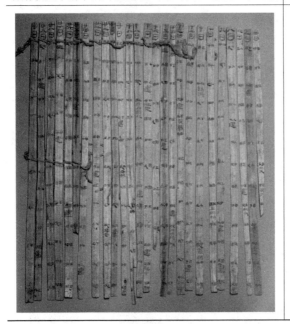	

"敬授民时"之说见于《尚书·尧典》，官府颁布历谱，统一时间节奏，恐怕战国时期就已开始，目前能见到的最早的历谱是秦代的。当时朝廷每年都应提前颁发历谱，作为文书工作记录时间的依据，目前从各地墓葬与遗址出土的秦汉时代的历谱类简牍颇多。九九表是小吏工作中学习算术必须的工具，秦汉时期的遗址中也经常出土。

四、文书中的秦汉世界

这方面事例很多，这里给大家举三个例子，管中窥豹，了解一下文书中的秦汉世界。秦代居赀如何通过劳动还钱？

卅一年后九月庚辰朔戊子，司空色爰書：吏以辛戍上造

涪陵高橋　難有赀錢千三百卌四，貧Ⅰ

不能入，以约居。積二百廿四日，食縣官，日除六錢。

Ⅱ（正）　9-630+9-815

□得手（背）

这是秦始皇三十一年九月以管理刑徒的司空啬夫名为"色"名义上呈的"爰书",文书实际的抄写者是背面名"得"的人。文书是关于来自涪陵先高桥里的名为"难"的戍卒,他原先是官吏,因违法受罚,以卒的身份到迁陵县来戍边,而且他要偿还官府对他的罚款:赀钱1344钱。他家贫,无力偿还,只能靠自己为官府劳动来偿还,一共要劳动224天,每劳动一天等于还6钱,原因是他是由县官提供口粮。具体劳动折钱的标准见睡虎地秦简《秦律十八种·司空》第133简:

有辠(罪)以赀赎及有責(债)於公,以其令日問之,其弗能入及賞(償),以令日居之,日居八錢;公食者,日居六錢。

每劳动一天相当于八钱,如果由官府提供廪食,则相当于六钱。一般的想象中,都会认为秦代统治相当高效,贯彻朝廷意志、遵守律令,实际中也未必尽然。秦代的官吏如何"扯皮"?里耶秦简中也能发现些隐藏在文书中的秘密:

卅四年二月丙申朔己亥,貳春鄉守平敢言之:廷令平代鄉兹守貳春鄉,今兹下之廷/而不屬平以倉粟米。問之,有(又)不告平以其數,即封倉以私印去。兹繇使未智(知)/遠近,而倉封以私印,所用備盜賊糧盡在倉中。節(即)盜賊發,吏不敢/蜀(獨)發倉,毋以智(知)粟米備不備,有恐乏追者糧食。節(即)兹復環(還)之官,可殹(也)(正)

不環,謁遣令史與平雜料之。謁報,署□發。敢言之。

二月甲辰日中時,典輆以來。/壬發。平手(背) 9-50

这是始皇三十四年的文书,县廷下令让贰春乡的乡守名"平"的小吏去接替前任名"兹"的吏来负责该乡的工作,两人交接时需要将仓中储藏的粟米详细清点,但兹离开前没有告知具体数量,甚至还用自己的私印将仓门封上,现在"兹"又出公差,平不知其去向,也不能在"兹"不在场的情况下拆开仓门上的封印。该乡所有防备盗贼用的粮食都封在仓中,万一出现盗贼,他也不敢单独拆封,也不清楚粮食数目够不够,如果"兹"很快回来还好,若回不来,请求派令史来该乡和平一起共同称量粮食。从这件文书看,睡虎地秦简中所见秦代《效律》规定的管理仓的官吏交接时要前后两任官吏当面称量并与文书对照,

并没有认真执行①。甘肃敦煌悬泉汉简中"出米记录"还能发现更出格的情况。这里发现的西汉出米记录中就有这样的事例:

> 出米一斗二升,十月乙亥,以食金城枝阳长张君夫人、奴婢三人,人一食,东。(ⅡT90DXT 0213②:112,胡平生、张德芳《敦煌悬泉汉简释粹》86,第74页)

西汉的金城郡枝阳县在今天甘肃兰州市西北不远处。并非官吏的县长夫人与奴婢却同样享受起当时的官方招待所"传舍"提供的免费口粮,等于占公家的便宜。恐怕从敦煌一路走到枝阳,相当于从今天的敦煌走到兰州,都是如此,开销加在一起,应该也不少。根据汉代交通线与里程,可推知往返两趟所需口粮:

$$30 \text{ 处} \times 1 \text{ 食} \times 0.12 \text{ 石} \times 2 \text{ 次} = 7.2 \text{ 石}$$

西汉时,每年各地郡国官吏到朝廷上计完毕,发遣返回前,丞相都要令人重复宣读同样的敕,其中就包括:

> 诏书无饰厨传增养食,至今未变,或更尤过度,甚不称。归告二千石,务省约如法。且案不改者,长吏以闻。(卫宏《汉官旧仪》卷上,收入《汉官六种》,周天游点校,北京,中华书局,1990年,第39页)

所谓"无饰厨传增养食",用今天的话概括就是不要改善住宿条件,提高接待的饮食标准。要求依法提供传食,不得招待过度。据《汉书·宣帝纪》,这样的诏书最早见于宣帝元康二年(前64年)五月诏,其中提到"或擅兴徭役,饰厨传,称过使客,越职踰法,以取名誉,譬犹践薄冰以待白日,岂不殆哉!"(8/256)同样的敕年年讲,表明问题年年得不到解决。不难看出皇帝的无奈与无力。

提高饮食标准的事积少成多,大大增加了官府的财政负担,加上不断增加的正常开支,以至不堪重负,成为制度变化的一个重要推手。《汉书·王莽传下》"地皇元年"提到:

> 乘传使者经历郡国,日且十辈,仓无见谷以给,传车马不能足,赋取道中车马,取办于民。

---

① 有关规定见《效律》简32~33,收入陈伟主编:《秦简牍合集》甲编·壹(释文注释修订本),武汉,武汉大学出版社,2016年,第148页。

不久，翼平连率（郡守）田况在上言中甚至建议王莽：

> 宜尽征还乘传诸使者，以休息郡县。

居延新简 EPF22：304 也提到：

> □東部五威率言：廚傳食者衆，費用多，諸以法食者皆自齎費，不可許

到了东汉，朝廷已经无法承受这方面的开销，只好大量裁减这类机构。《晋书》卷三〇《刑法志》引《魏律序》称：

> 秦世旧有厩置、乘传、副车、食厨，汉初承秦不改，后以费广稍省，故后汉但设骑置而无车马，而律犹著其文，则为虚设，故除《厩律》，取其可用合科者，以为《邮驿令》。

根据以上资料，不难发现传置机构开支膨胀带给这一机构运转乃至存在的巨大影响。这也是透过文书并结合文献观察到的秦汉时代的现象。

五、文书研究的方法

可以细分为五个层面：

考古学（出土信息、编号显示的关系，学会看懂出土编号），这些工作主要由发掘者与考古报告的整理者完成，研究者需要能看懂发掘报告，了解出土地点的相关信息，并能从非简牍文书的出土遗物中发现有价值的信息。

文字学（释文、训诂，常用字要注意避免望文生义），主要由简牍释文的整理者完成，但也需要研究者仔细对照图版，甚至简牍实物来核验，发现问题时可以提出改进的释文。释文之外，对于简牍文字信息的确切解读也必须结合当时的历史语境以及字词在当时的含义来判断，尤其是注意避免以后代的含义来格义，以今度古，产生不必要的误读与误解。

文书学（掌握各类文书的格式，进行碎简缀合、散简的册书复原与集成），这方面的工作至今依然是重点。只有将零散的简牍尽可能地恢复到当时的原貌，才有可能最大限度地发掘出简牍内容与形制所包

含的信息，也才能从事务的处理中发现动态的工作过程。

历史学（以上提炼出的各种历史问题分析），在文书学研究之上才有可能突破简单的二重证据法，将更多的简牍文书背后所包含的事务过程和历史进程联系起来，发现在传世文献之外的被遗忘的历史侧面。

社会科学（归纳与解释），基于简牍所处历史现场，将涉及的问题类型化，与中外历史中类似的问题进行比较，形成对既有宏观历史的并观与对观，从而与既有宏观结论形成对话，甚至有可能产生新的宏观结论。而且还可以进一步跳出中国简牍，从东亚四国，乃至世界范围内的简牍文书的对比中发现更多有价值的问题，产生更具比较意义的结论。

参考文献

关于文书简牍的研究，百余年来积累的成果相当多，这里提供一些基本的论著，包括通论性质的，也包括方法上带有典型特点的论著，供各位参考。

1. 通论性著作：

胡平生、李天虹：《长江流域出土简帛与研究》，武汉，湖北教育出版社，2003年。
骈宇骞、段书安：《二十世纪出土简帛综述》，北京，文物出版社，2006年。
富谷至：《木简竹简述说的古代中国》（增补新版），上海，中西书局，2021年。
富谷至：《文书行政的汉帝国》，南京，江苏人民出版社，2013年。
李零：《简牍古书与学术源流》（增订本），北京，生活·读书·新知三联书店，2008年。
李均明等：《当代中国简帛学研究（1949~2019）》，北京，中国社会科学出版社，2020年。

2. 文书研究的论著：

汪桂海：《汉代官文书制度》，南宁，广西教育出版社，1999年。
李均明：《秦汉简牍文书分类辑解》，北京，文物出版社，2009年。
李天虹：《居延汉简簿籍分类研究》，北京，科学出版社，2003年。

3. 关于文书研究方法的论文：

陈梦家：《汉简考述》，见《汉简缀述》，北京，中华书局，1980年，或2004年重印本，页1~36，特别是第2页的论述。

来国龙：《论战国秦汉写本文化中文本的流动与固定》，武汉大学简帛研究中心《简帛》第 2 辑，上海，上海古籍出版社，2007 年，页 515~527。

永田英正：《汉简的古文书学研究》，《简帛研究》第 3 辑，桂林，广西师范大学出版社，1998 年，页 279~294。

藤枝晃：《序文》，收入永田英正《居延汉简研究》上册，张学锋译，桂林，广西师范大学出版社，2007 年，页 1~8。

籾山明：《日本居延汉简研究的回顾与展望》（增订本），《中国古代法律文献研究》第 9 辑，北京，社会科学文献出版社，2015 年，页 154~175；日文本收入所著：《秦漢出土文字史料の研究—形態・制度・社会—》，东京，創文社，2015 年，页 335~361。

[简牍缀合法] 邬文玲：《东牌楼东汉简牍断简缀合与研究》，《简帛研究 2005》，桂林，广西师范大学出版社，2008 年，页 187~204；更多的研究可参姚磊：《肩水金关汉简缀合》，天津，天津古籍出版社，2020 年，方法的概述可见刘传宾：《出土简牍编联与拼缀方法综论》，《天津师范大学学报》（社会科学版），2018 年第 4 期，页 44~52，此文主要针对的是典籍简，但方法上文书简的缀合与编连亦类似。

[文书集成法] 永田英正：《居延汉简集成一》《试论居延汉简中所见的候官——以破城子出土的"诣官"簿为中心》，收入《居延汉简研究》，页 42~158、371~395。

[册书复原法] 大庭脩：《汉简的文书形态》，收入《汉简研究》，徐世虹译，桂林，广西师范大学出版社，2001 年，页 3~20。

[排列与复原] 侯旭东：《西北出土汉代文书简册的排列与复原》，《简帛》第 18 辑，上海，上海古籍出版社，2019 年，页 109~132。

[利用揭剥图复原册书] 侯旭东：《长沙走马楼吴简〈竹简〉[贰]"吏民人名年纪口食簿"复原的初步研究》，《中华文史论丛》2009 年第 1 期（总第 93 期），页 57~93；鹫尾祐子：《长沙走马楼吴简连记式名籍简的探讨——关于家族的记录》，《吴简研究》第 3 辑，北京，中华书局，2011 年，页 65~87；侯旭东：《长沙走马楼吴简"嘉禾六年（广成乡）弦里吏民人名年纪口食簿"集成研究：三世纪初江南乡里管理一瞥》，收入邢义田、刘增贵主编：《第四届国际汉学会议论文集：古代庶民社会》，台北，"中研院"，2013 年，页 103~147，修订稿收入长沙简牍博物馆编：《走马楼吴简研究论文精选》上，长沙，岳麓书社，2016 年，页 451~480；关尾史郎：《長沙吳簡吏民簿の研究（上）：「嘉禾六（二三七）年廣成鄉吏簿」の復元と分析》，《人文科学研究》137（2015 年 11 月），页 27~98。

[笔迹的鉴别与文书处理过程的分析] 邢义田：《汉代简牍公文书的正本、副本、草稿和签署问题》，《"中央研究院"历史语言研究所集刊》82 本 4 分

(2011)，页 601~676；《汉至三国公文书中的签署》，《文史》2012 年第 2 辑（总 100 辑），页 163~198，收入所著《今尘集》，上海，中西书局，2019 年。

[遗址与遗物的分区研究（文书群分析）]青木俊介：《候官における簿籍の保存と廃棄》，《文献と遺物の境界：中国出土簡牘史料の生態的研究》，東京，六一書房，2011 年，页 139~161，有苏俊林中译本，见《简帛研究 2018 春夏卷》，页 298~322。

[从册书复原到文书过程与简牍群性质的整体分析]侯旭东：《湖南长沙走马楼三国吴简性质新探——从〈竹简肆〉涉米簿书的复原说起》，长沙简牍博物馆编《长沙简帛研究国际学术研讨会论文集》，上海，中西书局，2017 年，页 59~97。

[文书所见的秦汉历史]

侯旭东：《传舍使用与汉帝国的日常统治》，《中国史研究》2008 年第 1 期，页 61~82

侯旭东：《西北汉简所见"传信"与"传"——兼论汉代君臣日常政务的分工与诏书、律令的作用》，《文史》2008 年第 3 辑（总第 84 辑），页 5~53。

侯旭东：《汉代律令与传舍管理》，《简帛研究 2007》，桂林，广西师范大学出版社，2010 年，页 151~164。

侯旭东：《从朝宿之舍到商铺——汉代郡国邸与六朝邸店考论》，《清华大学学报》（哲学社会科学版），2011 年第 5 期，页 32~43。

侯旭东：《皇帝的无奈：西汉末年的传置开支与制度变迁》，《文史》2015 年第 2 辑（总 111 辑），页 5~66。

侯旭东：《东汉〈乙瑛碑〉增置卒史事所见政务处理：以"请""须报""可许""书到言"为中心》，见《中国中古史研究》第 4 辑，北京，中华书局，2014 年，页 43~69；复收入李雪梅主编《法律文化研究》第 10 辑"古代法律碑刻专辑"，北京，社会科学文献出版社，2017 年，页 36~66。以上修订稿均收入侯旭东：《汉家的日常》，北京，北京师范大学出版社，2022 年。

中古出土文献

张国刚

绪　　论

中古时期，在这里主要指魏晋隋唐五代时期，文献资料比较丰富，二十四史中，关于这一时期的正史，从《三国志》算起，有十六部之多。即使以隋唐五代史为例，五部正史之外，还有许多大部头的文献，《唐六典》《通典》《唐律疏议》《唐会要》以及宋人编纂的类书《册府元龟》《太平广记》等。所以学者如果没有过于急功近利的想法，研治隋唐五代史其实是会比较舒服的，因为传世史料看得完、做起来心里有底，不用担心会有没看到的关键材料把自己已有的结论完全推翻的情况。不过也因为史料读得完，所以学者们对史料普遍读得细致，研究空间可能会受到挤压。因此，对于中古研究而言，出土文献是不可或缺的，出土文献具有传世文献所没有的重要史料价值。

中古出土文献可分为文书和墓志两大类，具体又可以分为四类：

敦煌文书：英藏、法藏、俄藏、日藏、北京图书馆藏敦煌文献等等。敦煌文书就是敦煌出土的文献，由于晚清时期国家积贫积弱，根本顾不上这些敦煌宝藏，所以西方探险队盗走了大部分文书，从此这些文书流落世界各地。北京图书馆（今国家图书馆）藏敦煌文书是1910年晚清政府从敦煌弄来北京的，一般被称为"敦煌劫余"。从数量上说，北京图书馆藏文书不少，但佛经偏多，社会文书多被西方学者拿走了。

吐鲁番文书：国家文物局古文献研究室、新疆博物馆、吐鲁番研究院、旅顺博物馆、德国民俗博物馆、东德科学院所藏等。1949年以前，吐鲁番文书也被西方、日本探险队盗过。此外，黑水城文书中也有一部分涉及五代的内容。

石刻造像题记：房山石经、摩崖石刻题记、造像记等。

墓志：千唐志斋藏石、《唐代墓志汇编》《唐代墓志汇编续集》、严耕望主编的石刻资料三编等。石刻、墓志近代也被西人搬走过部分，但不可能跟文书一样大批流散海外。

下面对以上出土文献进行分别介绍。

一、敦煌与敦煌文书

（一）敦煌

汉武帝到汉元帝时期，陆续设置了河西四郡（武威、张掖、酒泉、敦煌），敦煌即为河西四郡之一。汉武帝之前，大月支人生活在敦煌祁连间。这个"祁连"应该是今天在青海甘肃境内的祁连山靠西头部分，"祁连"在粟特语中就是"天"的意思。"敦煌"二字本身按照美国汉学家梅维恒的说法，也是粟特文字吐火罗的音译。

魏晋南北朝的乱世，河西地区保存集聚汉文化的一个中心。北魏太武帝拓跋焘灭北凉，士人文物尽迁平城，对北魏的汉化影响很大。

汉唐时代的敦煌，胡汉杂揉，是佛教圣地，也是东西方交流的通道。安史之乱后，吐蕃于唐德宗初年控制其地，白居易《西凉伎》"平时安西万里疆，今日边防在凤翔"，就是指当时唐朝河西走廊以西都丢了。

九世纪中叶（唐宣宗大中年间）敦煌汉人张义潮收复河湟之地，唐朝任命其为"归义军节度使"，但其实归义军是相对独立的一个政权，从敦煌文书可以看到归义军政权的更替。当时归义军曾派人来唐廷上奏，所谓旌节专使，设进奏院，有几件进奏院的材料留在了敦煌文书中。见 S1156 号、P3547 号文书。

晚唐时期，党项拓跋思恭因为协助唐朝剿灭黄巢起义有功，唐朝统治者将其封在西北六州。到李继迁、李德明、元昊这三代的统治时期，党项不仅与宋朝的矛盾很大，而且还控制了西起敦煌、东到黄河河套两岸这片土地并建国。一般认为，11世纪的中西通道实际是由党项控制的，因此敦煌的僧尼等人都逃难去了，而敦煌洞窟就像后世的寺院一样，是修行供养的地方、是礼佛的场所，时人就把经卷等文书塞进了现在的藏经洞中，藏经洞被封闭，再次被打开已经近千年之久。也有人认为藏经洞的封闭与其他因素有关，比如，于阗国（今新疆和阗）被信伊斯兰教的喀喇汗国灭亡，大量佛教徒逃往敦煌，引起敦煌僧俗的恐惧等。

(二) 藏经洞

藏经洞为敦煌17窟。王道士在清理16窟时，发现16窟北面墙上有一个小口。往里就是17窟，这是一个2米见方、高2米的藏经洞。王圆箓平时就住在洞中，又有抽烟的习惯，王圆箓灭烟时常把水烟袋在墙上碾一下，竟偶然发现墙后中空，所以在某天夜里悄悄打开了墙体，发现洞中都是残破的经卷。王圆箓自己当时没觉得有几样值钱的东西，不过当他缺钱的时候，还是会拿点经卷出去卖，所以散落了不少。后来就被斯坦因、伯希和等人发现了。

斯坦因其实不太懂汉语，但他和王圆箓都十分佩服唐三藏。斯坦因声称自己就是当世的唐三藏，要去印度取经，当时印度就是英国的殖民地，因此博得了王圆箓的好感。斯坦因又给了王圆箓一些金钱上的小恩小惠，便得到了机会从藏经洞中拿走大量经文。但斯坦因不是汉学家，只是个学术的向往者，所以只拣藏经洞中一些完整的卷子拿，故英藏敦煌文献大多是佛经。因为流传下来的佛典很完整，所以佛经卷子其实只富有文物价值，文献价值并不高。

后来伯希和又通过金钱手段收买了王圆箓，伯希和懂汉语，在洞里连待好几天，专门找有胡语的文书、世俗的文书，如写有佉卢文、梵文、吐火罗文等中亚、西域文字的文书。伯希和是法国汉学杂志《通报》的主编之一，他本人著作不多，但书评很多，行文风格短小精悍，常有真知灼见，史料价值很高，完成了很多"作注"的学术工作。

再后来民初时日本大谷光瑞（西本愿寺法主镜如上人，幼年出家，成年还俗，与日本大正天皇是连襟。印度灵鹫山的方位曾由大谷光瑞考察出来，但"大谷探险队"的粗暴盗掠行动对我国西北文物的破坏十分大）派出的橘瑞超、吉川小一郎和俄国的奥登堡等人也都去过藏经洞。

伯希和曾试图拿一部分文书到北京去给当时北京的学者看，如王国维、罗振玉都获得过一点文书。所以敦煌藏经洞的事当时就扩散开来了，最后清朝政府才派人去把剩下的文书运走，这部分文书后藏于国家图书馆等处。有识者如何有识？他们知道当时西方人重视什么，所以我们要保护什么。如后来陈寅恪在清亡之后呼吁要挽救清宫的档案，现在的第一档案馆就与此有关。当时一般人只觉得青铜器是文物要保护，对文书通常都不太重视。

统计下来，敦煌文书比较完整的大概有6万件左右，80%是汉文，其余是粟特文、梵文、于阗文、回鹘文等。年代大概是4—11世纪，恰好是魏晋南北朝、隋唐五代宋初时期。汉文中90%是佛典，其他的以废弃物的形式出现，涉及普通庶民的日常生活。非佛教文书编号应该有2000多件，但有些佛典背面是世俗文字，因此，要超过此数。非佛教文书的汉文部分已经完成分类，出过不同种的整理文献。

（三）整理与刊布

王国维、罗振玉获得过伯希和的赠品。30年代《食货》杂志曾有唐代专号，最早刊布了一些唐代均田制的文书材料。向达、王重民等学者留学到法国后手抄敦煌文书，完成了敦煌文书研究先驱者的工作，王重民编有《敦煌遗书总目》。日本学者榎一雄将英藏、法藏文书制作成了胶卷。我国历史研究所1961年出版有《敦煌资料》第一辑，池田温的《中国古代籍帐研究》录文部分其实就受到了《敦煌资料》的启发。池田温《中国古代籍帐研究》一书完成后，免费寄送到了中国各图书馆。台北有黄永武编纂的《敦煌宝藏》，系缩微胶卷影印成书。我本人目前用得最多的是唐耕耦、陆宏基《敦煌社会经济文献真迹释录》（五册），唐耕耦当年也参加了历史所《敦煌资料》的整理。

江苏凤凰出版社出版了系列敦煌文献整理的辑校资料，如邓文宽《敦煌天文历法文献辑校》，宁可、郝春文《敦煌社邑文书辑校》，周一良、赵和平《敦煌表状笺启书仪辑校》，沙知《敦煌契约文书辑校》，这些学者依据缩微胶卷，将敦煌文书中的非佛典汉字文书进行了分类。

受限于时代技术，最早的缩微胶卷拍得并不清楚，所以80年代宁可等学者又专门组织人去英国拍回了更清晰的胶卷，今日我们看到的张弓、宋家钰等《英藏敦煌文献》（四川人民出版社）就是由比较清晰的胶卷印制的，遗憾的是没有录文，所以郝春文等学者接着作出了《英藏敦煌社会历史文献释录》。法藏、俄藏敦煌文献都由上海古籍出版社出版。法藏文献的图版不清晰，北大也有团队在重新做录文整理。荣新江教授主编的《法国国家图书馆藏敦煌文献》首批十册已经由上海古籍出版社出版，计划出版160册。这些还只是全国古籍整理出版规划小组主持的《敦煌文献全集》中的一种。

（四）世俗文书分类

敦煌世俗文书，从内容上看大致可分为下面几类：

一是行政文书，包括诏敕、敕文、表状牒帖等。沙州作为一级行政机构，如朝廷诏敕之类的文书都要先下发到这里然后再执行。

二是法律文书，包括律令格式等。其中如《律疏》残卷虽然有同名典籍《唐律疏议》存世，但一般也称其为文书。

三是经济文书，包括户籍、手实、差科簿、契约等。也有将"契约"归入法律文书的。这些文书本来都是当地政府在日常管理中使用过的，一些年过后，这些文书对政府没用了，但纸还可以再用，因此可能就被当作废纸卖出去了。

四是社会文书，包括谱牒、书仪、社邑等非官方文书。其中书仪虽亦可属于典籍，但因多数为存世书籍中所未见，故一般称其为文书。书仪类似时人写文章的范文集，跟仪典有关系。有点像旧时代的尺牍，但尺牍格式是教人写信的，书仪是教人写文章的，还包括了在各种场合的礼仪。

五是寺院文书，即寺院里保存的档案。包括什物历，寺院内各种物品的清单；入破历，"入"，进账，"破"，支出，即寺院的收支文书，如《归义军衙府酒破历》，就是归义军办公厅花的酒钱收支明细，这份文书被分成三段，敦煌有一段，日本友人捐赠一段，法国国家博物馆给了一个复制本，现在终成完璧。还有斋文，佛教斋醮仪式中用来朗读的文书，如道教青词之类等。有的寺院文书虽然也可属于经济文书，但一般将其单归一类。从陶希圣、陶希圣的助手何兹全、何兹全的弟子谢重光，再到姜伯勤等学者，都长期研治过寺院经济。

六是杂文书，包括与游戏、占卜、蒙书等相关的文书，其中占卜或亦可属于典籍。蒙书即学童教材，如《武王家教》《太公家教》等。宗教场所通常也是教育场所，今日牛津大学、巴黎大学、博洛尼亚大学等原本都是基督教组织研读经典、教育生徒的地方，敦煌寺院也是学校，许多孩子到寺院上学。

以上六类之外，还有人将不见于存世典籍的一些历史地理文献也称为文书。总之，文书以不见于传世著作、未经编辑的原始公私文书为主，但还包括很小部分比较特殊的、约定俗成归为"文书"的典籍文献，如历书等。

二、新疆与吐鲁番文书

我的著作《文明的边疆》第一、二章中提到了早期新疆的历史发展情况，根据考古发现在塔里木盆地也有外来的青铜文化，即大月氏人的文化、印欧人的文化。远古新疆人是吐火罗人，体貌更接近白人，说吐火罗语（属印欧语），季羡林先生的博士论文研究的即是吐火罗语。敦煌二字即是"吐火罗"音译缩写。远古新疆的地理区域为三山二盆地：北边是阿尔泰山脉，南边昆仑山脉，中间天山山脉，天山、阿尔泰山之间是准格尔盆地，天山、昆仑山之间是塔里木盆地。

准格尔人过去是成吉思汗统一蒙古国下的一个部族，在清朝统治期间长期反抗清朝，还通过青海地区的小道逃窜到西藏，为保证西域稳定，清朝统治者最终采取武力形式征服了准格尔部。塔里木盆地东部地区的稳定影响着两河流域的稳定，西汉时设立了西域都护府、敦煌郡，唐朝设有安西都护府（唐太宗时期就有据点）、北庭都护府（高宗、武后时期有拓展），敦煌就在今日新疆和甘肃之间。敦煌以西新疆罗布泊，就是塔里木盆地这片区域。汉代匈奴要到塔里木盆地、跟大月氏人接触很容易，但要深入到河西走廊却很难。因此从地理方位上说，有学者认为祁连山就是天山的观点是有一定道理的。

吐鲁番文书是出土的而非洞窟收藏的，从已公布的情况来看，以出自墓葬的为多，但也有相当数量的文书出自寺院或石窟遗址。其次，吐鲁番文书的数量无法确定，因为不断有新的文书出土，目前所知已有一万余件文书（也有认为多达两万余件者）。

吐鲁番文书自出土以来，研究者一般即径称其为"文书"。其中两宗最大的综合性整理成果，分别是《吐鲁番出土文书》与《大谷文书集成》。唐长孺主编的《吐鲁番出土文书》大家经常会用到，原来出版了十本简装本，后来又出版了四大本的图录本。目前武汉大学刘安志教授团队仍然在整理，拟出版修订本。大谷文书，即大谷光瑞探险队盗掘搜得的文书，共86箱，达6700多公斤，其中吐鲁番文书就有70箱。

2008年，荣新江、李肖、孟宪实主编了《新获吐鲁番出土文献》（中华书局），两年后三人又主编了《新获吐鲁番出土文献研究论集》（中国人民大学出版社），对文书中有价值的资料进行了深入研究，同时还在《历史研究》上发表了一组相关的主题文章。2021年王振芬、孟宪实、荣新江主编《旅顺博物馆藏新疆出土汉文文献》（中华书局），其中佛教文献占绝大部分。此外，目录书有陈国灿等编纂的《吐鲁番文书总目》等。整理出土文献和利用出土文献是两回事，目录学是历史学研究入门的阶梯，我们要根据目录去寻找材料、理解材料、使用材料。

吐鲁番文书中佛典和古籍相对比较少，有古籍《论语郑氏注》，虽然郑玄注在十三经注疏中也能找到，但写本和传世本还是有所不同，相关研究可参见王素《唐写本论语郑氏注及其研究》（文物出版社，1991年）。吐鲁番文书中最多的是官、私文书（参王素《敦煌吐鲁番文献》，文物出版社，2002）：官文书包括敕、牒、状、符、贴、辞，以及告身（做官职位的凭证）、过所（过关所的通行证）、公验（过关所携带的奴仆、马匹等财物证明。《隋书·高祖纪下》:"庚寅,勅舍客无公验者,坐及刺史、县令。"似乎官府出的证明就是公验)、各类账历、各类案卷等;私文书以契约最多,其他则有记账、抄条、杂记、书牍等。当然,也有法律文书、医书、历书、书仪、占卜书等。

从4—11世纪的几百年时间里,上述文书或因过时而被作废,或因在长期使用中已经残破,就被做成陪葬用的纸人、纸马、纸衣、纸鞋等。吐鲁番文书和敦煌文书最大的差别就是一个零残,一个完整:吐鲁番文书因为多被制作成了墓葬中的陪葬物,剪贴之后比较残破;敦煌文书则藏在洞中,相对完整。

三、黑水城文书(黑城学)

黑水城位于今内蒙古自治区额济纳旗达来呼布镇东南约25千米的荒漠之中。额济纳河发源于祁连山,在张掖被称为黑水,经张掖北上,在阿拉善盟流域部分叫额济纳河,古代又叫弱水。《尚书·禹贡》所谓弱水、流沙,应该就是河西走廊和敦煌地区。黑水文书发现的黑水城很可能是西夏罗太后所居之处。

西夏立国穷壤,内乱不断,却能抗衡许多中原王朝,宋朝时韩琦、范仲淹等人都曾亲临前线与其有过较量,但都以失败告终。西夏仁宗(1124—1193)的第二任皇后即为罗皇后,生卒年不详,笃信佛教,1167年被立为皇后,桓宗之母,曾为皇太后。但不知何故,罗太后与侄子李安全曾合谋政变,废桓宗立李安全(夏襄宗)。政变之后,罗太后很可能被李安全送到黑水城幽闭起来。近代俄国人发现黑水城的时候,在一所寺庙中发现了大量佛经,并在其中发现了一具60岁左右、保持坐姿的女尸。黑水城最后被蒙古铁骑所破,但因成吉思汗在进攻西夏时,膝部中了毒箭,救治无效,毒发身亡,故黑水城被踏成平地,元朝修史也只修宋、金、辽三史,不修西夏史,而只把西夏放在正史的外国传部分。

1908年,俄国人科兹洛夫(后苏联科学院院士)来到了黑水城遗址,盗掘了大量的文物文献,其中即有不少文书。次年他再次来到这里，收获颇丰。此后，英国人斯坦因、中国人黄文弼都发现有不同数量的黑水城文书。1983年、1984年内蒙古文物考古研究所进行的大规模考古发掘中，发现4000余件黑水城文书。

现在能看到的主要有《中国藏黑水城汉文文献》十卷十册（国家图书馆出版社，2008），收录原始文献4213件，其中社会文献2800件，占95%，包括公文、民间文书、票据和印本等；杜建录《中国藏黑水城汉文文献整理研究》（人民出版社，2016）；《英藏黑水城文献》（上海古籍出版社，2005）五册；《俄藏黑水城文献》（上海古籍出版社，2019）最多，有三十册；孙继民、宋坤等《英藏及俄藏黑水城汉文文献整理》（天津古籍出版社，2015）、孙继民《俄藏黑水城所出〈宋西北边境军政文书〉整理与研究》（中华书局，2009），孙继民是唐长孺的学生，曾任河北省社科院副院长，目前在河北师大历史系带学生。黑水城文书主要涉及的是宋元史、西夏史，但也涉及一点五代史内容。

四、石刻题记与墓志

我还在读硕士研究生的时候就注意到了对石刻题记的使用，因为正史大家都读过，所以石刻题记材料就显得格外鲜活。不过70年代末、80年代初时，石刻题记材料还没怎么系统整理。石刻可以永久保存，不会腐烂，传统金石集有清人编的《金石萃编》《八琼室金石补正》，此外还有杨殿珣的《石刻题跋索引（增订本）》(商务印书馆，1957)，这本书收入138种金石书籍，索引截至元朝，主要内容分为墓碑、墓志、刻经（含经幢）、造像、题名题字、诗词、杂刻共七大类。后来又出版了《北京图书馆藏墓志拓片目录》《北京图书馆藏龙门石窟造像题记拓本全编》，碑林及《千唐志斋藏志》等。现在西安碑林博物馆主办了一本专业性学术年刊，就叫《碑林论丛》，里面有"新出墓志""碑志考释""石刻艺术"等栏目。因为石刻题记一般都会讲人的官名、头衔，所以是研究官制十分重要的资料。

下面我重点介绍一下房山石刻。房山云居寺石刻佛教大藏经以及各种石刻题记,从隋代至明末绵历千年,是石刻资料宝库。它们既是重要文物,也是珍贵文献,是世界文化遗产的珍宝。他们对于研究中国古代文化、艺术,特别是佛教历史和典籍,具有重要意义。

房山石经由隋静琬(即智苑)发起,静琬继承其师慧思遗愿,隋朝605—617年开始刻造,唐贞观八年(634)刻《华严经》和嵌于雷音洞四壁的《维摩经》《胜鬘经》等经石146块,至贞观十三年(639),刻完《涅槃经》后静琬圆寂。唐玄宗开元年间,静琬的第四代弟子惠暹在雷音洞(石经堂)下辟新堂两户(即今第一、二洞),镌刻石经。

中晚唐时期河北陷入割据,因为幽州节度使及其他地方官吏的大力支持,加之信众的施助,云居寺又先后刻经100余部,经石4000多块,分藏九洞之中。幽州历任节度使都信佛,因此唐会昌灭佛时大量和尚逃亡河北寻求保护。五代战乱时期,石经的刻造陷于停顿。从辽代开始续刻,《契丹藏》尤其珍贵,有1万余块。元代停顿。明代又有继续。信众的石刻题记史料也非常珍贵,有石刻1.4万块,目前仅部分出版。

我个人比较常用的版本是北京图书馆金石组、中国佛教图书文物馆石经组编的《房山石经题记汇编》。日本唐史学会会长气贺泽保规先生曾多次去云居寺实地考察,并完成了一些目录整理工作。

墓志方面,早期有千唐志斋藏石。千唐志斋里藏有晚清、民国初年军阀张钫(1886—1966年,民国时曾任陕军第二师师长)搜集的一千余方唐代墓志,国民党元老于右任在千唐志斋题有"铁门镇"刻字。千唐志斋现已成为国家二级博物馆,并入藏了一些新的志石。

周绍良先生长期对文物感兴趣,曾与赵超合作把他收藏的志石、拓本整理成了《唐代墓志汇编》《唐代墓志汇编续集》。三秦出版社出版了吴钢先生主编的《全唐文补遗》(共十册),主要收录了墓志,其中有一册为"千唐志斋新藏专辑"。王素等主持出版了《新中国出土墓志》(文物出版社),按地域分卷,如"河南"卷、"陕西"卷、"北京"卷、"洛阳"卷等,有录文、拓片,质量较高。毛阳光主编的

《洛阳流散唐代墓志汇编三集（全二册）》，由国家图书馆出版社出版，也是重要的墓志图书。

五、中古文献与历史研究

敦煌、吐鲁番文书的基本研究主题及主要研究学者大体如下：归义军史研究（荣新江、冯培红）、西州政治与职官（李方）、社邑（郝春文）、均田制（杨际平、宋家钰）、籍帐与财政（池田温、李锦绣）、法制史（刘俊文）、兵志（唐长孺、孙继民、王永兴）、寺院经济（姜伯勤）、契约（那波利贞、乜小红）、地理（郑炳林）、天文历法（邓文宽）、书仪与礼制（赵和平、吴丽娱）、文学与语言（项楚、张涌泉、黄征等）、宗教（方广锠、刘屹、雷闻、余欣）等。我的列举可能不全面，但是，其成果之丰硕，可以一斑见豹。

（一）搜集与识读

墓志类资料与史传类似，只不过是以石刻形式展现而已，下面重点谈谈敦煌吐鲁番文书资料。非佛教文书的类别主要有上述提到的文献写本、律令文书、公文、民间契约、书信等，这些材料首先要配合《龙龛手鉴》等字典进行释读，已整理的材料也可能出现释读有误的情况。墓志材料因多为私藏，释读有误的情况更是常见。

《龙龛手鉴》有四卷（浙江吴玉墀家藏本），辽僧行均撰。行均，字广济，俗姓于氏。每字之下必详列正、俗、今、古及或作诸体，则行均因唐颜元孙《干禄字书》之例而小变之者也。所录凡二万六千四百三十余字，注一十六万三千一百七十余字，并注总一十八万九千六百一十余字，内容上超出了《说文》和《玉篇》。此外还有唐僧慧琳、玄应编的《一切经音义》，是专门解释佛教用语的汉语辞书。

比方说，现代汉语中的"泽"在日本汉字中写作"沢"，敦煌文书"泽"字的俗体写法就是"沢"，居然与今日日本汉字写法一致；隋朝末年，李世民生病后康复，李渊就在佛庙为李世民立了《李渊陕西户县草堂寺还愿碑》，碑上"佛"字写作"仏"，也与今日日本汉字写法一致。释读文书上的文字虽然没有释读甲骨文、金文难,但也需要工具书,学者完全不翻阅工具书,一般也很难做出好的研究。

下面以阿斯塔那九一号墓中的衣物疏为例进行识录。

衣物疏是吐鲁番出土文书的一种,指陪葬的衣物清单,具有祈求冥福的性质,自魏晋南北朝至唐皆有发现。其中所记陪葬衣物、金银具有很大的虚拟性,后世的纸人纸马、金元宝之类大概由此而来。阿斯塔纳是地名,该墓系合葬墓,只有一衣物疏,姓名年月并缺。男尸先葬,在其纸鞋上拆有一九至三四号文书,其中有纪年者,起唐贞观十七年(643),止贞观十九年(645)。当然,这一年代并非墓主下葬的年代,因为残纸已经不用,但时间应该相去不远。以下是该文书的部分录文:

其中"1""2""3"等是作者拟的编号,诸如"脚米壹量""绣衫壹具""银钱二千"等语并非确目,具有虚拟性。

(二) 文书资料的特点

第一,敦煌文书比较完整。比如《武王家教》就比较完整,有周凤五《敦煌写本太公家教研究》(台北明文书局,1986)。《武王家教》

通过武王与太公的对话，比较多地涉及家庭治理中的一些原则。主要是"十恶""三耗"和"三衰"。武王询问，为什么有的人贫困有的人富裕？太公首先提出"家有十恶"是家庭不能富裕的原因。何为"十恶"？"耕种不时为一恶，用物无道为二恶，早卧晚起为三恶，废作吃酒为四恶，畜养无用之物为五恶，不惜衣食为六恶，盖藏不牢为七恶，井灶不利为八恶，贷取倍还为九恶，不作燃灯为十恶。"不及时耕作，不爱惜物品，不起早摸黑地勤劳工作，放弃劳作去吃酒，畜养无用之物，浪费衣食，不收藏好自家的物品，井和灶这些容易导致水火的东西放置的地方不吉利，借贷加倍偿还的债务，不燃灯礼佛，是为家境不富裕的十大根源！我在《唐代家庭与社会》（中华书局，2013）中大量引用此材料，因为这是家教文化，并不是周武王真实询问姜太公的内容，而是作者用名人为自己背书，尤其是其中燃灯礼佛的内容在周武王时期并不存在。

武王又问："家无十恶，不富者何？"太公回答说是因为"家有三耗"。具体来说就是："禾熟不收，苦于风雨为一耗；蓄积在场，不早持结，苦于雀鼠为二耗；盆瓮碓硙，覆盖不勤，扫略不净为三耗。"这里谈到如果禾稼成熟就要及时收割，不可为风雨所侵害；如果庄稼在场，必须及时脱粒进仓，不可为鼠雀所耗食；盛装食品的器皿要盖好，粮食碾磨加工后，要清扫干净，不可浪费。只有避免这"三耗"，才能保持家境富裕。武王进一步问："家无三耗，不富者何？"太公又进一步回答说是因为"家有三衰"。具体来说就是"恃酒健斗为一衰；子逐他妇、妇逐他夫为二衰；手不执作，专为盗贼为三衰"。这里谈到如果家风不正，沾染上了酗酒斗殴的毛病，丈夫招蜂引蝶、妻子红杏出墙，或者好逸恶劳、以偷盗为业，势必会导致家庭衰败！《武王家教》还正面谈到一些为人处世的生活态度。比如："五谷养人，种之；六畜代步，畜之；家产生活，勤之；酒能败身，去之；色能丧身，畏之；口能招祸，慎之；虽丰钱财，俭之；粮食少短，节之；尊长教诲，依之；勤奴健婢，怜之；若有愆过，罚之；自能归首，恕之；恶人欲染，避之；恭勤孝养，习之；口欲出言，审之；无财与者，悦之；不自决处，问之；言语不典，正之；引道苦空，化之。"这些文献因为下沉到了社会底层，所以在正史文献中很难看到。如果有人对教育感兴趣可以注意这些材料，这是农村的家庭教育。

第二个特点是比较平民化。比如敦煌文书伯 2685 号《戊申年（828）四月六日沙州善护、遂恩兄弟分家契》。敦煌文书中唐朝后来的纪年用的是天干地支纪年，因为他自己不敢用国号，也不用朝廷的纪年。这份文书列举了父母死后兄弟分家的许多财产，其中有庄田屋舍、农具牲口、树木器物和各种生活日用品，土地房屋园林之外，主要有釜、斗、锅、铛、铧、镰、鞍、镫、被头、剪刀、锹、马钩、碧绢、牛、草马、镬、鏊子、铜钵、种金、钐、铜灌子、镬头、绢等生产资料、生活用品。除衣服在这里没有列出外，它应该是一份普通农民家庭居家过日子的物品清单。（文书年代据斯 11332 号《沙州善护、遂恩兄弟分家契》确定，录文见《敦煌社会经济文献真迹释录》第二辑，第 142~144 页。）如此细节的生产、生活用品清单是非常难得的，正是因为分家展现了出来。

第三是有比较具体、量化的资料。敦煌吐鲁番文书记录唐代地区的物价，可以量化。我过去写过一篇关于唐代物价的文章，就是根据敦煌物价来讨论的。敦煌的物价分上、中、下三种，王仲荦先生的《金泥玉屑丛考》（中华书局，1998）收录了相关内容，这本书相对晚出版，其中提到粮食价格根据各种资料估算，除了特殊的丰年和灾荒，内地一般在斗粟 50 文上下的水平；敦煌地区一般为 27~33 文。粮食价格按照敦煌价格折算，则 1000 文相当于粮食 3 石 3 斗到 4 石 7 斗之间。（王仲荦《金泥玉屑丛考》卷五，第 124~132 页；卷六，第 190~193 页。）我们也可以综合几种大谷文书列出唐代基本农业生产资料具价格例表，包括耕牛、犁具、耙、锄、钢镰、锹、镬等，由此可以算出唐代一个农家的农具资产，这是很难得的经济史材料。另外还有卖宅舍契的住房分布与面积（沙知《敦煌契约文书辑校》，第 46~47 页），因为在卖房子的时候需要告知房子的基本情况，如堂、东房、小东房子、西房子、厨舍、院落、内门道、外门曲、庑舍等，总面积 170 多平方米。

唐代基本农业生产资料具价格例表（综合几种大谷文书）

名称	上等	中等	下等	备注
耕牛	4200	4000	3200	
犁具	550	500	450	以5倍于斧价计算
耙	550	500	450	以等同于犁价计算
锄	55	50	45	
钢镰	55	50	45	
锹	110	100	90	以等同于斧价计算
镢	110	100	90	以等同于斧价计算
合计	5630	5300	4370	

卖宅舍契的住房分布与面积（沙知《敦煌契约文书辑校》，第46~47页）

房舍内容	东西长度	南北长度	面积	折合平方米
堂	19.9	12.7	191.36	24.1
东房	10.4	18.4	88.4	18.35
小东房子	10.4	8.5	145.41（?）	8.5
西房子	13.1	11.1	175.38	13.97
厨舍	11.1	15.8	539.7	16.86
院落	21	25.7	110	51.87
内门道	10	11	112.8	10.57
外门曲	12	9.4	171.12	10.84
庑舍	12.4	13.8		16.44
总计面积			1534.17	171.5

（三）研究举例：敦煌文书

敦煌文献伯3774号文书被题名为"丑年（821）十二月沙州僧龙藏牒"（录文见《敦煌社会经济文献真迹释录》第2辑，第283~286页），其中"伯"或"P"是伯希和，"斯"或"S"是斯坦因。伯3774号文书是韩国磐先生最早在《根据敦煌吐鲁番发现的文件略谈有关唐代田制的几个问题》一文中简略地提到过，池田温《丑年十二月僧龙藏牒——介绍九世纪初敦煌家产分割诉讼文书》也有介绍，《中国古代籍帐研究》中有录文。唐耕耦、陆宏基《敦煌社会经济文献真迹释录》基本参考了池田的录文。池田教授的文章考出了突、突税、突课、突田与藏语 dor 的关系，着重就经营农地、自开酒店等经济活动进行了研究。研究经济史的人必须看这些文书，因为这些资料能够下沉。但是，这件文书主要内容是关于龙藏出家前后家庭中的一些经济纠葛。因此对于其时家庭与家族的经济关系实具有重要意义。比如录文中提到"其妻阴二娘衣服夹绿罗裙一腰，红锦裤一，罗衫子一，碧罗被子一，皂绫袄子一，剪刀及针线等物，并大哥收拾"，这也是分家。之前提到的文书是两个男子分家，主要涉及一些生产用具，这里是一位女子和丈夫的兄弟分家，其中的内容非常实在。因此，你一看敦煌文书会眼睛发亮，因为传世文献中有不少大话、空话和套话，但是这些文书沉到了日常生活中，包括职官的具体运行，他们是怎样行使职务的、州县官员是怎么行事的。这份文书还说，"先家中种田不得丰饶，齐周自开酒店，自雇人，并出本禾粟卅石造酒。其年除吃用外，得利刘价七十亩、柴十车、麦一百卅石。内卅五石，齐周买釜一口，余并家中破用"，"破"是开支。如果能嚼细，那对整个家庭生活的认识会相当难得。

这份文书所涉及的财产纠纷，内容比较复杂，现在略加梳理。文书中提到了23件事。我们这里大概列举以下作为文本分析的案例。第一条前缺，大致是讲齐周的大哥因缘何事离开了沙州，所有缘身什物大约都损失了。后经一年，空身回到沙州来，娶妻阴二娘，"又分家中什物"。第二件事讲齐周的从兄——大哥被差科至阎开府处上番，正值大番兵马下，"身被捉将"。经三个月逃回，在家中潜藏六个月。是齐周多方打点（所谓"咨上下"），才得以露面。又在金牟使算会之时，出镜一面给梁舍人，才被附在尼僧脚下（可以免去差税）。大哥之妻阴二娘死，其衣物"夹绿罗裙一腰、红锦裤一、罗衫子一、碧罗被子一、皂绫袄子一、剪刀及针线等物"，都收归大哥。第三件事讲齐周的伯伯自己种田 30 亩，每年收粮 30 驮，加上"寄放"的收入共 1000 驮，都是由大哥收掌。伯伯去世，所有送葬追斋费用，尽出在大家物内，但是齐周却丝毫见不到伯伯的财物。第四件事是辩称所谓伯伯与父亲（齐周的父亲）分家时有九张床，完全是无稽之谈，当时家里总共只有两间房屋，哪里去安放这么多床？第五件事讲先前家里无羊，先父为部落使，获赏羊30口，马1匹，耕牛两头，牸牛1头，绯毯一。齐周自出放牧人，放牧10年后才雇请吐浑放牧。到丑年，羊满300头，小牛驴共30头。但是都被贼将去，仅剩牛1头、驴1头。其时大哥中箭，宣子（另一从兄弟）卧病。贼去后，齐周请得知己亲情百姓，遮夺回羊130口、牛驴共11头。其中一部分给予了亲情知己。第六件事说齐周在大哥中箭、宣子得病的情况下，联络亲朋独力在贼去后遮夺得牛羊百十头。意在给自己表功。第七件事是说没有牛的时候，从亲情知己处借得牛八具，耕种涧朵地至毕功，当年收得麦17车，齐周自己持打（脱粒）。第八件事是说丑、寅、卯三年大哥交纳突税，每年20驮，计40驮（？），"并取大家物"，即从大家共同的财物中交纳。第九件事是说齐周于官种田处种得禾，寅、卯、辰三年得禾三车，巳年两支渠种得麦三车，共计禾麦12车，"并入家中共用"。第十件事是说齐周作为将头，可以免除当户突税、差科。官府分配得手力（勤务员）一人，在家中种田驱使，"计功年别卅驮"，30年间计突课九百驮，"尽在家中使用"。第十一件事是说大哥当初"番和"之日（即被吐蕃捉去），齐周附父脚下，附作奴，后来"析出为户，便有差税、身役；直至于今。自齐周勾当之时，突田大家输纳。其身役知更远使，并不曾料"。第十二件事是说由于在先家中种田收获不丰，齐周自开酒店，自雇人，并出本禾卅石造酒。其年除吃用外，得利刈价七十亩、柴十车、麦一百卅石。其中除用卅五石为齐周卖釜一口外，"余并家中破用"。第十三件事是说齐周差使向柔远送粮，换回（？）得生铁、熟铁二百斤和车钏七只，都被用于家中。内卅斤贴当家破釜熬泻得八斤釜一口，手功麦十石，于裴俊处取付王菜。第十四件事是说齐周差瓜州送果物，并分种田麦。其时用驴一头，布半匹，买得车一乘。又麦十驮，八综布一匹，买车毂三只并钏，并入家中。第十五件事是讲大兄嫁两个女儿给汜家和张家。得到彩礼即所谓"妇财麦"各廿石，共四十石，都是归大哥当房使用。第十六件事讲齐周嫁女二人，分别是张家和曹家。也各得麦廿石，却都归于大家使用。第十七件事是说宣子娶妻，需要妇财麦廿石。于是用羊七口、花毡一领、布一匹、油二斗五升，抵充妇财。这些财物看来是从大家中支出的。第十八件事是，大兄度女平娘为尼，于安都督处买度印，用驴一头，牸牛一头。第十九件事是，宣子趁入所由印，用麦八驮，付张剑奴；驴一头，与部落使乞心儿。第二十件事是，齐周去酉年看丝绵碨，所得斛斗除还外，课罗底价，买鏊一面，及杂使外，余得麦粟一百卅石，并入大家用。第二十一件事是，齐周后母亡后，有新夹绿罗裙一腰，新红锦裤一，新罗衫子一，新碧罗被子一，已上物并大哥收用。第二十二件事，城南佛堂并油梁，及大乘寺明觉房内铛、鏊、釜、床、什物等，并不干大家之事，一一尽有来处。第二十三件事是说，齐周所有家中修造舍宅，竖立庄园，犁铧锹钁、车乘钏铜、靴鞋，家中少小什物等，都是齐周所营造的。

　　这个史料相当丰满，如果你具备充足的知识，就可以从中解读出很多，比如当时的社会情状、家庭关系、生活状况和财产运营等。总之，我们需要一件一件地解读出来，这是文书研究的一种方法，在解读的基础上再分析讨论。这就要考验我们的研究能力。我们读文献会涉及制度、法律、财经和官制等内容，这些比较难明白。比如之前提到的"算会"，如果没有汉代知识就不知道这是在清点人头的时候借用的典故。有一方河北的墓志提到"亚相"，"亚相"是副宰相，汉代的御史大夫是"亚相"，这就是说这时候节度使带的衔是御史大夫，唐代御史大夫不是"亚相"。因此，文书材料的解读离不开知识，因此我们上课的时候不能太急功近利。历史是最广大的学问。文学和哲学的文本研究很容易打通，但历史研究很难，不过像陈寅恪和钱穆这样的老一辈学者是可以做到的，因为他们读书多，所以我们也要读书广博。

　　我们现在来看对这份文书的分析讨论。比如发生以上这些纠葛的原因，齐周解释说：由于齐周父母早亡，齐周与大哥同居合活，并无私己之心。今见齐周出家，大哥便有别居异财之意。于是齐周与大哥以理商量，分割什物及房室畜生等。尽管齐周在家财分割中，优先让大哥收检，并不争论。但是，大哥却听取外人之言，妄说分配不公平，齐周欺屈了他。又说，"齐周用度家中物者，亦有用大家物者，亦有外边得者。今大哥所用斛斗、财物、牛畜及承伯伯私种斛斗，先经分割财物，约略如前，一一并无虚谬。更有细碎，亦未措言。比者已来，齐周所有运为斛斗及财物、畜生、车牛、人口，请还齐周。今大哥先经伯伯数度分割财物，各有处分。今更论财，似乖法式。"看来兄弟之间曾经为财产分割发生争论。争论中涉及齐周自家的财产和"同居共活"的大家的财产问题。

隋唐时代继承和发展了北朝的均田制度和赋税制度。在租庸调制度下，丁男是纳税和授田的基本单位。但是户等却与户内人丁数量有关，而户殷丁多又是差科派遣的优先条件。因此分家析产可以带来降低户等的好处。唐朝的律令是禁止父母在而别籍异居的："诸祖父母、父母在，而子孙别籍异居者，徒三年。"但是尊亲在世而析户的现象仍然十分严重。于是我们在户籍资料上能看到一些国家权力干预的痕迹。例如《唐开元十年（722）沙洲敦煌县悬泉乡籍》于郭玄肪户下的22岁儿子思宗和17岁儿子思楚、19岁女儿伏力及郭妻50岁的李氏下均有"被开元七年十二月十三日符从尊合贯附"的字样，说明政府检括户口，对于已经析籍的有勒令合籍的情况。天宝十载敦煌差科簿中，在记载各户差科时，将兄弟、子侄乃至侄孙中的丁男、中男登记在一起，表明差科分派中，合籍共贯的家族原则仍然得到了贯彻。但是，在实际操作上，合贯前后的大家与小家或者析户后的大家与小家的关系都十分复杂。有两种情况可能会发生：一种是从户籍簿或者差科簿上做账面工夫，即表面上是合籍了，实际上仍然是分居异爨。西魏大统十三年（547）瓜州敦煌县效谷乡（S.613背）的户口中也有类似的家庭，如白丑奴、白武兴兄弟二人共有15口人家，又有老母在堂。在户籍上是联合家庭，但在现实中不排除两个家庭有独立的财务，存在大家与小家的关系。另一种是像齐周与其兄那样，虽然合居共活，但是大家与小家的财产分别不清，于是，分家的兄弟子侄也构成为一个大家的形态。这个大家的各个小家之间有千丝万缕的经济关系，为日后的财物纠葛埋下了种子。这样的分析就是把视角放在家庭财产关系中，我们还可以讨论家庭生活和家庭财产运营等方面。值得注意的是，根据唐朝的法律，父母或祖父母与子孙不别籍而异财者不坐，即形式上不分家实际上分家不算违法行为。也就是说实际上分家了，但是户籍上没有分。这就是上有政策下有对策。在传世文献中我们看到的是房玄龄死后高阳公主要分家，但是官宦人家不可以这样，所以太宗不允许，但是后来她又想要房玄龄的封爵，状告丈夫的哥哥房遗直调戏，引发了一系列谋反。《唐律疏议》卷一二《户婚律》云："若祖父母、父母令别籍……者，徒二年，子孙不坐。"疏议云："但云别籍，不云令其异财，令异财者明其无罪。"如果说户籍上同居，而生活中异爨，那么这样的户籍资料反映的家庭结构就十分值得怀疑。如果形式上同居，实际上分爨，那么家庭结构中势必形成大家与小家的复杂关系。

我们再举吐鲁番文书为例。吐鲁番阿斯塔那191号墓出土的《唐永隆二年（681）卫士索天住辞为兄被高昌县点充差行事》：

1. 永隆二年正月　日校尉裴达团卫士索天住辞

2. 兄智德

3. 府司：天住前件兄今高昌县点充

4. 行讫，恐县司不委，请牒县知，谨辞

这个目是唐长孺先生率学者所拟。首先，庶人所写叫"辞"，是谁的辞？索天住的辞。他的身份是校尉裴达团卫士，二百人为团，加强团是三百人。年代是永隆二年。拟标题是看学问的，要符合唐人的习惯。这份文书的性质是"辞"，文中也有"谨辞"。因为什么事呢？看"为"后面，"为兄被高昌县点充差行事"，"差点"是要去上番，去当兵。索天住等人的这件上诉被折冲府作了批示：

9. 差兵先取军人

10. 君柱等，此以差

11. 行讫。准状别牒高

12. 昌、交河两县，其

13. 人等白丁兄弟，请

14. 不差行。吴石仁

15. 此以差行讫，牒

16. 前庭府准状，

17. 余准前勘。待

18. 举示

这里不讲"天柱"用"君柱",也许是避"天"的讳,这一点不清楚。"准状别牒"中"状"是县司写的文书的名字,让折冲府"牒"给县,因为卫士所在的团是没有对外行使的能力的,必须要通过折冲府,所以折冲府"请牒县知"。索天柱已经是卫士了,但他的兄弟就要差点,所以折冲府批示说"其人等白丁兄弟,请不差行"。这件文书说明卫士具有首先被差充征行的义务。索天住等卫士已经被差行,其白丁兄弟,当县不应差行。但是这些卫士与白丁是什么关系?如果是同居共爨的关系,为何当地地方官府却不清楚其卫士兄弟已经差行?按照规定,卫士差行应该知会当州县,我们的解释是这对兄弟不见得是在一个户籍内,很可能是别籍异居或同籍异财,所以地方官府才会忽略了其兄弟已经作为卫士服役的情况。但是在分派差科的时候,他们又有理由要求按照一户人家来派役。《册府元龟》卷四八六《邦计部·户籍》万岁通天元年敕:"天下百姓,父母令外继别籍者,所析之户等第,并须与本户同,不得降下。其应入役者,共计本户丁中,用为等级,不得以析户蠲免。其差科,各从析户祈承,勿容递相影护。"这以段话可以作三重意义的解读:第一,父母与儿子别居,在一定条件下是允许的;第二,别居后的两个家庭仍然通计派役;第三,这样造成的另一形式的大家与小家关系,仍然会产生财务上的纠纷。

由此可见,要解读材料必须要打通你掌握的其他材料和知识。我们可以阅读前人的相关解读增加知识。对文书的利用有两种方法,一种是看它提供了什么信息,怎么补充了研究主题;另一个是它本身就有足够丰富的意涵,解读出来,这能够丰富大家对这个问题的认识。这也是写文章的方法。比如写唐代的户等制度,当然这个主题涉及面很广,可以写一本书,但是这个材料关于户等、户籍、差役和家庭关系的信息可以彰显、揭示出来,然后聚焦在某一个或者某几个问题上,也能做成一篇文章。

(四)研究举例:石刻题记

下面我再来举个石刻题记的例子。

墓志文本通常比较清楚,石刻题记也有比较完整内容者。一般出

文书档案中的历史

土文献研究的第一步就是先录文，因为需要文字疏通，但是墓志很少有完整抄录的，只是截取一部分。如果内容精粹丰富或者没有被解读过，可以提供一个完整的有标点的录文。石刻一般比较短，也有比较长和完整的。比如房山石经题记《故上柱国庞府君金刚经颂》（收入北京图书馆金石组、中国佛教图书文物馆石经组编：《房山石经题记汇编》，北京，书目文献出版社，1987年，第4~5页），这是一份反映其时家庭宗教生活的重要文献：

> 公讳怀，字伯，其先南安郡人也。远祖因官家于范阳焉。曾祖光，魏任雁门郡丞；祖安，齐任魏州昌乐县令；父谦，随任定州别驾。并价重连城，光融照乘，栖仁仗义，履顺居贞。公璧孕蓝田，珠生汉水。幼不好弄，长实多能。勋庸冠于朝伦，领袖标于士友。讵心门称武穴、室拟龙泉而已哉！岂其与善无徵，云亡奄洎。遽以光宅元年十一月遘疾，终于私第，春秋七十九也。
>
> 有子德相等扣地屠魂，号天衋血，想津梁之无据，思回向之有因，以为救助莫若于受持，施与不及于书写。今敬为亡父镌石造金刚般若经一部，即以垂拱元年四月八日，雕饰毕功，兼设四部众斋，送经于山寺之顶也。重岩万仞，上亘有天，幽谷百寻，下临无地。缯黄接影，囗梵连声，同钦祇树之风，共浃恒河之润，而为颂曰（下略）。
>
> 囗囗囗上柱国庞德相囗囗。弟长上果毅上护军德立，弟柱国名立，弗（当作"弟"）左金吾翊卫元表，相妻杨，立妻张，名妻郑，表妻刘。相息谨忠、妻刘，谨泰、思（？克）谨，忠女二娘、十娘；立息谨信、克俭，女五娘；名息谨寂、克勤、谨约，女净心、八娘；表息郑宾、小宾，女蔘儿、博儿、妃儿。夫涿城府队正郭神行，亡妻庞，妻胡，息奉祖、奉义，女三娘。妹夫何方海，妻庞，息天僧、天广、天保、天仞、天助，女提希、新希。囗囗上柱国史四郎，妻庞，息上护军承问、承囗、囗囗、囗儿、九儿、当囗、四儿。上

骑都尉郭神恭，母胡，妻梁，息朗，朗妻马。庞怀闰，妻孔，庞怀素，息义重，庞怀道，息小睹。史君昂，妻□，息僧端。睹仁旧，安（？妻）高，息燕□；睹元兴，亡父仁庆，母庞。刘天托，妻王，息元哲、元咸、元节。飞骑尉刘山刚，妻唐。刘阿表，妻庞。张善登，息思谨。上柱国刘□相德（下缺）

题记可以分为三段。第一段记载庞怀伯的家世源流，说他于光宅元年（684）十一月以79岁高龄于家中逝世。另一则房山石经题记《咸亨五年（674）庞怀伯等造象记》称，"大唐咸亨五年五月八日庞怀伯邑人等上为皇帝陛下、师僧父母及七世见存眷属等敬造阿弥陀佛像一躯"，其下署名的头衔是"都维那飞骑尉庞怀伯"。10年前庞怀伯是飞骑尉、都维那，很可能还是当地社邑的首领，所以题记中说他"勋庸冠于朝伦，领袖标于士友"。都维那是寺院的三纲之一。庞怀德似乎并不是僧人，他有妻室儿女，还有皇朝封的勋官，飞骑尉三转，上柱国十二转，已经是最高等级。以这样一个"俗人"为僧官都维那，似乎并不是太普遍的现象。第二段记长子庞德相等为此镌石造金刚般若经一部，并于垂拱元年（685）四月八日"雕饰毕功，兼设四部众斋，送经于山寺之顶"。后面还有三首四言八句的颂文。四月八日是佛诞日，在这一天做佛事是很普遍的事情。比如，房山石经题记《石浮屠铭并序》记造浮屠日期为"唐中兴七年岁次辛亥夏四月八日"，以下的几则造像题记分别为太极元年四月八日、开元九年四月八日、开元十年四月八日等（《房山石经题记汇编》，第6~12页）。第三段是庞德相等亲属的题名。这是一个庞大的家族谱系图。亡者庞怀伯有子女庞德相等约七人。其中兄弟四人：大哥庞德相，弟弟德立、名立、元（当作"玄"）表。此据《咸亨五年庞怀伯等造象记》亦可证明。该《造象记》有"都维那飞骑尉庞怀伯，妻侯，息上柱国德相、德立、名立、玄表"的题记（《房山石经题记汇编》，第3页）。庞德相的姐姐嫁给了郭神行，一个妹妹嫁给了何方海，另一位史四郎很可能也是一位妹婿。其他人员也与庞家有关系。首先是郭神恭，从姓名与家眷情况看，当是庞家姐夫郭神行之弟。庞怀闰、怀素、怀道，当是庞德相的远房叔父。史君昂，可能是妹夫史四郎的兄弟。睹元兴的母亲姓庞，其亡父为睹仁庆，故其父兄睹仁旧（？）也参加了这次活动。以下有刘天托、刘山刚、刘阿表，除刘阿表的妻子为庞氏外，还有一层关系是，庞玄表的妻子姓刘，诸刘可能是玄表岳父家的人。张善等可能是庞德立妻子张氏娘家人。最后残缺的一位上柱国刘某，情况不详，当也是姻亲之属。房山石经题记《金刚般若波罗蜜经》有："垂拱元年岁次乙酉四月丙子朔八日癸未，幽州范阳县庞德相兄弟等为亡考及见存母敬造此经，合家供养。"（《房山石经题记汇编》，第203页）这与《庞府君金刚经颂》谈的是同一件事情，进一步坐实了前述题名者都是庞家亲属。总之，参加这次礼佛活动的除了亡者的直系亲属，还有姻亲、姻亲的兄弟和本家叔伯。姻亲中，姐夫郭神行之妻庞氏已亡，续弦胡氏。郭神行不仅率妻儿参加了这次活动，而且其兄弟神恭一家也列名其中。估计郭神行的几个孩子是他与庞氏所生的。但无论如何，姻亲的兄弟参加为亡者祈福的雕刻石经活动，说明了当时亲族之间的关系是很密切的。

《庞府君金刚经颂》反映出唐代世俗家庭礼佛生活的一般情形。正如文中所言，本着"救助莫若于受持，施与不及于书写"的信条，德相等在父亲出世后刻石经为亡考祈福，并且还举行盛大法会，"雕饰毕功，兼设四部众斋，送经于山寺之顶也。重岩万仞，上亘有天，幽谷百寻，下临无地。缯黄接影，□梵连声，同钦祇树之风，共浃恒河之润"。所谓四部众，又称四部弟子，是指比丘、比丘尼、优婆塞、优婆夷，也就是出家和在家的佛门弟子。庞氏兄弟选择四月八日佛诞日举行往山上寺院送刻好的佛经仪式，同时"兼设四部众斋"，招待僧俗信徒。在这个法会上，"缯黄接影，□梵连声"，那种幡幢耀眼、佛声震耳的热闹场面跃然纸上。庞怀伯死后，其子女及家族、姻亲一齐参加佛事活动，这对于一个大家族来说，固然是很普遍的情况。但也有相当多的佛事活动是通过建立佛事合作组织来进行。敦煌文书中有"唐光启三年（887）五月十日文坊巷社肆拾贰家并修私佛塔记"（《敦煌社会经济文献真迹释录》第1辑，第384页）。庞怀伯等"邑人"咸亨五年五月八日造像记，看来也是以家庭为单位建立社邑的，因为像主题名中都是男性户主和妻子并列。

不同史料可以交相互证，一个家庭如果有出家者，出家人与世俗家庭仍然有着十分密切的关系。有许多出家僧尼为家人写经祈福，更有许多出家僧尼与在家的父兄们共同举行礼佛活动。如《云居石经山顶石浮图铭并叙》(《房山石经题记汇编》，第7页)：

  清信佛弟子刘玄望，弟定辽、弟文立，侄男志敏，并出家妹法喜、法[澄]。

  大唐开元玖年肆月捌日比丘尼法[喜]、法澄及昆季合家眷属等共建。

这则题记体现的是出家的女子与世俗家庭的关系。刘玄望两个出家为尼的妹妹，与本家兄弟侄儿共同举行佛事活动。佛教在历史上被视为"无君无父"，即无视儒家的伦理价值。而家庭却处于儒家伦理价值的中心位置。在"修齐治平"的儒家人生理想之中，"齐家"处于关键地位。佛教追求的是解脱尘世的痛苦，认为四大皆空。而家庭追求的是生活的幸福，家庭生活是俗世社会生活的最基本形式。但在实际上，世俗家庭与佛教的宗教生活，却在中古时代普通民众社会现实生活中表现出高度的统一性。这就是我的一段评论，也就是佛教的中国化是处处都在的。我们讲中国式现代化也有这个意思，我们不会把西方模式照搬过来，而是以我们的方式接受。中国历史从汉武帝独尊儒术，到中古消化佛教文明等外来文明，再到近代，我们都是"以我为主"的，在世界上其他民族和国家这种情况很少。

另外，整个家庭或者以家庭为单位参加佛事活动在那个时代蔚然成风。这就必然把家庭伦理关系也带入佛事活动中，或者说佛事活动成为一种世俗化了的社会活动。例如，忠孝成为佛事活动的目的和宗旨。佛弟子们写经、刻经、造像、建寺，上为君国下为父母发愿祈福。斋僧、礼忏不是为了修行，而是为了表达对父母的孝道。儒家的思想意识被浓重地带入佛教的法事中。子弟出家无疑给家庭生活带来了浓重的佛教气氛。诸如写经、刻经、造像、建寺，举行法会、斋僧、礼忏，甚至"竭家建福"，人们把家庭生活的幸福建立在积极开展各项佛事活动上。若干个家庭或家庭的主要成员组成社邑，在婚丧嫁娶时举行佛事活动，并展开互助，以解决家庭生活中的许多实际问题。可以说，世俗生活与佛教生活已经难解难分了。

从墓志和石刻题记的材料看，唐代妇女对于佛教热情十分高涨，甚至超过男人，但都是零散资料，需要综合讨论。我们这里首先看出家的妇女——比丘尼与世俗大众一起作佛事的情况；然后再看在家的女性信众——优婆夷的信仰情况。《房山石经题记》里颇多女尼参与石刻经文之事（括号后为该书页码）：

（尼）真净尚为亡过师僧父母、妹尼惠照、合家大小敬造石经两条，普为法界众生咸登正觉。侄男惟光惟晖。（第91页）

尼□□□过师僧父母及妹□□□□□□法生减□□（第91页）

比丘尼［元］□□有贤奉为亡过父母及合家平安敬造大般若经一条。□□会昌四年甲子岁四月八日建。（第171页）

佛说八阳神咒经：功德主比丘尼自正镌造此经，奉为先过慈严，神超净刹，次为明含识普会无生。 元和十一年五月八日毕功记……（第218页）

比丘尼参与家人及世俗民众佛事活动的例子很多。《唐代墓志汇编》上卷有《大唐济度寺大比丘尼（萧瑀第三女）墓志铭并序》（龙朔077，第386页），云："若乃弟兄办供，亲属设斋，……瓶锡咸萃，冠盖毕臻。唯是瞻仰屏帷，遥申礼谒，自非至戚，罕有觌其形仪者焉。"这是兄妹共同举办法事的例子。

《房山石经题记》一则贞元末年的题记云，"幽州蓟县明度寺尼圆寂、妹上座尼方寂、阿姊八政尼惟操□□郑高□□弟郑宽、女弟子廿五娘、女弟子廿六娘、侄郑韵、侄时君、女第子姨娘□□□"（第150页）。这是作为姑姑的比丘尼与侄女等人共办法事的例子。

《房山石经题记》贞元十一年十二月上的一条经文云，"经主侯大娘、男胡乾晖、女尼宝藏、孙男□国朝合家上经一条"（第135页）。这里是女尼与父母兄弟子侄一家人参与刻经活动。又有永清县马妙相造经一条，"合家供养。□□□县玉山乡北刘赵村比丘尼赵三儿、比丘尼刘法爱、比丘尼田五姑　刘举妻吕供养"（第95~96页）。这是比丘尼与同村俗家妇女共造石经的例子。

还有许多比丘、比丘尼与俗家信徒共同举办法事的事例，例如：涞水县楼村邑主僧广演、刘惠岸、李光峤、冯二娘及女演法、僧法珍、尼法缘、常坚、法眼净、边照、妙因□五娘等共同造作石经（第125页）。贞元九年四月八日，经主邑主僧广演、尼法缘、刘惠岸合邑五十人等同造经一条送上（第131页）。永清县僧惠融、尼智满、邢惠崇、刘斌、王晖、郭俊、檀波罗等等同造石经一条，于贞元三年四月八日上（第120页）。

常有比丘尼担任邑主或经主。良乡县观音乡成村石经邑主尼常精进，平正僧道丕，录事张彦偾，邑人黄庭晏、成净德等（第136页）。交道村石经邑主尼照空、录事赵常秘等，邑人约118人（第139页）。幽州良乡县交道等村造经一条，邑主尼照空、勾当录僧恒信、平正王普国、卢庭岩等一百人（第152页）。也许因为这一百余人大多为女性的缘故，此处男性僧人居然位在比丘尼之下，担任邑录。（参见第154、156页）。

大和元年四月八日上的一个石刻的经主是尼智性（第158页）。经主有不止一人的。如《宝箧经》的经主沙门玄觉为亡过慈母董氏造经，还有经主尼不若、经主尼修梵、经主尼婆怜仵娘、经主尼？光、经主尼明论明相、经主尼净澄、经主尼□娘、经主尼明智、经主尼善觉、经主尼摩耶、经主尼明净明照、经主尼玄照等等几乎清一色的女性（第206页）。有的情况下称作碑主。如《般若波罗蜜多心经碣赞并序》有"碑主比丘尼名澈□、比丘尼名定、比□□、比丘尼法弁、比□□□、比丘尼法名□□、比丘尼净胜、比□□□、比丘尼普明、比□□□、比丘尼法寂、比□□□、比丘尼法身、比□□□、比丘尼智守、比□□、比丘尼智炬、比□□□、比丘尼智通、比□□□□、比丘尼修因、□□□、陡道主田……女相儿毛儿……"（第217页）。从上面引据的石刻资料中，我们可以看出，比丘尼以及在家的女性信徒，确实在佛事活动中表现得异常积极。

和尚或者尼姑虽然出家，其实并没有完全脱离俗事。他们有的还主持家务，训育弟妹甥侄，俨然一家之长。比如《唐代墓志汇编》下卷记载，安国寺故上座韦和上，14岁出家，"弟子契虚，上座姊之子也。幼稚而孤，赖其训育，继姨母之高蠋，为□来之律德。……弟子明桀，上座之从妹也"（兴元002，第1836~1837页）。有樊家长女出家，为宁刹寺大德，法号义性，"弟妹幼稚，主家而严"（永贞003，第1942页）。还有大唐济度寺故大德比丘尼惠源，22岁为尼，早在9岁时已丧父，27岁又丧母，"皆泣血茹哀，绝浆柴毁，古之孝子，乌足道哉"？父母双亡，她在空门仍然不忘"天伦之性"："亦能上规伯仲，旁训弟侄，邕邕闺门，俾其勿坏，则天伦之性，过人数级"（开元459，第1473页）。

尼姑死后的丧葬，理应由各个寺院营办。但是，敦煌地区由于有许多尼姑并不住寺，其丧事营办不得不委托某一可以信赖的亲属办理。这方面最突出的证据是斯2199号《咸通六年（865）十月廿三日尼灵惠唯书》（《敦煌社会经济文献真迹释录》第2辑，第153页）：

> 咸通六年十月廿三日，尼灵惠忽染疾病，日日渐加，恐身无常，遂告诸亲，一一分析，不是昏沉之语，并是醒苏之言，灵惠只有家生婢子一名咸娘，留与侄女潘娘，更无房资，灵惠迁变之日，一仰潘娘葬送营办，已后更不许诸亲怆护，恐后无凭，并对诸亲，遂作唯书，押署为验。

在家妇女皈依佛门的情况，以年长者及寡妇居多。特别是墓志中反映了这样的情况：在所有信佛女性中，寡妇占有相当的比重。寡妇的社会处境和心理状况都比其他妇女更容易导向信佛，以寻求精神寄托。守寡的妇女在丈夫死后，承受着生活和精神上的双重压力，既要抚育儿女，侍奉公婆，操持家务，还得忍受漫长的孤寂，以期与社会舆论的要求相一致，给自己戴上无形的束缚，带来了痛苦。为了填补生活和心灵的空白，缓解痛苦，她们更加崇奉佛教，把信佛作为精神上的依赖。如陈智的夫人张氏（633—711）在丈夫39岁去世后，"遂悟劳生，精求实相"，迷上了释氏，由此得以打发整整42年的寡居生活（《唐代墓志汇编》，景云026，第1134页；以下皆引用此书，不再注出书名)。我曾经写过《唐代寡居妇女的生活世界》这篇文章,主要材料就是这里面的。

女性对于佛教的痴迷达到了匪夷所思的程度。金堤府左果毅都尉张晕63岁时"暴卒于金堤府之任",妻子姚氏(722—788)抚养六个子女,"孀居毁容,回心入道,舍之缯彩,弃以珍华,转法华经,欲终千部;寻诸佛意,颇悟微言。与先辈座主为门人,与后学讲流为道友,曾不退转,久而弥坚,斯善人也"。有一个女儿"久披缁服",皈依佛门了(贞元018,第1849页)。王氏(655—724)40年"独守偏孤","驰诚净土,锐思弥陀,和雅之音,周游娱耳;功德之水,清冷涤心。苦行持斋,精勤戒道,施之非吝,取亦无贪,广运财成,弘敷妙乐"(开元198,第1295~1296页)。有的依止禅师,韦小孩18岁嫁给曾任汝州刺史的李府君,生有四子,丈夫死后,"低徊昼哭,服丧之后,禅悦为心,尝依止大照禅师,广通方便,爰拘有相,适为烦恼之津;暂证无生,因契涅槃之境"(天宝166,第1647页)。魏氏12岁结婚,22岁守寡,34岁父死,43岁母亡,寡居49年,"仰苍昊而罔极,嗟人生如梦幻",于是"归信释门,斋戒不亏,卅余载。顷曾授指趣心地于圣善寺大辩禅师。先登有学之源,少证无言之果"。一个女儿出家为尼,可能也是受了母亲的影响(贞元106,第1914页)。

有的寡妇在抚养子女成人后皈依了佛教,崔绩在丈夫河南司录卢公去世后,"誓志无违,抚育不易慈仁",待一子二女"勉己成家,树立余业",则"修学大悲,一回解脱"(元和076,第2001页)。乾元初,衢州司士参军李涛"终于位",妻子独孤氏(724—776)"罢助祭之事,专以诗礼之学,训成诸孤,亲族是仰,比诸孟母",晚年则"以禅诵自适,谓般若经空慧之筌,持而为师,视诸结缚,犹遗土也"(大历052,第1793页)。这些寡居妇女对佛教的信仰还表现在丧葬上,不愿与丈夫合葬。王尼子(628—691)临终之际,要求儿子,"吾心依释教,情远俗尘,虽匪出家,恒希入道。汝为孝子,思吾理言。昔帝女贤妃,尚不从于苍野;王孙达士,犹靡隔于黄墟。归骸反真,合葬非古,与道而化,同穴何为?棺周于身,衣足以敛,不夺其志,死亦无忧"。儿子将其葬于"去夫茔五十步"处(长寿011,第839~840页)。

综上所述，这节课我们不仅介绍了中古出土文献的类别、来源、内容和价值，还从几个方面举例说明了我们应该怎么利用这些资料、如何对出土材料进行解读研究。一般而言，解读方式可以是单独对一篇文献进行讨论，也可以就一个主题结合多种材料进行讨论。前者可以叫文书研究，特点是用文书来印证史实，就本质而论，这只是半成品；后者属于问题研究，文书只是众多史料中的一种而已，文书资料可以补足传世文献的不足。但是，不可否认的是，也有的文书揭示了传世史料中没有或者不经见的问题，从中生发出一篇深入的文章来，如唐长孺先生的《唐西州差兵文书跋》、王永兴先生《唐天宝差科簿研究——兼论唐代色役制度和其他问题》等，这就另当别论了。

（据2023年4月18日"隋唐五代史"课堂录音整理）

南宋徐谓礼文书

方诚峰

一、前言：宋史研究的"新材料"

今天是"文书档案中的历史"系列课程第五讲，内容为南宋"徐谓礼文书"。之前四讲应该有一个特点，就是出土文献在对应时代的研究中发挥着近乎不可或缺的作用。但出土材料在宋代研究中却没有那么关键，宋代研究对于出土文献的依赖程度比较低。

宋代研究中也有一些"新材料"，这主要是指近代以来的新材料。如果追溯到清代，宋史"新材料"还是非常多的，如清代四库馆臣从《永乐大典》中辑出的大量文献与宋代相关。关于近代以来宋史研究的新材料，孙继民先生做过一个梳理，他以纸质文献为中心，介绍了几种宋史研究的新史料[①]：（1）敦煌文书中的宋代文书。有一些敦煌文书的年代对应了宋代，但因为宋王朝没有统治敦煌，所以这些材料其实跟宋史关系不太大。（2）黑水城出土文书。这批西夏文与汉文文书最先由俄国人在黑水城发现，故大量文书藏在俄国境内，《俄藏黑水城文献》今已出版多册。这批文书中与宋史相关的部分，主要为宋代西北边境的军政文书，主要记录了南北宋之交鄜延路的军政活动，已由孙继民先生做了整理。（3）《宋人佚简》。上海博物馆藏公文纸印本宋刊龙舒本《王文公集》，其纸背有南宋舒州（治今安徽潜山）的废旧公文、官员书启，时间在南宋前期。这批文书数量不少，孙继民先生也做过一些整理工作。（4）徐谓礼文书（后面详细介绍）。（5）零星

[①] 孙继民：《近代以来宋代新材料发现述议——以纸质文献为中心》，《中华历史与传统文化研究论丛》第1辑，北京，中国社会科学出版社，2015年。

发现的宋代文书,主要在山西、江苏等地出土。

如果不把眼光放在"文书"上的话,其实宋史研究还有一些新史料也值得我们注意:(1)足本《名公书判清明集》。这个南宋的判案集过去有一个明代的残本,而陈智超先生发现了一个足本,内容较旧本大为丰富。(2)《宋会要辑稿补编》。《宋会要辑稿》是清人徐松从《永乐大典》中辑出来的,后来又经历了几次不得法的整理,有些内容被认为重复而被丢弃了。陈智超先生从国家图书馆的废纸堆里把它给找了出来,补充了一些新内容。(3)天一阁藏明抄本《天圣令》残卷。过去虽知道有这个文献存在,但不知道具体内容,上海师范大学的戴建国先生把它给发掘了出来。因为唐史学界特别重视唐令,所以《天圣令》因其保留了不少唐令而在唐史学界得到了更多关注。(4)"域外汉籍"。"域外汉籍"主要指在日本、韩国等国所藏的汉文古籍,有不少关于中国古代的文献,与宋史相关的如《历代职源撮要》(王益之)、《司马光日记》、《欧阳修书简》等,发掘域外汉籍是当今中国古代文献学、文学研究的潮流之一。(5)各种类型的出土材料。如果不限于文字材料,宋代还出土了大量的墓葬、遗址等等,此外还有不少石刻文献。

但是,无论如何,新史料在宋史研究中发挥的作用没有那么大,研究者不会很依赖于新史料,包括下面要讲的徐谓礼文书。陈寅恪先生说,要是能够用新材料研究新问题,就是"预流",否则便是"不预流"。同时期贺昌群先生有近似但重点不同的看法:

> 大抵一时代有一时代的学风,一番新史料的发现,必有一番新学问的领域,能够占在新学问的领域中利用这番新材料,就是学术上的前驱者,陈寅恪先生称此为"入流"。反乎此而不闻不问,自以为坐井可以观天者,谓之"未入流"。
>
> 我想入流与不入流,有时亦不在以能获得新材料为目的。近来学术界因为争取发表新材料的优先权,往往令人有玩物丧志之感。所以尤在要明了学术研究的新趋向,然后才知所努力,在思辨上有深澈的眼光,文字上有严密的组织,从习

见的材料中提出大家所不注意的问题,所以学术思考上有入流与不入流之别。①

这段话强调的是陈寅恪先生两个关键词中的后者,即以新材料研究新问题之中的"新问题"。在贺先生眼中,1936年前后的学术界因"争取发表新材料的优先权",给人以"玩物丧志之感"。他最看重的不是"新材料",而是学术研究的"新趋向",即"在思辨上有深澈的眼光,文字上有严密的组织,从习见的材料中提出大家所不注意的问题"——关键是"学术思考上有入流与不入流之别"。这是对于陈先生观点重要的补充。我们能不能使用新材料,这是一种"入流"与"不入流";我们能不能在所有新旧材料的基础之上有新的思考,这是更重要的"入流"与"不入流"问题。我想,这对于我们今天这样一个地不爱宝、新材料大量出土的时代尤其重要。

二、徐谓礼文书的发现

什么是徐谓礼文书?中华书局出版了包伟民、郑嘉励编《武义南宋徐谓礼文书》(2012),中华书局出品的"中华经典古籍库"中也有这部书的高清电子版,便于使用②。简而言之,徐谓礼文书就是一组南宋中低级文官仕宦档案的手抄副本,档案的主人公是徐谓礼(1202—1254)。

文书出土于浙江省武义县(宋代的婺州武义县)的徐谓礼墓,不是通过科学的考古发掘,而是因盗墓被发现。徐谓礼墓在武义县城东边,其父徐邦宪墓在县城西边。徐邦宪是绍熙四年(1193)省元,即中央礼部试的第一名,他与陈亮同榜,后者是状元。

徐谓礼墓在2005年就被盗掘,到了2011年初,当地的文物贩子在市面上兜售这批文书,但民间收藏界普遍质疑该文书的真实性。据说,

---

① 贺昌群:《历史学的新途径》(1936),《贺昌群文集》第一卷,北京,商务印书馆,2003年,第285页。

② 武义博物馆后来也出版了《南宋徐谓礼文书》(武义博物馆编、傅毅强主编,杭州,浙江古籍出版社,2019年),此书亦已收入中华经典古籍库。

文物贩子曾把文书出售给北京的一个收藏者，成交之后对方认为文书是假的，要求退货。文物贩子退回了部分钱款，该收藏者也扣下了4卷文书。2011年3月，浙江省文物考古所的郑嘉励老师看到了该文书照片，他断定是真迹，建议武义县博物馆报案。4月，郑嘉励老师向包伟民老师主持的读书会介绍了该文书，进一步确认了其真实性。

之后，相关部门对徐谓礼墓进行了抢救性挖掘，墓葬中已近乎空无一物，出土了徐谓礼夫妇的随葬圹志，其中徐谓礼圹志仅留残片，其妻林氏圹志则比较完整。徐谓礼夫妇合葬墓是一个砖椁石顶墓，属南方较为常见的三级台地设计，其父徐邦宪的墓葬规制与此相似。徐谓礼墓仅有圹志而无墓志。有时，地位等级不够的人只能拥有圹志而非墓志，但徐谓礼这样地位较高的人物则要等着有名家出手撰写墓志，故下葬时仍然还只有圹志。她的夫人林氏，从徐谓礼亲撰圹志可见，生卒年为嘉泰元年（1201）、淳祐七年（1247），徐谓礼比他的夫人小一岁。

2011年年底，公安部门破案，13卷文书被追回，墓里的其他物品已下落不明。2012年7月，流散到北京的4卷文书也被追回。① 得益于密封的棺木及棺椁之间的填充物，纸质文书在南方墓葬中能保存得如此完好，简直是一个奇迹，类似的材料不会多②。

令人称道的是，徐谓礼文书的整理本也在2012年出版了，宋史学界不必等待多年才能看到这批新材料。所以，虽然整理本有一些小瑕疵，却尽快公布了珍贵的新材料，整理者所做的工作是高效、及时的，他们的学术品格非常高尚。

徐谓礼是南宋中后期的一个中低级文官，在历史上没有什么名气。但他跟一位很有名的人有点关系，这就是南宋最后一位权相贾似道

---

① 郑嘉励：《南宋徐谓礼墓出土文书发现记》，《中国书法》2013年4期。《国宝回归之路：“徐谓礼文书"被盗7年终于追回》，《浙江日报》2012年9月27日。案，整理出版的徐谓礼文书为15卷，外加敕黄、印纸外封各一。

② 1966年在浙江兰溪南宋墓中发现了潘慈明妻高氏的告身抄件8卷，惜保存状况不佳。见汪济英：《兰溪南宋墓出土的棉毯及其他》，《文物》1975年第6期；钟遐：《从兰溪出土的棉毯谈到我国南方棉纺织的历史》，《文物》1976年第1期。高氏告身残卷今藏浙江省博物馆，其中一叶残片照片见王宣艳主编：《中兴纪胜：南宋风物观止》，北京，中国书店，2015年，第275页。

(1213—1275)。在徐谓礼文书里有一份委保印纸（印纸20，本篇所用文书编号皆据包伟民、郑嘉励编《武义南宋徐谓礼文书》，下同），即徐谓礼做担保的记录，从中可见徐谓礼在绍定五年（1232）八月为贾似道任官做了担保。担保的内容是什么？这时候贾似道的父亲贾涉已经去世了，贾涉的哥哥贾直夫提出请求：贾涉该得的"恩例三次"，"与故弟男承奉郎贾似道作磨勘收使"，即用于给贾似道转官。徐谓礼的作用就是担保贾似道其人"委是正身"，即担保"贾似道就是贾似道"。这时贾似道已经有寄禄官（承奉郎），但还没有实际职事。到了端平元年（1234）三月，贾似道做了籍田令①，正式步入政坛，当然这与徐谓礼应该没有什么关系。

宋末元初周密所撰《齐东野语》说，"徐谓礼尝涉猎袁李之书"，"袁李"就是袁天罡、李淳风，即是说徐谓礼善于算命，"自夸阅人贵贱多奇中"，即徐谓礼自夸能精准预测人们的前途。周密还说，徐谓礼"与贾师宪丞相为姻联"，"贾师宪"就是"贾似道"；当时贾似道还很年轻，据说整日不干正事，"荒于饮博"，他的妈妈就很担心，便问善于算命的徐谓礼："你看我的儿子这么不像话，您给算算，将来能做到什么地步？"徐谓礼就说："夫人勿多忧，异日必可做小郡太守。"就是说贾似道做一个小州长官还是可以的，贾母听了也很高兴。后来贾似道成为大丞相，徐谓礼就"以亲故求进"，贾似道回答他："徐亲骨相寒薄，止可作小郡太守耳。"然后就派徐谓礼到上饶郡（信州，治今江西上饶）"以终其身"。②这个故事一方面说明了徐谓礼和贾家有一些关系，另一方面是为了说贾似道这个人睚眦必报。

徐谓礼文书的整理者已经指出，这个故事肯定是假的，因为徐谓礼做信州知州是在淳祐七年（1247），这个时候贾似道还不是宰相；而等到贾似道当上宰相的时候，徐谓礼已经去世好几年了。而且，徐谓礼为其夫人林氏撰写的圹志里说得很清楚：他之所以到信州做知州，是因他夫人林氏在临安的官廨去世（此时徐谓礼在临安任职），他"痛念

---

① 脱脱等：《宋史》卷四一《理宗纪一》，北京，中华书局，1985年，第801页。
② 周密撰，张茂鹏点校：《齐东野语》卷一七《徐谓礼相术》，北京，中华书局，1983年，第311页。

旅榇不可久于行都",为了归葬他的夫人,于是便"告于朝力祈外补",主动要求外出做官,"待次上饶",在等候知信州任的过程中,回老家把林氏的丧葬事宜办理完毕。所以他并非因为被报复才去信州做官。

三、徐谓礼文书的内容

刚才说,徐谓礼文书是徐谓礼仕宦履历档案的手抄副本,这个仕宦履历档案包括两大部分:一部分是他的委任状,即任命文书;另一部分是他的仕履记录,当时叫"印纸"。委任状又包括"告身"和"敕牒"两种,后者也可称为"敕黄",因为敕牒原件纸张通常是黄色的。当然这批文书里的敕牒是手抄副本,所以看不到原样了。给告身还是给敕牒,取决于所任命官职的性质:凡是"品官"皆给告身,凡是无品之官(使职)或临时差遣则给敕牒①,有品无品不是等级高低,而是指该官职有没有获得官品、列入官品令。徐谓礼文书中的"印纸"是我们从没见过的材料,它详细记录了徐谓礼各种官职的履职情况。文献中说:

> 凡中外官任,咸给印纸历子,或功绩可纪,清白有守,过犯度数,举主姓名,尽得书之无所遗,俾至阙下,赴院磨勘,第其等而升黜之。②

从记载可知,所有官员都有"印纸历子",上面详细记录了官员的功过、举荐情况等,最后要送到中央负责官员选任的部门,有关部门依据这些档案来升黜官员。相关的记载还有不少,不过,此前我们从来没见过印纸,而徐谓礼文书提供了真正的新材料。

为什么告身、敕牒、印纸前面都加上"录白"二字呢?所谓"录白"就是手抄副本的意思。台北故宫博物院所藏的司马光左仆射告身,是宋代最高等级官员的委任状,这份告身纸张看起来有多个颜色——因

---

① 徐松辑,刘琳、刁忠民、舒大刚、尹波等点校:《宋会要辑稿》职官56之8,上海,上海古籍出版社,2014年。

② 李焘撰,上海师范大学古籍整理研究所、华东师范大学古籍整理研究所点校:《续资治通鉴长编》卷一三二,庆历三年五月壬戌条,北京,中华书局,2004年,第3124页。

为宰臣告身都要使用"五色金花罗纸"书写,所以是不同颜色的纸张拼接的。此外,在官员系衔的位置,为了防伪,理论上全部都要用官告院红印进行覆盖。再比如,2020年嘉德秋拍詹仪之告身残件上,可见许多团花暗纹,还有"文思院制敕绫"字样①,说明告身用的是文思院特制的绫纸。简而言之,告身原件因为用纸、用印故而是彩色的,敕牒、印纸大抵也是如此。这样,我们就能理解为什么告身抄本要叫录白——都是白纸黑字。

抄件自有其用处。比如大学生属集体户,有时要去派出所借户口卡和户籍首页,派出所不是把集体户籍首页原件给你,而是给你一个复印件,盖上红章,就可以当原件使用。宋代也是这样,但因为没有复印机,所以需要用复制品的场合都用录白手抄件。这是南宋初年的一道诏令:

> (绍兴)五年(1135)闰二月二十八日,诏:"今后官员参部,许自录白合用告、敕、印纸等真本,于书铺对读,别无伪冒,书铺系书,即时付逐官权掌。候参部审量日,各将真本审验毕,便行给还。如书铺敢留连者杖一百。"②

"今后官员参部,许自录白合用告、敕、印纸等真本",则官员到中央去参加选任的时候,自己手抄的副本是可以拿来当真本使用的。但有个前提条件:"于书铺对读,别无伪冒,书铺系书。"就是手抄副本要由书铺进行审核、公证(与原件"对读"),书铺就类似于宋代的一种公证机构,无论是官员选任还是应试,都要同书铺打交道。书铺需要"系书",但我们在徐谓礼文书中看不到书铺系书的内容,徐谓礼文书的抄写质量确实也不算好,有错别字,则这些录白文书应不是打算用来参部的。"候参部审量日,各将真本审验毕,便行给还",真本在审验完成后就要还给个人,我们今天还能看到一些传世的告身,是因为原件保留在了个人手中。原件对于个人、家族是很有用的,一般不会随葬。

---

① 张祎:《南宋詹仪之告身跋》,https://mp.weixin.qq.com/s/2ga8tAiwPEuZXwjTr8kVEg,发布时间:2020年11月4日,访问时间:2023年10月17日。

② 《宋会要辑稿》职官8之20。

接下来逐一介绍告身、敕黄、印纸三类文书的内容，然后再讲我们应怎样阅读才会更有收获。

1. 录白告身

徐谓礼文书中有 11 件告身，其中有 10 件是他的寄禄官告身。禄，即俸禄，所谓寄禄官就是表示这个官员等级的官衔，是"阶"，名称都是"某某郎""某某大夫"的形式。还有一件整理者定名为"授太府寺丞牒"（残件），其实它不是"牒"，而是除授太府寺丞的告身残件，整理者的系年也有误。11 件告身目录如下：

1. 嘉定十五年（1222）五月二十三日授承奉郎告
2. 嘉定十七年（1224）十月二十八日授承事郎告
3. 绍定二年（1229）七月二十六日转宣义郎告
4. 淳祐五年（1245）正月十九日转承议郎告
5. 淳祐五年（1245）十二月二十六日授朝奉郎告
6. 绍定四年（1231）六月二十六日授宣教郎告
7. 绍定六年（1233）十一月八日转通直郎告
8. 嘉熙四年（1240）正月十一日转奉议郎告
9. 淳祐七年（1247）四月五日转朝散郎告
10. 淳祐七年（1247）十月四日转朝请郎告
11. 淳祐七年（1247）十月　日授太府寺丞牒（残）（笔者案，实为告身，定名、系年有误）

前 10 件都是寄禄官告身，有些叫授某某官告，有些叫转某某官告，两者有区别。徐谓礼从承务郎做起（告身未见），算是赢在了起跑线上——承务郎是京官最低阶，京官下面还有更低的"选人"阶。徐谓礼因为父荫，起家就是京官，而很多进士出身的人也只能从选人做起。徐谓礼最后做到了朝散大夫（承务郎之上第 12 阶）。一般来说，依年晋升寄禄官叫磨勘（本意是勘验文书）转官，文官京官以上"四年一转，无出身人逐资转，有出身人超资转"，到一定阶次还有所谓"止法"①。徐谓礼没考中进士，按照正常规定他只能逐级转，那得需

---

① 《宋史》卷一六九《职官九·绍兴以后阶官》，第 4066 页。

要48年，可他的寿命也不过53岁。苏轼曾开玩笑："今之君子，争减半年磨勘，虽杀人亦为之。"① 徐谓礼因为经历了一些特殊原因的转官，最后才升到了朝散大夫。这样的话，徐谓礼寄禄官告身就可以分成两部分，一部分是逐资转，即磨勘转官，称为"转某某官告"，另一部分是非常规转官，称为"授某某官告"。而所有的"磨勘转官"告身，用的都是等级较低的"奏授告身"；所有的"授官"告身，用的是较高等级的"敕授告身"，表示特旨除授。此外，授太府寺丞这一中央职事官告，也是敕授。

据此，徐谓礼文书中的告身分类如下：

敕授告身：

1. 嘉定十五年（1222）五月二十三日授承奉郎告
2. 嘉定十七年（1224）十月二十八日授承事郎告
6. 绍定四年（1231）六月二十六日授宣教郎告
5. 淳祐五年（1245）十二月二十六日授朝奉郎告
11. 淳祐七年（1247）十月　日授太府寺丞（牒）　［告］（残）

奏授告身：

3. 绍定二年（1229）七月二十六日转宣义郎告
7. 绍定六年（1233）十一月八日转通直郎告
8. 嘉熙四年（1240）正月十一日转奉议郎告
4. 淳祐五年（1245）正月十九日转承议郎告
9. 淳祐七年（1247）四月五日转朝散郎告
10. 淳祐七年（1247）十月四日转朝请郎告

宋代的告身从高到低分为制授、敕授、奏授三类，这是宋神宗元丰改制（1080—1082）仿照唐代制度定下来的。最高等级的制授，用于最高级的除拜场合——立后妃、皇太子，封亲王、公主，拜宰相、枢密使、节度使。如刚才提到的司马光拜相告身。制授制词由翰林学士草拟，敕授告身由中书舍人命词，奏授告身则不命词。南宋敕授和

---

① 《宋史》卷三三八《苏轼传》，第10810页。

奏授的分割线大抵在阶官六品，以及特恩转官与否、职事官堂除（堂是指宰相政事堂）与否等等，还有不少例外情况①。

徐谓礼文书不涉及制授，其录白敕授告身也算不得稀罕，目前还能见到不少传世的宋代告身原件。从下面的列表可知，徐谓礼文书中的录白奏授告身是比较珍贵的，是对传世文献的一大补充。

表1 存世宋代告身原件、抄件目录

制授告身	元祐元年（1086）司马光拜相告身，台北故宫博物院
	元祐三年（1088）范纯仁拜相告身，日本京都藤井有邻馆
敕授告身	熙宁二年（1069）司马光充史馆修撰告身，日本熊本县立美术馆
	大观四年（1110）封顺民侯告身，山西博物院
	绍兴十三年（1143）詹棫行军器监主簿告身，"詹氏墨宝"，北京故宫
	乾道二年（1166）司马伋淮西总领告身，2015年匡时春拍
	乾道六年（1170）王佐告身，上海博物馆
	淳熙五年（1178）吕祖谦授朝散郎告身残卷，2015年匡时春拍
	淳熙九年、十年詹仪之告身残卷，"詹氏墨宝"，2020嘉德秋拍
	淳熙十六年（1189）詹伋之授文林郎告身，"詹氏墨宝"，北京故宫
	咸淳五年（1269）赵孟圣授承信郎告身，北京故宫
奏授告身	乾道六年（1170）詹棫赠官告身残卷，"詹氏墨宝"，北京故宫
	政和八年（1118）赵德诚告身残卷（抄件），俄藏黑水城文献
	乾道七年（1171）、淳熙六年（1179）潘慈明妻高氏告身残卷（抄件），浙江省博物馆

资料来源：张祎、刘江、王杨梅、孙继民已发表作品，周佳所摄照片。

北宋元丰以后的告身制度是仿照唐制而来，所以都可基于相应的唐代告身去理解。

1）敕授告身

根据日本学者大庭脩的研究，唐代的敕授告身式如下（标注为笔者所加）。

日本学者的古文书学研究，简而言之就是根据古代文书本身的形制、行用流程去理解该文书，而不光是关注文书中的字词。图1大庭脩复原的唐代敕授告身式中，我们可以看到开头有个"敕"字，下面

---

① 陈文龙：《从徐谓礼文书看南宋告身和敕黄制度》，未刊稿；见《徐谓礼文书与宋代政务运行研究学术研讨会论文集》，北京，中国人民大学，2013年4月。

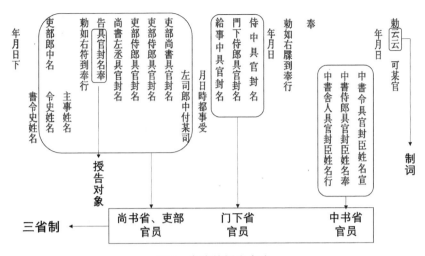

图 1　唐代敕授告身式

出处：大庭脩：《唐告身の古文書学的研究》，《西域文化研究》3，法藏館，1960 年。收入氏著《唐告身と日本古代の位階制》，伊勢，皇學館出版部，2003 年，第 52~53 页。

写有"云云"，就是一段制词，通常由中书舍人撰写，内容大概有这个人怎么好（坏）、为何授予该官职之类的，最后以"可某官"收尾。

再往下，唐代敕授告身鲜明地体现了三省制流程：中书省出令、门下省审覆、尚书省施行。首先可以看到中书令、中书侍郎、中书舍人的"宣、奉、行"。他们签署之后，文书就到了门下省，门下省的长官侍中、侍郎以及门下省的属官给事中对这份任命进行审核，如有驳正那么这个任命就无法成立。门下省通过以后，这份文件就到了尚书省（吏人都事受），在尚书省，文件由左司郎中付给吏部，因为文官的除授由吏部负责，而左司是管吏部的。最后，吏部会把这个任命"告某某人"，所以这份最终成立的文件被称作"官告"。

到了徐谓礼的时代，敕授告身仍然可以看到类似的地方——仍然依照三省运行的流程。但也有一些非常不同之处，这主要是因为中枢体制发生了变化。本来，北宋元丰改制以后，宋代恢复了三省制，但到了南宋初年的时候，中书省、门下省合并为一省，即中书门下省，尚书省仍旧，所以南宋是两省制——中书门下省、尚书省；宰相名号也有一些调整。再过一些年，宋孝宗乾道八年（1172），南宋的宰相确定为左右丞相，副手称参知政事，他们就是中书门下省、尚书省两省的长贰官员。因此，给徐谓礼签署告身的中枢官员，就不再是中书、门下、尚书三省的官员，而是左右丞相、参知政事。

这样的话，问题就成了：如何用左右丞相、参知政事几位官员去表达原来的三省流程？下面就是徐谓礼在宋理宗淳祐五年（1245）的"授朝奉郎告"：

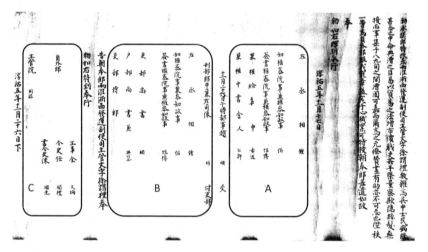

图 2　告身 5：淳祐五年十二月二十六日授朝奉郎告。标注为笔者所加。

起首"敕"字领衔的一段话，对应唐代敕授告身中的"敕云云"。敕的对象是"承议郎特改差两淮浙西发运副使司主管文字徐谓礼"，承议郎是徐谓礼的寄禄官、两淮浙西发运副使司主管文字是他的差遣。徐谓礼淳祐五年正月十九日转承议郎，照理说他应该在四年后才能转朝奉郎，但当年十二月他就被授朝奉郎阶，所以制词最后说"特授朝奉郎"，这是特旨除授。这次破格提拔的原因见于制词：徐谓礼身为两淮浙西发运司的幕官，当年和籴粮草有功。

按照刚才所讲的唐代敕授告身式，"敕云云"后便应是中书省官员的签署，可是此时已经没有中书省和门下省而只有中书门下省了，而且侍中、中书令、门下侍郎、中书侍郎这些官名都没有了。所以图中 A 的部分相比唐代告身简洁了许多：左丞相范钟、知密院兼权参知政事游似、签书密院兼权参知政事李性传依次签署，他们之下是兼权给事中林希逸、兼权中书舍人程公许。所有这些人，对应了唐代的中书省、门下省两省官员。

接下来就该到尚书省了，南宋当时是有尚书省的，可是尚书省已经没有左右仆射、左右丞了，所以，A 部分出现过的范钟、游似、李性传到了 B 部分再度出现——这回他们代表的是尚书省长贰。因此，重复签署并不是因为抄重了，而是因为他们代表了不同的机构签押。

B 的后半部分是吏部尚书、侍郎的签署，当时没有专任吏部尚书，所以写着"阙"；不过，淳祐五年十一月赵与𬭚户部尚书兼吏部尚书①，故此处有他的签署。吏部侍郎衔下没有任何签署，这不是阙官，可能是因为徐谓礼是朝官，所以其选任归吏部尚书左选（负责中高级文官选任），而侍郎左选负责低级文官，故侍郎不必签书。

再往后就是"告"徐谓礼，这时候已经用了新寄禄官朝奉郎。结尾有"符到奉行"四字，所以本质上来说，徐谓礼收到的是吏部授予的一件"符"，以证明自己已任某官。最后的 C 部分仍是吏部官员、吏人，吏部司（尚书左选）的员外郎（不知名）和主管官告院（庄同孙），负责官告的制作。

还需要注意的是，徐谓礼官职的任命是在"十二月十七日"发布的，但是告身却是在"十二月二十六日"下达的，两者有时间差。这个时间差有可能会很长，我们之后会看到相关例子。

明白了徐谓礼文书中敕授告身的基本组成部分以后，我们就可以推断：录白告身 11《淳祐七年十月　日授太府寺丞牒（残）》的定名是错误的，它其实是一份敕授告身的开头部分，而再往下的部分就没有了。毫无疑问，这批文书并不包含徐谓礼所有的档案，敕授告身中，除了太府寺丞告身的残缺外，再比如根据印纸 70，徐谓礼在淳祐六年十二月曾得到除将作监主簿的告身，也不在出土文书中。而任命徐谓礼将作监主簿的制词，今天还保留在刘克庄的文集里，只是《刘克庄文集》的点校者把人名点破了。又根据印纸 78，淳祐十年十二月徐谓

---

① 潜说友：《咸淳临安志》卷四九《官秩七》，《宋元方志丛刊》4，北京，中华书局，1990 年，第 3786 页。

礼准告特授朝奉大夫、磨勘转朝散大夫，皆应有敕授告身（因已至六品），皆未见。此外，徐谓礼知泉州也应有敕授告身（因泉州是节度州①），亦未见。

2）奏授告身

接下来我们讲"奏授告身"。"奏授"是指用"奏抄"授官，其等级低于"敕授"。刚才已经提到，徐谓礼文书中的奏授告身是比较珍贵的，因为我们今天能看到的唯一奏授告身原件还是残卷，就是故宫藏"詹氏墨宝"里的南宋詹械赠官告身②。其次，在黑水城出土了宋徽宗政和八年的一份奏授告身抄件残卷，这件告身第6列有一个"京"字，即蔡京（太师、鲁国公），但蔡京名下面写着"不书"，也就是说他不用在这件告身上面签书，因为蔡京地位比较高，这种小事他就不管了。徐谓礼文书出土以后，学界一下子就能看见不少奏授告身的材料。

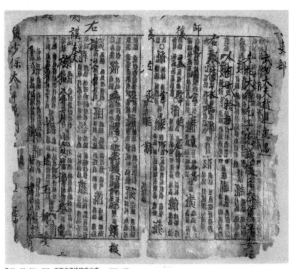

图 3 黑水城出土赵德诚奏授告身抄件

出处：俄罗斯科学院东方研究所圣彼得堡分所、中国社会科学院民族研究所、上海古籍出版社编：《俄藏黑水城文献》第 6 册，上海，上海古籍出版社，2000 年，第 212 页。

---

① 参前揭陈文龙：《从徐谓礼文书看南宋告身和敕黄制度》。
② 张祎：《南宋詹仪之告身跋》，https://mp.weixin.qq.com/s/2ga8tAiwPEuZXwjTr8kVEg，发布时间：2020 年 11 月 4 日，访问时间：2023 年 10 月 17 日。

根据敦煌出土的唐开元公式令残卷，唐代奏授告身式如下（标注为笔者所加）：

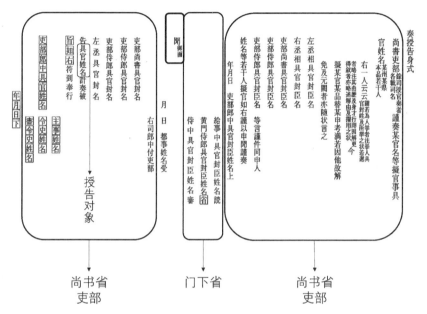

图4　唐代奏授告身式

出处：大庭脩：《唐告身の古文書学的研究》，《西域文化研究》3，法藏館，1960年。收入氏著《唐告身と日本古代の位階制》，第37~38页。

奏授先是由吏部的吏部司来拟某人可授某官，然后由尚省省的左右丞相（因为唐朝开元时把左右仆射改为左右丞相），即尚书省长官检查；检查之后，这件文书就要由吏部侍郎上给门下省。与审核中省省的下行文书一样，门下省也负责审核尚书省上行之奏抄，故吏部所拟"授某人某官"公文，须由门下省的官员从低到高签署一遍。门下省之后有个御画"闻"的环节，即理论上皇帝要亲笔画一个"闻"字，表示批准。不过，因为奏抄涉及的都是有法可依的常规事件，所以御画闻这个环节基本上是程序性的，皇帝不会否决，一般也不会亲自画。御画闻之后的奏抄又回到尚书省，因为还要由吏部来落实这次除授，以吏部"符"的形式"告"某某官。总而言之，唐奏授告身经历了尚书省—门下省—尚书省的流程，整个过程没有中书省什么事。

回到徐谓礼时代，没有三省而有中书门下省、尚书省两省，没有三省长官而有左右丞相、参知政事，故与敕授告身类似的，奏授告身中也会有同一批人出现在不同的环节、履行不同的角色。下面就是淳祐七年（1247）十月徐谓礼从朝散郎转朝请郎的奏授告身（告身10）：

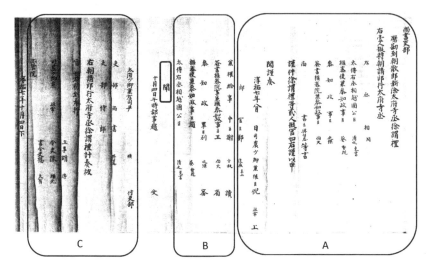

图5　告身10：淳祐七年十月四日转朝请郎告

A部分是尚书省制作奏抄的环节。开头四字为"尚书吏部"，表示这件授官告身的出发点——尚书省吏部的吏部司（尚书左选）。吏部司清楚地说"磨勘到云云"，表示这是一次依年而迁的磨勘转官。左丞相无人担任，故书"阙"字；太傅、右丞相郑清之免书，即不必签；枢密使兼参政赵葵因督视军马不在朝中，故亦不必签。在这份奏抄上代表尚书省签字的其实是参政别之杰、签书密院兼参政王伯大；代表吏部签字的是吏部尚书赵与𥲅，吏部侍郎依旧有衔无名，理由同前——此事由吏部尚书左选负责。A部分最后倪祖常和郑逢辰应都是当时吏部尚书左选的郎官，奏抄以他们的名义上给门下省。其中郑逢辰新除未上任，故云"未上"。

B部分是门下省审核奏抄的环节。给事中读；因为没有门下侍郎、侍中，故本应是侍郎省、侍中审就被当时宰执的签书代替了，还是王伯大、别之杰、赵葵、郑清之诸人，他们再次出现代表了门下省的权限，次序则是从低到高排列。

门下省审核通过的奏抄照例要御画闻，然后才交给尚书省（吏人都事受），由尚书省左司郎官尹焕付给吏部去执行，这就是 C 部分。在这里，吏部尚书赵与𥷴有签署，吏部侍郎则依旧有衔无名。这里特别需要注意的是，C 部分第 4 行的首字"右"显然是"告"字之误，"告"后面就是授告对象徐谓礼。①

因此，奏授告身从文书流程而言，就是尚书省上门下省又回到尚书省的过程，其标志就是开头有"尚书吏部"四字，说明这就是一个由吏部发起的奏抄。知道了以上特点后，我们就能知道整理者复原的"嘉熙四年正月十一日转奉议郎告"（告身8）是有问题的：对比转朝请郎告（告身10），告身8缺少了 A 的后半部分、整个 B 部分、御画闻，是不完整的②。

徐谓礼的奏授告身中，初任承务郎告未见。

2. 录白敕牒

"徐谓礼文书"的大部分告身都是升迁寄禄官而不是职事官的，职事官告身只有一份授太府寺丞告的残件。前面我们讲过，凡是有品之官皆给告身，无品之官或临时差遣则给敕牒。徐谓礼所任职事，大部分是用敕牒来除授的，因为敕牒使用黄藤纸书写，所以又叫敕黄。徐谓礼文书中的敕牒目录如下：

1. 嘉定十四年（1221）五月差监临安府粮料院牒
2. 绍定二年（1229）五月差知平江府吴（江）县丞牒
3. 端平元年（1234）三月差权知建康府溧阳县牒
4. 嘉熙三年（1239）四月差主管官告院牒
5. 嘉熙三年（1239）八月添差通判建昌军牒
6. 淳祐二年（1242）十一月差主管台州崇道观牒
7. 淳祐四年（1244）四月差权通判建康军牒

---

① 更详细的解读参见王杨梅：《徐谓礼告身的类型与文书形式——浙江武义新出土南宋文书研究》，《浙江社会科学》2013 年第 11 期。又见张祎：《徐谓礼〈淳祐七年十月四日转朝请郎告〉释读》，《中国史研究》，2015 年第 1 期。

② 详见李全德：《从〈武义南宋徐谓礼文书〉看南宋时的给舍封驳——兼论录白告身第八道的复原》，《中国史研究》，2015 年第 1 期。

8. 淳祐四年（1244）八月改差充两浙西路两淮发运副使司主管文字牒
9. 淳祐二年（1242）八月差监三省枢密院门兼提辖封桩上库牒
10. 淳祐八年（1248）二月差权知信州牒

这些职事中，有外任差遣、有无品使职，故而都是敕牒除授。

"敕牒"是两个字，"敕"从字面上来讲是皇帝的命令，"牒"则是官府的公文。所以敕牒其实就是"敕"加"牒"的组合：以皇帝的名义发出了一道命令（敕），该命令由宰相机构以"牒"的形式发下去。中村裕一复原的唐代的敕牒式如下：

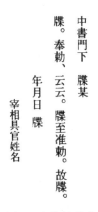

图 6 唐代敕牒式

出处：中村裕一：《隋唐王言の研究》，汲古书院，2003 年，第 160 页。

在这里，中书门下是中唐到北宋前期的宰相机构，北宋中期以后到南宋则由尚书省发敕牒。故在徐谓礼的时代，敕牒本质上就是尚书省下发的牒文，但这个牒文是"奉敕"而发。敕牒签署是"宰相具官姓名"，也就是宰相集体签一遍就行了，不用再分三省的流程，所以它非常简便，效率会比较高。山西博物院藏有一件北宋赐庙额的敕牒原件①，不少宋代寺庙赐额敕牒的石刻也比较接近于原件，这是为了长期保留

---

① 称《龙王庙封牒》（实为赐丰济庙额）系崇宁二年（1103）尚书省牒。照片见夏路、刘永生主编：《山西省博物馆馆藏文物精华》，太原，山西人民出版社，1999 年，第 293 页。录文见孙继民：《近代以来宋代新材料发现述议——以纸质文献为中心》，《中华历史与传统文化研究论丛》第 1 辑，第 133~134 页。

朝廷赐额的证明，所以尽可能忠实于原件。从宋代敕牒石刻来看，最后宰相签署只书姓，然后画花押。

徐谓礼于绍定二年（1229）五月被任命为知平江府吴（江）县丞，录白敕牒如下：

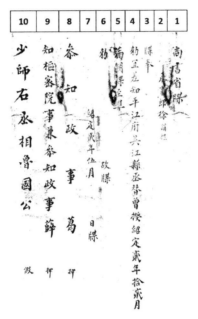

图7 敕牒2：绍定二年五月差知平江府吴（江）县丞牒

这份敕牒第4列把吴县丞抄成了吴江县丞，这是徐谓礼录白文书不严谨的又一个例子。敕牒第1列有"尚书省牒"四字，第2列则是牒文对象承事郎徐谓礼。第3—6列说，这个牒文是根据敕下发的，敕的内容是授予徐谓礼知吴县丞（因为徐谓礼是京官，而县丞是县属官，故称知吴县丞），替曾揆绍定二年十二月年满阙。意思是上一任吴县丞曾揆到绍定二年十二月才满任，之后徐谓礼可以走马上任。从任命下发到出阙之间有7个月的时间，算是很短了。

敕牒最后由宰相由低到高签署。先是参知政事葛洪，只有姓，下面写着"押"字，说明原件上有葛洪的押字，但录白时没有模仿；之后是知密院兼参政薛极；最高的是少师、右丞相、鲁国公，他就是著名的权相史弥远，可是史弥远这天告假，就写了个"假"字。

敕牒篇幅较短，因为不用经历三省流程，故不像敕授、奏授告身那么冗长，可见它确实是一种非常简易的文书，这是敕牒重要的优点。

3. 录白印纸

在徐谓礼文书被发现之前，我们从来没见过印纸的样貌，徐谓礼文书中有从他受差遣的嘉定十四年（1221）开始，到宋理宗淳祐十二年（1252）他去世前两年的印纸共81则。《宋史·选举志序》云："考课虽密，而莫重于官给历纸，验考批书。"官员自己也知道，吏部所给印纸非常重要，"仕之久速，官之功过，将于是乎考"①。《神宗正史·职官志》在讲吏部考功郎中、员外郎的职责时说："凡命官，随所隶选，以其职事具注于历给之，统属州若司岁书其功过。应升迁选授者，验历按法而叙进之。"② 这里的"历"就是"印纸"，故有些史料称印纸为"考功历"。从这些记载看来，印纸最重要的功能是记录官员功过，中央人事部门据之考察官吏。具体如何落实呢？

徐谓礼录白印纸的第一条就是吏部出给印纸：

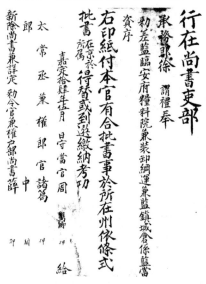

图8 印纸1：嘉定十四年五月　日拟注监临安府粮料院

---

① 刘宰：《漫塘集》卷二四《书印纸后》，《景印文渊阁四库全书》1170册，台北，商务印书馆，1986年，第613页。

② 《宋会要辑稿》职官10之20。

据此可知，印纸发给于徐谓礼第一任差遣之时。刘宰言，"初注官时，铺吏授一卷书"，告知是印纸①，说明印纸是官员注授第一任差遣时发给的，可从临安递送到在外官员手中。徐谓礼印纸由吏部发出，故而画押批书者有吏部的吏人守当官周隽卿（给印纸）、吏部尚书左选郎官诸葛安节②、户部兼吏部尚书薛极。

这份印纸中说，"有合批书事"都要依据法条在临安官司或者所在州军批书。那么什么是"合批书事"？徐谓礼文书中的印纸批书有如下类型：

寄禄官转官 10 条（包括特恩 4、推赏 1、磨勘 5）；

职事相关 36 条（包括到任、到任交割、到任请给 15 条，考成与零考 18 条，解任及上任历过月日 3 条）；

服阙从吉 1 条；

委保（整理者定名为保状）33 条。

由这些类型可见，涉及职事相关的"功过"只是"合批书事"的一部分，转官、服阙从吉、委保一般都不涉及功过。因此，印纸重在记录官员履历，课绩考察实则另有途径。③

比如印纸 2 "嘉定十五年（1222）十二月　日进宝赦恩转承奉郎"（见图 9）。这份印纸由婺州批书，说明徐谓礼正居家，虽然他已经被任命为监临安府粮料院，但还没上任，故称"新"云云。批书的内容非常形式化，先有徐谓礼申："元系承务郎，嘉定十五年五月二十四日准告，因该遇进宝赦恩，特转承奉郎，已于当日望阙遥谢祗受讫，申乞批书者。"当时宋宁宗从北方获得了一方"皇帝恭膺天命之宝"（据说是徽宗登基时制作的受命宝），被认为是瑞物，官员皆转一官，徐谓礼自称"望阙遥谢祗受"，即对着临安方向拜谢并恭敬地接受了转官恩命，于是请求批书。最后有吏人、官员的批书：婺州吏人 4 人批，州属官、通判、知州 5 人画押。可见，这次批书就是记录了他的一次转官履历。

---

① 《漫塘集》卷二四《书印纸后》，第 613 页。
② 《宋会要辑稿》选举 21 之 17。
③ 邓小南：《再谈宋代的印纸历子》，原载《国学研究》第 32 卷（北京大学出版社，2013 年），收入《宋代历史探求：邓小南自选集》，北京，首都师范大学出版社，2015 年，第 207~250 页。关于徐谓礼文书中的印纸，还可参考魏峰《宋代印纸批书试论——以新发现"徐谓礼文书"为例》、王宇《〈武义南宋徐谓礼文书〉与南宋地方官员管理制度的再认识——以知州的荐举和考课为例》，俱见《文史》2013 年第 4 辑。

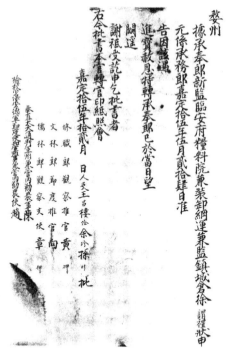

图9 印纸2：嘉定十五年十二月 日进宝赦恩转承奉郎

再看第5份印纸（见图10）。宝庆三年（1227）正月，徐谓礼监临安府粮料院到任后，"赍出身以来文字"请临安府核实并"帮放请给"，即发放俸禄，临安府知府、通判"辨验讫"，徐谓礼就可以领到俸禄。

这只是一条请俸记录，虽不涉及功过考核，但在官员职业生涯中也很关键。根据其他材料，官员俸禄必请而后有，而要请俸就必须有印纸①。北宋元祐元年（1086），程颐以布衣出任崇政殿说书：

> 颐在讲筵尝质钱使，或疑禄薄，问知乃自供职后不曾请俸。寻诘户部，户部索前任历子，颐言起草莱，无前任历子。其意以为，朝廷待士便当廪人继粟、庖人继肉也。即令户部自为出历子。②

----

① 周佳：《南宋基层文官履历文书考释——以浙江武义县南宋徐谓礼墓出土文书为例》，《文史》2013年第4辑，第169~170页。
② 《长编》卷三八五，元祐元年八月癸卯条，第9388页。

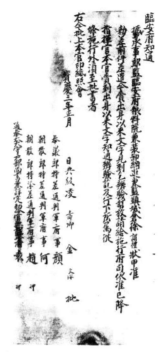

图10　印纸5：宝庆三年正月　日监临安府粮料院到任乞帮放请给

程颐姿态甚高，认为朝廷主动发放俸禄方尽待士之道，故自从供职以后未主动请俸，以致穷到典钱而使，而户部又要求"前任历子"方给俸，这里的"前任历子"就是印纸，亦称印纸历子。但是，最终户部"自为出历子"，则显然不是吏部给的印纸历子，而是户部付给的发放俸禄的公凭。徐谓礼文书印纸27系"端平元年　月　日知溧阳县到任出给供给料历"，这里提到的"料历"即是。南宋淳熙二年（1175），朱熹因缺少"太府历头"而未请俸①，但朝廷亦给予"符券"："又得本府韩尚书报，朝廷以熹未敢受禄之故，申饬所司，特给符券。"② 朱熹所缺之"太府历头"、所得之"符券"恐即"料历"。这些提示："历子"是广泛行用的一类公凭，"某历""某历子"甚常见，印纸历子亦是广义的历子之一种。

---

① 朱熹撰，刘永翔、朱幼文点校：《晦庵别集》卷六《林择之》，《朱子全书（修订版）》25，上海，上海古籍出版社；合肥，安徽教育出版社，2010年，第4952页。
② 朱熹撰，刘永翔、朱幼文点校：《晦庵集》卷二五《答龚参政书》，《朱子全书（修订版）》21，第1122页。

再比如委保印纸，数量非常大（33条），也与功过无关。整理者将此类文书定名为"保状"不妥，其内容主要是徐谓礼为他人担保之记录——是正身、无违碍、系某人某等亲、符合免解赴省试资格等等，和"证明你妈是你妈"有异曲同工之处。那么，为他人委保对徐谓礼来说意味着什么呢？

《宋史·刘宰传》说，刘宰在宋宁宗朝"题考功历，示决不复仕"①，"考功历"就是印纸，刘宰题印纸事见其自述：

> 余性疏拙，初注官时，铺吏授一卷书，曰："谨视之。是吏部印纸，仕之久速，官之功过，将于是乎考。"余曰唯。既弃官，始不加爱重。士之始仕与仕而再谒选者须保官，人惮保官之批印纸，多靳不与。以余之乌狗视之也，因借去，自相邮以为保。或累月不归，或迷不知所在。友人自行都归，习闻其事，以余为非，且言万有一不实，诿曰不知可乎？余是其言，因索归，书卷尾以谢来者，时嘉定辛巳立夏日。②

刘宰在印纸上题文字之后，印纸就算作废了，事在嘉定十四年（1221）。他这段文字说明了他作废印纸的直接原因：很多人以刘宰的名义为自己委保，且委保批书并不是在委保者的所属官司，而是在被委保者的责任官司，这就导致印纸这一重要的付身文书有时需要离开主人的视线，刘宰所说"人惮保官之批印纸，多靳不与"的原因就是这个。刘宰既然不重视仕途，也就不重视印纸，故其印纸被长期借走，被委保人"自相邮以为保"，甚至有时不知在哪里。既然不再想出仕，又担心不知情的委保可能带来的风险，刘宰就将印纸题字以作废了。

这就可以理解徐谓礼33份委保所蕴含的情谊。徐谓礼的绝大部分委保都是就近而为。比如淳祐五年（1245）八月他为孟文虎委保（印纸50），系平江府批书，概因孟氏是平江府长洲县人，而徐谓礼当时正

---

① 《宋史》卷四〇一《刘宰传》，第12169页。
② 《漫塘集》卷二四《书印纸后》，第613页。

在浙西两淮发运司主管文字任上，也在平江府任职。淳祐六年四月发运司幕官解任，印纸53—55都是委保印纸，时间在淳祐六年七月、八月，皆系临安府批书；淳祐六年十月徐谓礼被任命为将作监主簿，委保印纸56—63都是两浙路转运司批书（淳祐六年十一月至七年正月），而两浙西路转运司治所就在临安；委保印纸64是行在国子监批书（淳祐七年正月），因被委保人是国子进士中选人。这11次委保都是徐谓礼在临安时所为。就近委保减少了印纸在外时间，丢失风险降低，说明徐谓礼小心翼翼地保护着自己的印纸。不过，徐谓礼偶尔也异地委保。如绍定四年（1231）徐谓礼在知平江府吴县丞任上，为太学生陈常武父母委保，由在临安的国子监批书（印纸15）。整理者提示，这个陈常武也是婺州人，想必两家关系非同一般。

上述印纸与课绩无关，但确实也有不少印纸涉及在任表现。比如印纸14"绍定四年（1231）三月徐谓礼知平江府吴县丞第一考成"，批书由平江府的吏人（手分宋显祖）具体落实，属官与长贰共7人押字任责，最直接的负责人是司法参军赵汝渠。平江府的批书系"据吴县申"，而吴县又是据"徐谓礼状申"。徐谓礼请求县司："所有考内合批书事件，乞保明备申使府，批书印纸施行。"于是县司做了一些文案工作，"保明诣实"，送平江府司批书。县司所开具的批书事项是：

一无劳绩推赏；

一不曾请假；

一不曾差出；

一不曾转官；

一不曾应举若试刑法；

一不曾经取勘或追摄，及住公事并责罚案后收坐，及去官自首释放之类；

一考内所催常平官租钱米及秋苗米并夏秋两料役钱等，并于省限内催纳数足。

这些内容看起来非常形式化，除了最后一条涉及他作为县属官的职事外，其他条目也就类似于在表格的"是否"两项中选了"否"而已；

而这些选项，都是朝廷"考课式·命官批书印纸"的六条通用项目；除了通用项目，不同类型的官职要批书的事项不一样①。

在这里，可以看到印纸批书的一个作用：何种事务被列入批书事项，对官员来说就是指挥棒。类似于到底是 GDP 还是环保、治安被列入当代地方官的政绩考察内容，对于官员的为政之道有很重要的影响。南宋韩元吉（1118—1187）说：

> 国家肇造，乾德中始诏官廨增葺创造对书于新旧官历，其不葺者殿一选。至景德三年，又定为印纸之目，廨宇间数既书其亏损，至添盖则又曰配民与不配民，皆所以防制官吏，欲其不苟而已。自印纸之改式也，后生不能旧制，而官吏之苟日滋。数十年来，加之以兵火，因之以匮乏，官廨不整尤甚。②

这是说，宋朝本来对于地方官的考核中有"官廨"是否修盖一项，而后来印纸改式③，不再有此项，就导致官廨失修成为常态。

印纸的意义还在于明确批书与被批书者之间的统属关系。上面提到的这条批书，意味着平江府是属县县丞徐谓礼的上级管理部门，因此最后"宣教郎、直焕章阁、权发遣平江军府事吴（渊）"的押字是必须的。批书印纸权是官司对官员统属权、管理权的最直接表现。比如，嘉定八年（1215）真德秀任江东转运使，他提到，漕司下有寄纳仓，连续几任监官都因腐败问题落马：

> 盖缘监官虽隶本司，其到罢即不经由本司批书印纸，不

---

① 谢深甫提举编修、戴建国点校：《庆元条法事类》卷六《职制门三·批书·考课式·命官批书印纸》，哈尔滨，黑龙江人民出版社，2002 年，第 85~88 页。

② 韩元吉：《南涧甲乙稿》卷一六《饶州安仁县丞厅记》，《景印文渊阁四库全书》1165，第 241 页。

③ 印纸改式主要应是在神宗朝、哲宗朝。据《宋会要辑稿》刑法 1 之 16，绍圣元年（1094）十月九日，三省言："《元祐编敕》刊去嘉祐、元丰州军创修园亭、改立官司之禁，以故近岁诸道土木昌炽，民疲财屈，而藩镇近臣尤甚，监司莫敢问。"于是诏重编敕所依旧立法。由此可知，神宗元丰编敕有"州军创修园亭、改立官之禁"，元祐删去，绍圣年间又增入。又，苏轼在元祐四年（1089）知杭州时说，"近年监司急于财用，尤讳修造，自十千以上不许擅支，以故官舍日坏，使前人遗构，鞠为朽壤"，此当与元丰禁州军创修园亭、改立官司有关。见孔凡礼点校：《苏轼文集》卷三九《乞赐度牒修廨宇状》，北京，中华书局，1986 年，第 842~843 页。

问有无绾系,径自离任,若泛然不相统属者。故往往敢为欺弊,旁若无人。欲望朝廷特赐指挥,今后寄纳仓监官到罢,并经由本司批书印纸,在官无违阙方许赴部注授,是亦关防之一端。①

真德秀认为,连续腐败的根源在于江东转运司对于属下监官之到、罢无批书印纸的权限,相当于管理权有名无实,以致监官有恃无恐,因此制止后续腐败的关键在于转运司获得对监官的批书印纸权。再比如,嘉定十七年(1224),朝廷为了令临安、平江、绍兴三府长官督办军需,令其"带行浙西江东淮东总领所主管茶盐官入衔,到罢从本所批书"②。这都说明,历纸批书不是形式主义,而是一种上下级管理、统属关系的具体化,是上级对属官属司一种重要的"关防",即考察、管理手段。

当然,批书印纸里还是有一些非常具体、实在的内容。比如说,端平二年(1235)四月徐谓礼知建康府溧阳县第一考成批书印纸残卷(第28份印纸1～75行,76行以下实为端平三年徐谓礼因母忧解官零考批书),除了一些形式化的事项如:

一不曾借兑常平义仓钱米;

一不曾获强盗;

一无未获强盗;

一无已获窃盗;

一无未获窃盗;

一本考内未曾推排;

还有一些非常重要的内容——端平元年、端平三年溧阳县的夏秋两税数据。这两年的数字完全相同,将这些数字与《景定建康志》卷四〇《税赋》所保留的溧阳县赋税数据作对比(裒名解说略),可见徐谓礼文书中的数字更加全面——比如溧阳县19万余贯的夏税钱,是此前所

---

① 真德秀撰,丁毅华、吴冰妮校点:《西山文集》卷一二《申将文林郎监江东转运司寄纳仓张锜重行追夺等事》,《儒藏》精华编241,北京,北京大学出版社,2020年,第318～319页。

② 《宋会要辑稿》职官43之46。

不知道的。这两组数据的对比，也确实展现了学界所说的两税税额凝固化的现象：端平元年、三年没有差别，从端平到景定二十多年也没有大的变化。同时，在徐谓礼文书中，除了个别停止征收的项目，其他都是"已纳足、见催无"。既然如此，如何理解南宋大规模的两税失收现象？南宋在日益严峻的战争压力之下如何解决其供军问题呢？这些都是值得进一步考虑的问题。

表2　《徐谓礼文书》与《景定建康志》所载溧阳县两税数据对照表

贯石匹两以下细数不计	赋税项目	徐谓礼文书数据	景定建康志数据
夏料	夏税钱（贯）	191740	
	紬（匹）	634	624
	绢（匹）	17142	17902
	绵（两）	59822	59822
	麦（石）	285	285
	丝（两）	268	268
	折帛钱（贯）	83916	85277
	夏料免役钱（贯）	8484	
	义仓小麦（石）	45	
秋料	秋税米（石）	50552	51190
	（粳米）	49439	
	（糯米）	546	
	布（匹）	472	472
	折布钱（文）	24	24
	秋料免役钱（贯）	8484	
	义仓米（石）	4358	
	水利租米（石）	173	
	水利租钱（贯）	25	

在批书印纸中，徐谓礼的污点极少。嘉熙三年（1239）四月，徐谓礼任主管官告院，六月二十五日罢任，据第31份印纸，系因"臣僚

上言"。淳祐二年（1242）九月，徐谓礼罢监三省枢密院门兼提辖左藏封桩库，第40份印纸中说他"因臣僚论列罢黜"。这都算是污点。又《宋史》卷四一〇《牟子才传》说：

> 信州守徐谓礼奉行经界苛急，又以脊杖比校催科，饥民啸聚为乱。子才言于上，立罢经界，谪谓礼。

从这个记载来看，徐谓礼是从知信州任上被谪而去，但印纸中完全看不到任何信息。根据第77份印纸，徐谓礼于淳祐十年十二月因"职事修举"，"转一官再任"。根据第80份印纸，朝廷至晚在淳祐十二年四月就已任命徐谓礼为福建市舶、兼知泉州，五月九日徐谓礼接受了该任命。而信州玉山饥民起事的时间是五月乙巳（二十二日）①，说明徐谓礼并不是因辖区内发生农民起义才被调离的，他从知信州（军事州）到知泉州（节度州）其实是高升而不是黜降。

《宋史全文》载，淳祐十二年（1252）：

> （五月）乙巳，盗起玉山。庚戌，罢诸郡经界。从台臣萧泰来奏也。初，故相清之奏行经界于六郡，会玉山饥民啸哄，言者归咎焉。

> 六月癸酉朔，盗逼衢境，命徐敏子体访。上曰："当以抚定为主。"……癸亥，出百万仓米三万石赈衢、信饥。乙丑，上谕辅臣曰："玉山寇已平。"方叔等奏："民穷则为盗，守臣不可不择。"②

从这里的记载来看，信州玉山县的饥民起事被归咎于故相郑清之制定的经界政策，所以五月二十七日庚戌即罢行经界。且六月乙丑（三日），朝廷已经得到了"盗平"的消息，而据印纸，徐谓礼交割职事给接任者在六月十二日，说明他在交割之前已经将玉山的饥民起事平定。不过，徐谓礼的批书印纸中却完全没有反映"盗"起、平的信息，可能这些属于捕盗官的批书事项。

---

① 《宋史全文》卷三四，第2814页。
② 《宋史全文》卷三四，第2814页。

四、如何读徐谓礼文书？

我们已经逐项讲解了徐谓礼文书中的告身、敕牒和印纸，最后我们要回应一个问题：我们应该如何研读徐谓礼文书？

我们应思考宋代人怎么理解这样一批文件。两宋之交天下大乱，很多官员遭受了靖康之难的突然冲击，仕宦档案丢失。建炎四年（1130）尚书省言：

> 官员出身、历任并载印纸，不可伪冒，系与告、劄相为表里。今去失付身人有印纸可考而告、劄中止是去失一、二件者，有告、劄尽在而独去失印纸者，有印纸独存而尽去失告、劄者，皆可次第参照……①

这里提到的"付身"就是指交付本人保存的文书，包括印纸、告身、劄子（也是一种委任公文）三种，印纸与委任状告劄"相为表里"，若只是其中一部分丢失则"可次第参照"。"相为表里"很恰当地表述了官员不同类型的付身文书之间的相互关系。

徐谓礼文书就是徐谓礼的付身文件之录白，因此我们也要把徐谓礼的告身、敕牒、印纸视作"相为表里"的关系，在相互对照中去理解它们。唐代有很著名的如朱巨川、颜真卿告身等，宋代也有很多告身原件传世，但是再也没有跟其人相关的其他付身文书留下来，也就无法相互对照。而徐谓礼文书虽是抄件，抄得可能也不太严谨、也并不完整，但它提供了一个站在宋代人的角度把告劄、印纸、敕牒这些不同类型的付身文书相互参照的机会。就此而言，徐谓礼文书有其独特的史料价值。

因此，研读徐谓礼文书，不但要把告身、敕牒和批书印纸各自按照时间顺序排列，更关键的是要横向进行对照，使之互为表里，然后才能提出问题。前面讲解各类文书时其实已经贯彻了这一原则，下面再举几个例子。

---

① 《宋会要辑稿》职官8之11。

例1 下表是徐谓礼最初几年的付身文书对照表：

表3 嘉定至宝庆年间徐谓礼付身文书对照表

告身	敕牒	批书印纸
	1. 嘉定十四年（1221）五月差监临安府粮料院牒	1. 嘉定十四年五月　日拟注监临安府粮料院
1. 嘉定十五年（1222）五月二十三日授承奉郎告（敕授）		
		2. 嘉定十五年十二月　日进宝赦恩转承奉郎
2. 嘉定十七年（1224）十月二十八日授承事郎告（敕授）		
		3. 宝庆元年（1225）二月　日进宝赦恩转承事郎
		4. 宝庆二年九月　日洪溥等保状
		5. 宝庆三年正月　日监临安府粮料院到任乞帮放请给
		6. 宝庆三年二月　日监临安府粮料院到任交割职事讫
		7. 绍定元年三月　日赵浣夫保状
		8. 绍定二年二月　日监临安府粮料院第二考并零考

说明：一、表格使用整理者原定名。印纸3"进宝赦恩"当作"登宝位赦恩"，"登宝位"即理宗登基；印纸4"保状"当作"委保印纸"，下同。

二、据印纸8，绍定元年正月当有徐谓礼监临安府粮料院第一考成批书印纸，缺。

这个对照表清楚地呈现了一个问题：徐谓礼在嘉定十四年（1221）五月就被授予了监临安府粮料院职任（敕牒1），但印纸却说明他到宝庆三年（1227）正月才到任交割职事，中间有近6年的时间差。知道了这一点，再去看嘉定十四年的敕牒云："宜差监临安府粮料院兼装卸纲运兼监镇城仓，替蒋杞将来到任成资阙。"也就是他的上一任蒋杞还未到任（将来到任），要等蒋杞上任、成资后徐谓礼方可上任——这是六年以后的事了。宋代冗官，不仅指官员绝对数量太多，更是指官员数与可安排官员的"阙"（岗位）数不匹配的问题。把徐谓礼的敕牒与印纸相互对照，使我们非常直观地认识到这一点。

例2 通过横向对照，可发现文书本身或者整理中的一些问题。如敕牒4为"绍定二年（1229）五月差知平江府吴江县丞牒"，但印纸却表明"吴江县"是"吴县"之误，是徐谓礼文书本身出了问题：

11. 绍定三年二月　日知平江府吴县丞到任

13. 绍定三年二月　日知平江府吴县丞帮放请给

14. 绍定四年三月　日知平江府吴县丞第一考成

18. 绍定五年二月　日知平江府吴县丞第二考成

19. 绍定五年五月　日知平江府吴县丞零考（成）

又如：敕牒3"端平元年（1234）三月差权知建康府溧阳县牒"，与此相关的印纸是：

25. 端平元年五月　日知溧阳县到任

26. 端平元年五月　日知溧阳县到任交割职事

27. 端平元年　月　日知溧阳县到任出给供给料历

28. 端平三年十二月　日知溧阳县第一考成

徐谓礼在端平元年四月到任知溧阳县，他的第一考成应该是端平二年四月，但第28则印纸却说是端平三年第一考成，显然是有问题的。整理者已经指出，第75行与76行之间应有缺失。而如果参照第29则印纸"嘉熙三年（1239）正月　日丁母忧服阕从吉"就可知：徐谓礼于端平三年十月初二日丁母忧解官，那么印纸28第76—147行，应是徐谓礼端平三年十月初二日解官时的零考批书残卷（第113行云"已纳米叁伯贰拾捌硕叁斗伍升，系十月初壹初贰日终纳到"）；而第1—75行则是端平元年四月第一考成批书残卷。徐谓礼知溧阳县第二考成当在端平三年四月，批书印纸全缺。

再如，前面提到过告身11被定名为"淳祐七年（1247）十月　日授太府寺丞牒"是错误的，该失误其实也可以通过横向对照发现。这就必须参照印纸72"淳祐八年正月　日太府寺丞在任历过月　日"：

> 准淳祐柒年拾月肆日尚书省劄子，三省同奉圣旨，徐太府寺丞。已于当月初肆日赴寺供职讫……在任未准职告间，续准淳祐柒年拾贰月贰拾肆日尚书省劄子，三省同奉圣旨，差知信州。

徐谓礼提到"在任未准职告间，续准淳祐柒年拾贰月贰拾肆日尚书省劄子"差知信州，说明了两个问题：一是太府寺丞应该是有告身（职告）的，二是一直到淳祐七年十二月徐谓礼离任时也还没收到该告身。因此，告身11的时间也不可能是淳祐七年十月，必然在十二月以后。

例3 徐谓礼监三省枢密院门兼提辖封桩上库。

相关敕牒、印纸如下：

表4 徐谓礼监三省枢密院门兼提辖封桩上库付身文书对照表

敕牒	批书印纸
	38. 淳祐二年七月 日监三省枢密院门兼提辖封桩上库到任
	39. 淳祐二年八月 日提领左藏封桩上库到任
9. 淳祐二年（1242）八月差监三省枢密院门兼提辖封桩上库牒	
	40. 淳祐二年九月 日提领左藏封桩库零考（成）
	41. 淳祐二年九月 日提领左藏封桩库所零考（成）

从这里的对比可以很清楚地看到，整理者把印纸39、40、41的"提辖"误作"提领"（提领是左藏封桩库所的长官），且印纸40、41封桩上库不当省"上"字（封桩库与封桩上库不同。），皆当改正。而且，还可以看到两个问题：一是为何先到任、再发敕牒委任；二是为何此官到任、离任皆各有两次批书？

先看第一个问题。据敕牒9，徐谓礼淳祐二年八月收到了差监三省枢密院门兼提辖封桩上库的敕牒。但是据印纸38："准淳祐贰年柒月初三日尚书省劄子，三省同奉圣旨，徐（谓礼）差监三省枢密院门兼提辖封桩上库。已于今年柒月初柒日赴省门并封桩上库供职讫。"可见，徐谓礼已经根据七月三日的"尚书省劄子"在七月七日就上任了。宋代的尚书省劄子（此外还有枢密院劄子，北宋前期则有中书门下劄子），是宰相机构用来指挥政务的公文，简便易行，其中都有"奉圣旨云云""奉御笔云云"，表示名义上是在转发君主的旨意，最后由宰臣签押。也正因为尚书省劄子简便，所以宋代往往在正式的委任文书下达之前，用省劄指挥。南宋人徐度言：

> （尚书省劄子）体既简易，给降不难，每除一官，逮其受命，至有降四五劄子者。盖初画旨而未给告，先以劄子命之，谓之"信劄"；既辞免，而不允、或允，又降一劄；又或不候受告，而俾先次供职，又降一劄；既命其人，又必俾其官司知之，则又降一劄，谓之"照劄"。皆宰执亲押。①

因此，徐谓礼在接受正式委任状（敕牒）之前，已经根据省劄的命令先次供职。此外，徐谓礼的批书印纸中也提到了许多不允省劄，不赘述。

与此相关的是淳祐四年八月徐谓礼的敕牒和印纸：

表5 徐谓礼浙西两淮发运司主管文字付身文书对照表

敕牒	批书印纸
	46. 淳祐四年　月　日浙西两淮发运司主管文字到任
	47. 淳祐四年　月　日浙西两淮发运司主管文字帮行请给
8. 淳祐四年（1244）八月改差充两浙西路两淮发运副使司主管文字牒	

印纸46、47中说，徐谓礼"准敕改授前件差遣，已于淳祐肆年柒月拾陆日到任"，既是"准敕"，照理说徐谓礼应是在到任前就收到敕牒，但据上表，任命他的敕牒8却是之后淳祐四年八月发布的。可惜46、47的批书月日不详，很有可能徐谓礼是根据省劄在七月上任，后在八

---

① 徐度撰，朱凯、姜汉椿整理：《却扫编》卷上，郑州，大象出版社，2019年，第239页。

月收到敕牒，而申请批书印纸又在此之后，故而称"准敕"而非准省劄。

再看第二个问题，即为何监三省枢密院门兼提辖封桩上库到、罢各有两次批书？问题就出在"兼"字上，徐谓礼的这个官衔分为两部分，一是监三省枢密院门，二是提辖左藏封桩上库，根据印纸，它们要分别进行批书。前者由三省枢密院门保明上申，检正左右司批书；后者由行在左藏库保明上申，提领左藏封桩库所批书。据《咸淳临安志》卷八，"封桩上库在三省大门内"，这是监三省枢密院门、提辖封桩上库两个官职可由一人兼任的原因所在，但徐谓礼的批书说明，一人兼任的两个官职在管理上是分开的。因此，印纸38、40的名称应调整为：

38. 淳祐二年七月　日监三省枢密院门到任

40. 淳祐二年九月　日监三省枢密院门罢考

再看印纸39、41提辖左藏封桩上库批书。印纸39载：

  提领左藏封桩库所

  据行在左藏封桩库申：……本职已于柒月初柒日赴库供职讫，合行批书印纸，请保明备申提领使所，从条批书施行。……

  淳祐贰年捌月　印　日主管文字叶信甫　押　职级高师颜　押　黄用之　押

  朝请郎守将作少监兼权左司郎官提领陈大猷　押

案《宋史·职官志》云，左藏封桩库系"都司提领"[①]。而徐谓礼文书中印纸39、41最后都是守将作少监、兼权左司郎官、提领陈大猷签押。但印纸说明，所谓"都司提领"并非都司是左藏封桩库的管理机构，而是指定的都司官员提领，形成"提领左藏封桩库所"。因此，陈大猷在徐谓礼提辖左藏封桩上库到罢印纸上签押，并不是因为其都司官身份，而是其提领官的身份，史料中还可以看见非都司官员提领左藏封桩库。

总而言之，这两个问题都进一步提示了一点：官制中的官员、官

---

① 《宋史》卷一六一《职官一》，第3791页。

职、机构之间关系参差,应注意其联系与区别。

印纸 38—41 还可以深化我们对此时宰相属官的认识。首先,兼三省枢密院门的到罢都是由"检正左右司"批书(印纸 38、40)。起初,检正是中书门下省属官,左右司是尚书省属官。徐谓礼文书中,"检正左右司"出现在印纸开头,意味着它是三省枢密院门的上级机构,尚书右司员外郎、左司郎官、中书门下省检正诸房公事三名官员集体签押于末尾,说明检正与左右司二者实际已融合为一司。嘉定十四年(1221)程珌撰《检正都司重建直庐记》显示,中书门下检正官与尚书省左右司官已经合署办公,皆聚于"都曹之庐"①,即都司所在。这意味着南宋中书门下省、尚书省并立的两省制,在宰属的层次上实际有"一省制"的倾向。

淳祐六年(1246)春,时任吏部侍郎、中书门下省检正诸房公事徐鹿卿言:

> 中书造命之地,熙宁间始置检正五房公事一员,欲以检柅稽违,纠正阙失,审重于出令之初而无待乎给舍之封驳、台谏之论列也。至于近年,不行本职,凡中书之事,自敕库断案、稽考奏钞之外,余皆不得而问。问其官则曰中书后省之属也,问其职则曰书拟尚户财赋也。名与实乖,官与事异,名不正则言不顺,无甚于此。

> 窃尝深求其故,良由中间柄臣志在独运,自任胸臆,不使掾属得议其是非。检正既无职守,因分尚户以寄之。然名在中书门下,而职在尚省,可乎?且尚省有六房,所以挈六部之纲也。移其一而他属,可乎?

> 今左右司共为三员,分领诸房。臣窃以为户上房书拟亦当并归尚省,却于左右司中择通于财计者一人领之。而检正专总中书六房之事,以正命令之源,以考违滞之失,与给舍相为表里,叶神祖建官之初意。正名责实,于体为顺。②

---

① 程珌:《洺水集》卷八,《宋集珍本丛刊》71,北京,线装书局,2004 年,第 74 页。
② 徐鹿卿:《清正存稿》卷一《壬子聚讲癸丑论政府制国用并乞厘正检正官名札》,《景印文渊阁四库全书》1178,第 822 页。

上引史料第 2 段提到的"柄臣"指史嵩之。淳祐二年（1242）徐谓礼任监三省枢密院门兼提辖封桩上库就是史嵩之独相期间。徐鹿卿之言说明，检正、左右司的融合其实是以左右司为主体的：检正官失去了原本纠正缺失的职能，主要职事成了书拟户房，与左右司官书拟其他五房没有什么区别，所谓"名在中书门下，而职在尚省"。这种现象，当然不是因为"柄臣"史嵩之个人导致的，也不是如很多南宋道学臣僚所说是权臣史弥远导致的，而主要是宋代中枢体制发展的自然逻辑。自宋神宗元丰改制（1080—1082）恢复三省制之后，尚书省就成为政务运行的重心，是三省中最不可或缺的角色。不过，元丰以后的宰相是尚书左仆射兼门下侍郎、右仆射兼中书侍郎，门下侍郎、中书侍郎、尚书左右丞则是执政，既然宰执是三省长贰，那就必须刻意维持"三省体均"，自然也就意味着三省区分。但是，南宋孝宗乾道八年（1172）以后，以左右丞相、参知政事为宰执，宰执名号就再与三省无关，也就不必再刻意维持所谓三省之分别，更不用对三省等量齐观，在这种情况下，本就是政务重心的尚书省自然地就愈加成为政务运行的枢纽。中书门下检正官成为尚书左右司的一部分，也就是符合逻辑的制度演进。

上面举了三个例子说明如何将徐谓礼文书中的告身、敕牒与批书印纸"相为表里"地进行阅读。徐谓礼文书中的问题当然不止上述几例，嘉熙（1237—1240）到淳祐（1241—1252）是南宋政治变动比较大的时期，徐谓礼在这段时间的起落也与政局有关，这里就不再展开。

总而言之，我们今天讲的"徐谓礼文书"，是徐谓礼这个南宋中低级官员个人的"付身"文书抄件，也就是他个人保存的仕宦档案抄件，包括告身、敕牒与印纸三种类型。这些文书对宋史研究来说算不上石破天惊的发现，但几类文书"相为表里"，可"次第参照"，使得徐谓礼文书有独到的史料价值。在互相参照中发现问题，在南宋的政治、制度、社会中去深入探讨这些问题，这样才能实现"思辨上有深澈的眼光"，达到思考的入流。

（初稿整理者：赵予辰）

徽州文书

阿 风

作为"文书档案中的历史"系列课程中的一节，本节课讲一下徽州文书。今天，虽然黄山市还有一个徽州区，其与历史上的"徽州"已经完全不是一个概念了。历史上的徽州包括今天安徽省黄山市的歙县、休宁县、祁门县、黟县、屯溪区（旧属休宁县）、徽州区（旧属歙县），宣城市的绩溪县，以及江西省婺源县。

近代著名教育家黄炎培在1914年到1917年之间，作为《申报》的记者，在全国很多地区进行采访，留下了一个非常详细的考察日记。1914年4月24日这一天，他结束了在江西的考察，当天的日记中就总结了江西省的现状：第一是水害，第二是纸币币值不稳定。他特别提到了"饶之余干，居鄱湖东南，历年患水，为最瘠苦地。闻之饶人，其难民流散四方，十百为群，嗷嗷索食，一如江苏之淮、徐、海，安徽之凤、颍、滁、泗然"，他还提到"赣江流域之赣南吉、临等属，又苦山洪暴发，当其一泻千里，田庐人畜，杳不知其所之"，所以他最后总结说"江西在在可虑也"。4月25日，他开始进入安徽省婺源县，在当天的日记里面对婺源的印象，则与江西省大不相同。他说进入婺源之后，"道皆铺石。无一石倾欹，无一步觖甌。出冲田村，得冲田岭，累石为级，度之，石宽八尺，级高三寸，每二三十级得平地若干步，以节行者劳。上岭行八百八十八级，下岭略如之，而足不感疲。叹庐山莲花洞牯岭间，竭租界七国之力以成，未能及此也"。他在4月27日的日记中还说："当余离景德时，或告余行浮梁宜少留意，一入婺源，其高枕可也。比入婺境，惟觉终日行康庄大道，每三里或五里，必有亭，方栋斜甍，其栋之大，虽富家听事不是过。两壁设槛，以坐客。亭之隅有灶，陷铛其中，茶香一缕，既温且清，以竹为杓，任客饮，不索酬，亦不见人司也。"黄炎培是近代的教育家，他写的内容还是很客观的。从黄炎培日记可以看出,在灾难深重的民国初年,安徽省皖南徽州地区与江西等周边地区相比,可以说是一个世外桃源。

一、徽州的历史

徽州历史上是吴楚分界之域。在今天休宁县与婺源县交界处的浙岭之巅曾经矗立过一块石碑,上刻"吴楚分源",为清代徽州人詹奎所题。这块石碑现在收藏在婺源县博物馆里。徽州的东面以昱岭关与浙江省为界。《水浒传》中有一章《卢俊义大战昱岭关,宋公胆智取清溪洞》,其中就提到了昱岭关。如果走旧的杭徽公路,从杭州去徽州,在离开浙江的时候就可以看到昱岭关。《水浒传》里梁山泊的英雄去镇压方腊起义,就是通过昱岭关才能进入徽州。

徽州开发较晚,东汉以前是山越人居住的地方。东汉以后,随着北方的战乱,世家大族不断迁居此地,徽州地域得到了开发。三国时期,徽州属于新都郡。当时新都郡非常大,不仅包括现在的黄山市,还包含北面、东面更广阔的地区。到了晋代,这一区域称为新安郡。"新安"这个用法后来就一直延用下来。比如我们现在说明清"徽州商人"的时候,也说"新安商人"。

隋朝时,曾经一度改新安为歙州,后来又复称新安郡。到了唐代乾元元年(758),据说是因为忌恨安禄山,又把新安改回歙州,州治在歙县。到了北宋的时候,歙州被并入宋朝,起初属于江南西路,宋真宗的时候改属于江南东路。唐末黄巢之乱,北方大族不断迁居此地,推动了当时经济与文化的发展,"俗益向文雅,宋兴则名臣辈出"①。

北宋时期,歙州属江南东路。宋徽宗宣和二年(1120),睦州青溪人方腊(一说歙州歙县人)歙州和睦州一带发动起义,攻破东南六州五十二县。宣和三年(1121),北宋政府镇压了方腊起义之后,将睦州与歙州更改为严州与徽州。徽州领有歙、休宁、黟、绩溪、祁门、婺

---

① 淳熙《新安志》。

源六县，治所在歙县。这一行政区划历经了南宋、元、明、清各代，基本上没有变化。

到了南宋，徽州亦属江南东路。宋室南渡后，徽州成为首都临安的"辅郡"，经济发展、人口增加、人文繁荣，逐渐发展成为"江东名郡"。到了元代，徽州被改成徽州路，属江浙行省。元顺帝至正十七年，即1357年，朱元璋的部将胡大海攻克徽州，改徽州路为兴安府。1367年又改兴安府为徽州府。明朝建国后徽州府直属中央，为直隶府。永乐迁都北京之后，徽州属于南直隶。清朝顺治二年（1645），清朝政府改南直隶为江南省，南直隶包含江南、江北，就是现在的安徽省和江苏省的广大地区。康熙六年，江南分成江苏省与安徽省。徽州属安徽省。

从徽州的历史来看，宋元时期，徽州与杭州的关系更密切一些。明代，徽州与南京的关系更密切一些。到了清代，虽然安徽省省会在安庆，但徽州与南京、杭州的关系仍然很密切。

1934年，当时的南京国民政府为了剿共的需要，将原属安徽省的婺源县划入江西省。抗战胜利后，婺源县民发起了回皖运动，在著名的徽籍人士胡适的支持下，婺源又重新划回安徽省。但是1949年之后又重新划归江西。

中华人民共和国成立后，先后设立了徽州专区、徽州地区。1987年，为了凸显黄山的重要性，将徽州地区改成黄山市。将黄山山下的县级黄山市改为黄山区，归属黄山市。同时把著名的绩溪县，就是近代著名的学者胡适的故乡划给了宣城地区，所以历史上的徽州原来是六个县，现在的黄山市只管辖其中的四个县。

"徽之为郡在山岭川谷崎岖之中"①，这是顾炎武《天下郡国利病书》中关于徽州"形胜"的描述，广为学者所引用。这句话的原文出自北宋著名政治家、文学家王安石的笔下。北宋皇祐三年（1051），时任广西转运使的歙州黟县人孙抗（998—1051）病故任上，王安石受托为其撰写了《广西转运使孙君墓碑》，其中写道：

---

① ［清］顾炎武：《天下郡国利病书》原编第九册《凤宁徽》。

  君讳抗，字和叔，姓孙氏，得姓于卫，得望于富春。其在黟县，自君之高祖，弃广陵以避孙儒之乱。而至君曾大父讳师睦，善治生以致富。岁饥，贱出米谷，以斗升付籴者，得欢心于乡里。大父讳旦，始尽弃其产，而能招士以教子。父讳遂良，当终时，君始十余岁。后以君故赠尚书职方员外郎……歙之为州，在山岭涧谷崎岖之中。自去五代之乱百年，名士大夫，亦往往而出，然不能多也。黟尤僻陋，中州能人贤士之所罕至。君孤童子，徒步宦学，终以就立，为朝廷显用。①

  孙抗的高祖，避孙儒之乱，迁居黟县。王安石提到孙抗的曾祖父"善治生以致富"，很可能就是经商致富。当发生灾荒时，又贱卖米谷，赈济乡民，"得欢心于乡里"。其祖父则弃商而招士教子。而孙抗能够以"孤童子"徒步走出"山岭涧谷崎岖之中"，为朝廷所用，终成大业，应该与其曾祖"善治生"、其高祖"招士以教子"有着密切的关系。徽州人通过商业来积累财富，有了财富又开始重视教育，最终子孙又以宦业而显于乡里，这也就是宋代以来无数徽州人孜孜以求的成功之道。

  徽州商人真正称雄中国商界应该是从明代开始的。中国古代，商人能成为大商人集团，在很大程度上与盐业专营有着密切的关系。明清时期盐业实行开中法，盐业经营主要被山西商人和徽州商人垄断，他们构成了中国的两大商帮。谢肇淛《五杂俎》云："富室之称雄者，江南则推新安，江北多称山右。"他还特别强调说，"新安奢而山右俭也"，认为徽州商人比较奢侈，山西商人比较勤俭。不过，徽州商人在外面可能很奢侈，但是他在故乡实际上是非常节俭的。

  徽州一直存在着重商的风气。大家如果到徽州旅游，走进宗族祠堂、民居，常常能够看到对联、警句，比如说"前世不修，生在徽州。十三四岁，往外一丢"，就是说小孩长到十三四岁就出外经商。还有"读书好，经商好，效好便好"，就是说无论读书还是经商，只要有好

---

① ［宋］王安石撰：《临川先生文集》卷八十九《神道碑·广西转运使孙君墓碑》，北京，中华书局，1959年，第919页。

的结果就可以了。当时就有"钻天洞庭遍地徽""无徽不成镇"的说法，可见明清时代徽州商人在中国的影响力。

除了徽州商人外，徽州也是人文荟萃。比如说南宋的朱熹，原籍就是徽州的婺源县。当然，很多人都主张朱熹是福建人，因为他出生在福建，但是他父亲是徽州人，按照古人的观念，朱熹自然是徽州籍。而且朱熹在世时，多次回到徽州，他也自称"新安朱熹"。元末明初有朱升。以前我们的中学历史教科书提到朱升给朱元璋提出了"高筑墙，广积粮，缓称王"的建议，这三句九字方针成为朱元璋能够夺取天下的重要策略。现在有的学者考证，认为这三句话是朱升后人伪造的，因为明朝初年的史料中没有这方面的记载。即使这样，朱升仍然是明初朱元璋夺取天下的一位重要的功臣。明朝还有位著名的数学家程大位，他在珠算方面有很大的成就，据说丈量土地时用的卷尺也是他发明的。还有汪机，是新安医学的著名代表人物。

徽州在清代涌现出很多重要的学者，江永、戴震、程瑶田等等，都是清朝朴学的第一流人物。还有吴谦，是《医宗金鉴》的总修官，这是新安医学最著名的代表人物之一。到了近代，胡适是绩溪人，陶行知是歙县人。

徽州在中国历史上人文发达，出了很多名人。胡适的故乡——绩溪县上庄，就在崇山峻岭之中。胡适能够如北宋的孙抗一样，一步步从大山里走出来，然后又去美国留学，后来回国成为新文化运动的领袖，为国家做出了很大的贡献。这也就是胡适自己所说的"徽骆驼"精神吧。

二、徽州文书的发现

20 世纪 50 年代，徽州文书的发现使徽州再次受到世人瞩目[①]。1957 年 10 月 17 日，《人民日报》发表了余庭光撰写的《徽州发现宋

[①] 周绍泉：《徽州文书的由来、收藏与整理》，[日]《明代史研究》第 20 号（1992 年）。

元时代的契约文书》①一文,这篇文章的发表成为徽州文书发现史上的一次标志性事件。然而,这篇报道并非一个孤立的事件,实际上背后与当时的书商、学者、官员的重视有着密切的关系。

徽州文书是伴随着徽州文献、古籍的外销而流传出来的。明清时代,徽州地区是刻书和印刷业发达的地区,曾刊刻过大量的古籍,徽州刻本古籍在全国有很大影响。同时徽州商人也是"贾而好儒",大量购置古籍。因此徽州是全国文献古籍比较集中的地区之一。近代以来,上海、杭州等地书商开始来到徽州收购古籍,形成了较大规模的古书市场。新中国成立之初,伴随着土地改革运动,从地主家抄没了大量的账册、契纸和古书等,当时对这些东西不大重视,有许多契约、古籍被烧掉,也有许多契纸成为造纸厂的纸浆或鞭炮厂的炮纸,还有的成为商店的包装纸。这种情况由上海书商韩世保反映给了当时的文化部副部长郑振铎先生,郑振铎于是建议当时的安徽省委书记曾希圣派人管一管。这样安徽省文化局就派人调查情况,并于1956年在屯溪新华书店开辟了一个古籍书店,收购古籍与契约文书,负责人为余庭光。古籍书店成立之后,一面从书贩手中收购文书,一面直接到徽州各地收购。收购之后,古籍书店对契约文书进行整理,编辑《古籍目录》和《契约目录》,寄往全国各地进行销售。同时,有些契约文书和古籍也从书贩手中直接卖到外地。通过这些方式,徽州文书开始流传到北京的中国书店以及全国一些大的图书馆、博物馆和科研机构。包括北京图书馆、中国历史博物馆(今国家博物馆)、中国社会科学院历史研究所、经济所、北京大学图书馆、南京大学历史系资料室、上海图书馆、安徽省博物馆、浙江省博物馆、徽州地区博物馆等②。这批徽州文书包括宋元明清及民国时期的土地买卖文书、分家书、会社文书、商业账簿、抄契簿、黄册、鱼鳞图册、诉讼案卷等等,目前所见最早的

---

① 余庭光后来又发现了《徽州发现宋元时代的契约》(《文物参考资料》1957年第10期)、《在歙县发现明代洪武鱼鳞图册》《在徽州地区收集到一万余件珍贵资料》(以上两篇均载《文物参考资料》1958年第4期)等多篇报道。

② 对于徽州文书的发现过程,参照周绍泉:《徽州文书的由来、收藏与整理》,[日]《明代史研究》第20号特集号,1992年3月。

文书档案中的历史

徽州文书原件是南宋淳祐二年（1242年）的《休宁李思聪等卖田山赤契》，最晚的1950年代的各种契约，前后延续700多年。徽州文书以数量大、种类多、涉及面广、跨越历史时代长、学术研究价值高而备受人们关注①。

为什么徽州文书得以大量遗存？原因可以归结为以下几点：

第一，徽州人素来重视契约执照。明清时代的许多文学作品就有这方面的反映。明末陆人龙写的小说集《型世言》第二十六回有这样一个故事：寓居杭州的徽州盐商吴尔辉贪恋女色，为光棍所骗。吴尔辉虽然谨慎从事，但骗子以"执照"为诱饵，使吴尔辉终入陷阱。文后评曰："骗吴朝奉，则曰'告照'，是从徽人怕事处打入。诓张二娘，则曰'娶妾'，是从女子妒忌处想出。""告照"即求得执照。可见在当时人眼里，徽州人素重契约执照。在徽州地区，不仅土地买卖、土地经营、土地清丈、赋役征收、合伙经商、家产分割、法律诉讼、宗祠族产管理等重要经济活动产生的文书，就是民间结社、民间信仰、义结金兰、科举考试、书院教育等一般的社会活动所产生的文书也无不保留下来，甚至还留存有"典妻契"这种为当时道德所鄙视、法律所禁止的典妻行为所订立的契约。

第二，徽州人的尊祖敬宗的意识相当强烈，为了维护家族及其成员的利益，十分注意保管祖先留存下来的契约文书。在徽州文书中大量遗存的延续几百年的抄契簿、宗祠祭祀簿就是明证。现存的徽州诉讼文书中，多是与墓地、祠产等宗族事务有关，也充分说明了这一点。乾隆《歙淳方氏柳山真应庙会宗统谱》中就提到当时宗族要将"一切契书文簿"定期"开单贮匣"：

> 洪武四年部给御旨民由户帖一张，永乐迄嘉靖赤契三十张，嘉靖、隆庆粮长勘合官印合同三张，嘉靖二十六年僧明皎赔钟、神像伏约一张，万历壬午新丈方兴金业，庙产公正金票八个、单票六张，万历十三年招真珙守庙揽约一张，万

---

① 关于徽州文书的史料价值，参照周绍泉：《徽州文书与徽学》，载《历史研究》2000年第1期。

> 历壬辰审图由票二个，万历年间输差官票，万历二十五年伙佃折祠县状一张，万历三十年（1602）止奏告历年抄招执照。

一个家族，要定期将各种公私文书整理好，交给专人收藏。足见徽州宗族对于契约文书的重视。

第三，徽州地区境内多山，交通不便。宋元以来，除了清末太平军与曾国藩的湘军在徽州地区展开过争夺战，造成了大量的文物、文献、文书损失外，一直到1949年中华人民共和国的成立，徽州地区相对比较稳定，这就使得大量的契约文书得以保存下来。郑振铎先生在其《漫步书林》之《余象斗：列国志传》中亦认为："建安版的小说书，而每在安徽出现，这说明了安徽省，特别是徽州一带地方，变乱比较少，罕遭兵燹，故'闲书'等等，还比较地能够保存下来。"①

第四，如前文所说，20世纪50年代后期徽州文书刚刚发现之时，由于当时的文化部副部长郑振铎的关注，安徽省及徽州地方政府在屯溪新华书店开辟了古籍书店，收购各类文书、古籍。通过这个古籍书店，徽州文书得以保存并流传出去。虽然这是一个带有偶然性的原因，但也是徽州文书得以存世的一个重要原因。

三、徽州文书的分类

我们研究徽州文书，首先应该对其进行分类，目前对徽州文书这种民间收藏的文书有不同的分类方法。按文书性质来分，有公文书、私文书。如果按存在形式来分，有散件、簿册，散件就是一张、两张的文书，簿册就是成册的。如果按文书内容来分，可以分为土地文书、赋役文书、商业文书、诉讼文书，等等。

1. 土地买卖文书与税契制度

中国社会科学院历史研究所保存了《南宋淳祐二年（1242）休宁

---

① 《郑振铎书话》，北京，北京出版社，1996年，第138页。

县李思聪等卖田、山赤契》①。这是现存最早的徽州文书原件。

　　休宁县附产户李思聪、弟思忠，同母亲阿汪嫡议，情愿将父□□存日置受得李舜俞祈门县归仁都，土名大港山源，梨［黎］字壹号次夏田弍角四拾步，弍号忠田壹角，又四号山壹拾四畝。其四至，东至大溪，西至大降，南至胡官人山，随垄分水直下至大溪，北至舜俞山，随垄分水直上至大降，直下至大溪。今将前项四至内田、山，四水帰内，尽行断卖与祈门县歸仁都胡应辰名下。三面评议价钱官会拾柒界壹百弍拾贯文省。其钱当立契日一并交领足讫。其田、山今从卖后，一任受产人闻官□祖舜元户起割税钱收苗为业。其田、山内如有风水阴地，一任买主胡应辰从便迁葬，本家不在占拦。今从出卖之后，如有内、外人占拦，并是出产人祗当，不及受产人之事。所有元典买上手赤契伍纸，随契缴付受产人收执照会。今恐人心无信，立此断卖田、山文契为照。
淳祐弍年十月十五日李思聪（押）

　　弟李思忠（押）

　　母亲阿汪（押）

　　见交钱人叔李余庆（押）

　　依口书契人李文质（押）

　　今于胡应辰名下交领前项契内拾柒【界】官会壹百弍拾贯文省，前去足讫，其钱别更不立碎领，只此契后，一领为照。仝前年月日李思聪（押）弟李思忠（押）

　　母亲阿汪（押）

　　叔李余庆（押）

　　休宁县附产户李思聪、李思忠兄弟二人，"同母亲阿汪商议"，决定将父亲在世时购买的祈门县归仁都的田、山，断卖于祈门县归仁都的胡应辰名下为业。契价当日交清，买主可以闻官过割，永远为业。

---

① 《徽州千年契约文书·宋元明编》卷一，石家庄，花山文艺出版社，1993年，第5页。

事后即使发现风水阴地，卖主也不能提出异议。如果家人、外人提出异议，责任由卖主承担，与买主无涉。所有原典买的上手赤契五纸，全部交给买主胡应辰收藏。然后，李思聪、李思忠兄弟及母亲阿汪依次署押。中见人李余庆、书契人李文质也同时署押。这件契约中提到出卖之前，李思聪兄弟要同母亲商议。最后"母亲阿汪"署押，领价亦有母亲阿汪署押。这里的"母亲阿汪"应该是寡母，在父亲去世后，母亲是否知情，成为构成了契约成立的要件之一①。

中国很早以来，就对于田宅、人口、牲畜交易征收契税。晋室南渡之后，规定奴婢、马牛、田宅交易，需要输"估"，税率是百分之四，其中买主承担百分三，卖主承担百分之一。到了宋代，田宅交易"税契"的说法普及开来，宋太祖开宝二年（969），宋朝政府"始收民印契钱，令民典卖田宅输钱印契，税契限两月"②。这种"输钱印契"应该是税契后，官府在契约上加盖官印。这种税契后加盖官印的契约称为"赤契"，而没有税契的契约则称为"白契"。到了元代，正式出现标准的户部税契凭证"契本"。不过，统一由户部印造契本，有行用不便、供应不及时的问题。至元二十二年（1285），福建行省提到当地征收契税时"多不用上司元降契本，止粘务官契尾"③。到了大德四年（1300），元朝政府事实上已经承认了各州县"（税）务契尾"与户部"省部契本"具有同等效力④。徽州文书中保留下来至大元年（1308）的务官契尾：

01 徽州路总管府祁门县在城税使司

02 今据谢良臣赍到后项文契，计价

---

① 阿风：《明清时代妇女的地位与权利——以契约文书、诉讼档案为中心》，北京，社会科学文献出版社，2009年，第115页。

② 马端临：《文献通考》卷一九《征榷考》六《杂征敛·牙契》，北京，中华书局，2011年，第1册，第545页。又《宋会要辑稿》61之59，新授西京转运司高觊言《编敕》："应典卖物业，限两月自批印契，送纳税赋钱。限外不来，许人陈告，依漏税条例科罚"。刘琳等校点：《宋会要辑稿》，上海，上海古籍出版社，2014年，第12册，第7466页。

③ 陈高华等点校：《元典章》户部卷八《契本·税契用契本杂税乡下主首具数纳课》，第2册，第888~890页。

④ 陈高华等点校：《元典章》户部卷五《典卖·典卖田地给据税契》，第701~702页。

03 中统钞柒拾柒两，赴

04 务投税讫。本司照依

05 例画验价钞，例收税附历讫。所有公据，合行

06 出给照验者。

07 右付收执。准此。

08 至大元年十一月日给

（八思巴文）

09 税使司（押）①

这张被称为"公据"的文书，粘连在卖契②右侧，故称契尾。这是目前仅见的元代契尾原件。它四周花边，版框左上角大字印有"税使司"三字，右侧还八思巴字一行，就是"税使司"之意。

明朝初年，沿袭元代的税契制度。洪武元年（1368）颁布的《大明令》及现存的洪武年间的"户部契本"都记载了契税征收与田宅交易推收过割的法令：

> 凡买卖田宅、头匹，赴务投税。除正课外，每契本一纸纳工本铜钱四十文，余外不许多取。③

> 凡典卖田土、过割税粮，各州县置簿附写，正官提调收掌。随即推收，年终通行造册解府。毋令产去税存，与民为害④。

> 凡诸人典卖田宅、头匹等项交易，立契了毕，随即赴务投税。依例验价，以三十分中取一，就给官降契本，每一本纳工本铜钱四十文。⑤

田宅、牲畜交易，要向州县税务部门交纳契税，税率为三十取一，也

---

① 王钰欣、周绍泉主编：《徽州千年契约文书·宋元明编》卷一，第9页。
② 契尾粘连的卖契为《至大元年（1308）祁门洪安贵卖山赤契》，见《徽州千年契约文书·宋元明编》卷一，第8页。
③ 《大明令·户令》，[明]张卤辑《皇明制书》，万历七年刊本，《续修四库全书》史部第788册，第6页。
④ 《大明令·户令》，[明]张卤辑《皇明制书》，第8页。
⑤ 周向华编：《安徽师范大学馆藏徽州文书》，合肥，安徽人民出版社，2009年，第7页。

就是相当于三分税率。户部颁发的"官降契本"为法定的税契凭证。同时规定，典卖田土，要立即推收过割税粮，以免产去税存。

洪武十四年（1381）以后，随着十年大造黄册的推行，田土的推收过割往往在大造黄册之年进行，所以田宅交易契税征收也逐渐与黄册攒造紧密关联，成为黄册攒造的一个组成部分①。当时，虽然户部契本是法定的税契凭证，但行用并不广泛，地方多使用州县税务部门的印信契尾。同时从明初以来，明朝政府开始裁撤各府州县的税课司局，首先是课税额度较小的州县，到明代中后期，一些大县及府的税课司局也逐渐裁撤。随着府州县税务部门的裁撤，土地交易契税逐渐转由州县征收，"务官契尾"变成了"（州）县印契尾"。到了泰昌元年（1620），明朝政府又推行布政使司契尾（直隶为府契尾）制度。

清初继承了明代的布政使司契尾制度。到了雍正年间又推行契纸契根制度。到了乾隆十四年（1749）十二月，根据河南布政使富明的条奏，清朝政府又推行骑缝契尾制度。下面就是乾隆十四年以后新式的江南江宁布政使司契尾。

江南江宁等处承宣布政使司，为遵旨议奏事。奉督抚部院牌，准户部咨开：嗣后布政司颁发给民契尾格式，编列号数。前半幅照常细书业户等姓名，买卖田房数目，价银、税银若干。后半幅于空白处预钤司印，以备投税时将契价、税银数目大字填写钤印之处，令业户看明，当面骑字截开，前幅给业户收执，后幅同季册汇送布政司查核。等因。奉旨依议。钦此。钦遵。咨院行司。奉此。合印契尾颁发。凡有业户呈契投税，务遵定例，照格登填，仍令业户看明，当面骑字截开，前幅粘给业户收执。后幅汇同季册送司查核。转报院、部。毋违。须至契尾者。

计开：业户张先万买张西岩田房亩间用价银肆两纳税银壹钱贰分

---

① 栾成显：《明代黄册研究（增补本）》，北京，中国社会科学出版社，2007年，第88~91页。

布字肆百伍号右给业户准此

乾隆年月日

业户张先万买张西岩价银肆两税银壹钱贰分（半字）①

版刻契尾的天头大书"契尾"两字，契尾两字中间有"字号"二字。版框右半部（前幅）刷印户部与督抚推行骑缝契尾的法令，接下来填写业户姓名，交易的田房数目，价银与税银，然后是字号与年月日。年月日处正押布政使司全印。中间版刻有"业户""价银""税银"字样，已经预先钤盖布政使司印。书填姓名、数目后，在此骑缝截开。右半幅交给业户，用来粘连白纸契约，右侧骑缝处则盖州县印。左半幅则按季汇送布政使司查核。这种骑缝契尾后来一直行用到清朝末年。

2. 继承文书

在徽州文书中，与继承有关的文书的数量很多。继承文书包括了批契、分家书等。

批契是一种赠予契约，在徽州地区，尤其是在明代，父母将土地或土地收益以无偿赠予的形式留给他的女儿，这种文书叫批契。徽州文书中保存有《建文元年祁门谢翊先批契》②：

> 十西都谢翊先，自叹吾生于世，幼被父离，值时更变，艰辛不一。缘我男少女多，除女荣娘、严娘已曾聘侍外，有幼女换璋、注娘未成婚聘。见患甚危，心思有男淮安年幼，侄训道心性纲〔刚〕强，有妻胡氏，年逾天命，恐后无依。是以与弟谢曙先商议，令婿胡福应依口代书，将本都七保土名周家山……又将七保吴坑源……今将前项二处山地，尽行立契出批与妻胡氏圆娘名下管业，与女换璋、注娘各人柴米支用。候女出嫁之后，付与男淮安永远管业，诸人不许争占。其山未批之先，即无家、外人交易。如有一切不明及侄〔秩〕

---

① 《乾隆十九年休宁张西岩卖山赤契》附《乾隆江南江宁等处承宣布政使司契尾》，原件藏中国历史研究院，藏契号：116041904004。

② 《徽州千年契约文书·宋元明编》卷一，第43页。

下子孙倘有占拦，并听贵此批文经官告理，准不孝论，依仍〔仍依〕此文为始。今恐无凭，立此批契为用。

洪武三十二年

建文元年己卯岁十二月十九日谢翊先（押）批契

见人谢曙先（押）

依口代书婿胡福应（押）

虽然是建文元年的契约，但"建文元年"被涂掉了，改成"洪武三十二年"。大家都知道，明朝朱棣靖难之役后，不承认建文元年、二年、三年的年号，所以文书中的"建文"字样都被要求涂改。这张批契订立于建文元年十二月十九日，由其婿代书，并有其弟谢曙先为"见人"。立契人谢翊先是祁门王源人，为祁门谢氏孟宗第19代。其父谢富闰，字子诚，谢翊先在批契中说"幼被父离"，他可能早逝。从这两张批契可以看出，谢翊先想到还有幼女未曾婚娉，衣被（妆奁）并无，儿子淮安年幼，妻子胡氏终年无依，于是将两处山地"尽行立契出批与妻胡氏圆娘名下管业，与女换璋、注娘各人柴米支用"。一个家庭一旦处于"母寡子幼"之时，财产易遭人觊觎。更何况契中提到"有侄训道心性纲〔刚〕强"。谢翊先正是考虑到这一点，故临终之时立"批契"将财产批给妻、女。文书中还提到："候女出嫁之后，付与男淮安永远管业，诸人不许争占。"谢翊先可谓考虑得相当周到。这两张批契具有遗嘱批产性质。

分家书就是分家时所立合同文书，有"标书""阄书"等不同的说法。分家时，要将财产好坏品搭，让诸子抓阄来分配财产。分家书一般都是前面有序言，叙述家里的基本情况，说明分家的原则和应该注意的事项，最后是开列财产。分家书有散件（一张或两三张），也有簿册。《弘治十三年祁门谢阿汪立标书文簿》①就是一个簿册，分家书序言中这样写道：

旸源谢阿汪，名希仙，相潭汪舍芳女，长配旸源谢永达为妻，生有二男三女。有夫于成化辛卯年不幸病故，遗下贰

---

① 《徽州千年契约文书·宋元明编》卷五，第181~208页。

男,长以洪,年方一十六岁,次以明,年八岁。三女,长云英、次惜英、华英,俱幼。所有家务一应等项,俱索己身,只得挣揣,男婚女嫁。今幸不堕先志,家抵有成,承祖分授田租约有肆佰叁拾余秤,夫续置田租贰佰柒拾余秤。夫故后,是男以洪卓立,将众财物续置田租约有贰佰陆拾秤,共计荒熟田拾亩零。其契字是以洪名目,今俱载标书内分讫。其契字是以洪收掌,要用之日,毋许执匿。外有男以洪、以明各自妻财己置田地山场土名处所,并听己业,贰男毋许异言争论。今男女成行,本身年老衰倦,家务重大,不能管顾,于弘治六年间命贰男分爨各膳已讫。今凭婿余景等将户下田地山塘,肥硗登答,均分为贰,写立孝、弟二字簿扇,一样二本,各阄一本。已分者照依开去土名处所管业。其未分者,照依开去土名、处所同共对半均业。其一应山场田地,及竹园并漏落,不及逐一开写,并系对半均业。所有本户税粮,除贰男己买田山税粮自收自纳外,其余税粮不以民庄荒熟并亩步多寡为拘,并系对半均纳。所有已分并未分田地山场,倘有屋基风水,俱系众用,毋许独占。再议,拨换贰男己买田山地内若有风水,不在其内。自摽之后,二男各要遵守,毋许异言争论。如违,准不孝论罪,仍依此摽书为准。呜呼!噫嘘!汝父早丧,汝母孀居,上有公姑,下有子女,养生送死,辛苦百端,嫁女婚男,劬劳万状,兴言及此,痛裂心田。

汝等当以母心为心,毋忽毋怠,故嘱!故嘱!

分家书的序言往往就是一部家庭简史,而且作为法律文书,其中涉及家庭情况、产权关系的内容也相对真实。在这件由寡母主持的分家书中,登录的田地山塘等财产的清单就达25页,可以看出是一个相对富裕的家庭。在分家序言中,立书人谢阿汪首先介绍了自己的亲属关系,她本名汪希仙,是相潭汪舍芳的女儿,长大后嫁给旸源谢永达。可以知道女性在本家冠父姓,出嫁后冠夫姓,这实际上就体现出"在家从父、既嫁从夫"的礼法原则。谢阿汪之夫谢永达于成化七年(1471)病故,当时其长男谢以洪才16岁,次男以明只有8岁,这是一个母寡子幼家庭，"上有公姑，下有子女"，寡母谢阿汪承担了家庭的主要责任，包括公姑的"养生送死"，子女的婚嫁，可以说"辛苦百端""劬劳万状"。

虽然是母亲主持家庭事务，但按照明代户籍赋役制度，有子寡妻不能以女性名义立户，所以涉及土地购买等，只能是以儿子的名义，儿子是户籍上的"户主"，这实际上也体现了"夫死从子"的原则。这件分家书明确说明丈夫去世后，购买土地，"其契字是以洪名目，今俱载标书内分讫。其契字是以洪收掌，要用之日，毋许执匿"。以长子名义购置的土地不是他个人及其小家庭的财产，而是母子共居家庭的共同财产，分家时必须均分。同时，分家书中明确规定"妻财"置到财产为各个小家庭所有，不作为共同财产进行处罚，这也符合法律的规定。

3. 婚姻文书

徽州文书中还保留下来很多婚姻类的文书。中国传统社会的婚姻无须受到教会或者世俗国家这种公共权威的认定，确定双方婚姻关系的重要凭证就是婚姻文书。

古代的婚姻分成两种形式，一种是正式的婚姻，即礼婚，女儿出嫁到男方。现存的正式婚姻的婚书，多是清末民国年间。这种正式的婚书往往是用红色纸来写的。另外一种就是变例的婚姻，就是正式的礼婚，比如像入赘、招夫、童养、蓄妾等等。

在徽州文书中，保存下来很多非正式婚姻的文书。非正式婚姻对于双方的权利与义务往往有特别的规定，所以当事人更愿意保存下来。《洪武元年（1368）李仲德入赘文约》[①]就是一件明初的入赘文书。祁门县十都李仲德已经二十九岁，尚未婚娶，这在当时就是大龄青年了。有谢士云宅的长女菊娘尚未婚配，请亲眷谢元熙为媒，招李仲德到谢士云宅为养老女婿。"随即告禀亲房族长，已蒙允可"。根据文书的约定，李仲德过门合亲之后，要"侍奉舅姑二尊及管干公私户门等事。务在精勤，毋致怠惰"。同时，二亲在世，不许擅自回家。二亲去世

---

① 《徽州千年契约文书·宋元明编》卷一，第23页。

后,"倘要回宗,听从自便"。如果违反这些规定,任凭侄公赴官陈治。最后李仲德外,主媒、族伯、族兄依次其中画押。

4. 人身买卖文书

在徽州地区也保留下来很多人身买卖文书。人身买卖包括卖子(女)、卖仆、卖妻等情况。在明代,人身买卖文书也常常称为婚书,中见人也称"媒人"。这是因为明代法律规定庶民之家不准许蓄养奴婢,人身买卖也是一种非法行为。为了规避法律,当时的人身买卖文书改称婚书,以规避法律的制裁。

安徽省博物馆藏有一件嘉靖三十年的卖男婚书,其中写道:"立卖婚书十二都住人胡音十,今因缺食,夫妇商议,自情愿将男胡懒囝,乳名昭法","面议作财礼银叁两伍钱整"①。从现存的徽州人身买卖文书中可以看出,同等情况下,女孩的价格要更高一些。

徽州文书中还保存下来《万历三十九年朱周典妻契》②,朱周是徽州府人,因为家贫,到池州府的石埭县去做工,其间借钱娶妻,到期后无法还债,就把妻子典给他人,替人"生子顶宗坊老"。儿子长大之后,"妻随己回"。可以看出,"典妻"也是有一个年限的。虽然历朝的法律都禁止典妻,但"典妻"这种现象一直存在的。近代作家柔石的《为奴隶的母亲》这本小说就描述了典妻的故事。

5. 赋役文书

徽州文书中也保存下来大量的与赋役制度有关的文书。赋役文书包括户口册、土地册,还有垦荒帖文、丈量土地的丈量单,还有上下忙执照(串票)等。

明初进行户籍统计时,实行"户帖"制度。户帖就是当时进行人口统计,登记你的家庭财产人口情况,然后官府发给你一个帖文作为凭证,这就叫户帖。徽州文书中保存有《洪武四年汪寄佛户帖》③,户

---

① 《明清徽州社会经济资料丛编》(第一集),北京,中国社会科学出版社,1988年,第551页。
② 《徽州千年契约文书·宋元明编》卷三,第419页。
③ 《徽州千年契约文书·宋元明编》卷一,第25页。

帖的前半部分刷印了洪武三年推行户籍户帖制度的诏令：

> 户部，洪武三年十一月二十六日钦奉圣旨：说与户部官知道，如今天下太平了也，止是户口不明白俚，教中书省置天下户口的勘合文簿、户帖。你每户部家出榜，去教那有司官，将他所管的应有百姓，都教入官附名字，写着他家人口多少。写的真着，与那百姓一个户帖，上用半印勘合，都取勘来了。我这大军如今不出征了，都教去各州县里下着绕地里去点户比勘合，比着的便是好百姓，比不着的便拿来做军。比到其间有官吏隐瞒了的，将那有司官吏处斩。百姓每自躲避了的，依律要了罪过，拿来做军。钦此。除钦遵外，今给半印勘合户帖，付本户收执者。

明朝初年，作为起草诏令的翰林院官员记录皇帝的"圣语"，"不改增损"，所以明初出现了很多白话诏令，应该都是皇帝"面授"的诏令。不过，这些诏令"他日编入实录，却用文"[（明）黄佐《翰林记》卷十一《视草》]。同样的诏令又见于《明太祖实录》：

> 辛亥，核民数，给以户帖。先是，上谕中书省臣曰："民，国之本。古者司民，岁终献民数于王，王拜受而藏诸天府，是民数有国之重事也。今天下已定，而民数未核实。其命户部籍天下户口，每户给以户帖。"于是，户部制户籍、户帖，各书其户之乡贯、丁口、名岁，合籍与帖，以字号编为勘合，识以部印。籍藏于部，帖给之民。仍令有司岁计其户口之登耗，类为籍册以进。著为令。（《明太祖实录》卷五十八，洪武三年十一月辛亥）

对比两个文本，就可以发现，《实录》不仅文言化，而且还删除派军队进行"点比"的内容。可以看出文书作为原始文本，史料价值最高。

洪武十四年，明朝正式开始推行赋役黄册制度。明代前期的黄册原件现在很少见，目前所见最早的黄册文书是《永乐宣德年间祁门县李舒户黄册抄底》①。当然这依照原样抄录的。从中可以看出，黄册是

---

① 《徽州千年契约文书·宋元明编》卷一，第 54~56 页。

采用四柱式登记的格式。"四柱式"很早开始应用于户籍登记。四柱就是旧管、新收、开除、实在四项内容。"旧管"就是家里原来有几口人、有多少田地、房屋;"新收",指的是新买了多少土地,增加几口人;"开除",指的是家里去世了几个人,土地卖掉多少;"实在",指的是现有的人口与事产数量。

6. 商业文书

徽州也保留下来很多商业合同、商业账簿等。

《明万历四十一年(1613)祁门县郑元祜等卖木蚀本均赔清单合同》[①] 是一张典型的商业合同。奇峰郑元祜等人在万历三十九年合伙拼买杉木,到江西饶州"造槹",顺江往瓜州(洲)发卖。"不期节遇风潮,漂散捆木,又遇行情迟钝,耽误利息","以致蚀本"。于是众"今托中鸣誓,将原流买木并在瓜卖木各名下支银逐一查算明白",分别确定均赔清单,然后订立"合同五纸,各收一纸为照"。

7. 诉讼文书

我们往往对中国古人的诉讼存在一种误解,认为古代有"无讼"的理想,认为古人打官司告状这种事情不会特别多。但是现在通过大量的资料可以看出,古时候老百姓和官府之间的关系也是很密切的,有些很小的事情,也会去官府去告状。当然这也有一个时代的差异,比如说明代中前期打官司告状要少一些,但是到明代中后期打官司告状就多一些了。清代中前期也少一些,嘉庆以后就很多了,都些都被称为"健讼"的现象。那个时候,不仅逐级上诉的情况很多,也有很多越诉,甚至京诉、京控的现象。

目前存世的诉讼文书以清代地方衙门档案为主,包括淡新档案、宝坻县档案、巴县档案、南部县档案,等等。不过,这些档案都是清代官府衙门的案卷。明代的诉讼文书,除了辽东档案有少量遗存外,只有徽州诉讼文书最为丰富。

不过,徽州地区保留下来的诉讼文书,只有少量的官府卷宗,多

[①] 《徽州千年契约文书·宋元明编》卷三,第438页。

数则是民间收藏的"抄招"形式保留下来的。所谓"抄招",就是诉讼结束后,胜诉的一方向官府提出请求,将诉讼卷宗抄录下来,官府再发给帖文为照。以后再发生诉讼纠纷时,抄招可以用来作为证据。

徽州诉讼文书保留下来一些诉讼文书的原件,比如《成化五年祁门谢玉清控告程付云砍状纸》①就是一张"告状"的原件,其中有朱笔"查勘"字样。现存的清代的诉讼状式多数是格眼状,但那是清朝雍正年间普及开来的。在明代,状纸多是白纸(白板状),写上告状人的姓名、地址、告状的缘由。官员如果不准状就会驳回。如果准状的话,就要作出"行勘"等批示,然后"立案",开始进入诉讼过程。

准状之后,官府要发出"信牌"传唤被告与证人等。《万历三十六年歙县正堂票》②就是当时的传讯信牌,其与现代意义上传票相似。这张正堂票包含了三部分内容,左侧概述了原告的告诉理由,中间部分为版刻文字,说明了通行的拘传过程。右侧则开列要传唤的正犯、干证诸人姓名,以及由何人拘传,并添注缴票日期。通过其中的版刻文字,可以知道当时通行的传唤过程是先将票送至被告的邻家,由邻家通知被告按时赴审。如果被告拒绝赴审,邻家则向官府禀告复命,这时官府才准许派遣差役前来拘提。这张正堂票则注明"差原告""改差约里"。意思是说先是差原告传讯被告,后又改差乡约、里长等人持票传唤被告。通过这张传讯票的规定可以看出,到了明末,至少从法律规定上,朱元璋不轻易派差役下乡的理念一直保持下来。

到了清代初年,告状还使用白板状。雍正以后,格眼状开始普及开来。最初的格眼状是立式,乾隆年间开始变为横式。格状最右栏有代书的戳记。如果涉及旧案,也要对于旧案做一简要的说明。状式首先要然后写明告状人的姓名、住址,然后是告状的理由。格眼状有固定的字数(220格左右),同时明确禁止双行叠写,以限制状词的字数。不过,从现存的状式可以看出,双行叠写的情况也不少。状式的左半部分,则是官员写批语的地方。

---

① 《徽州千年契约文书·宋元明编》卷一,第186页。
② 《徽州千年契约文书·宋元明编》卷三,第387页,原题名《歙县拘票》。

清朝的状式一般还粘连一张状式条例。所谓状式条例，就是规定告状的一些细节性规定。比如说你告田土纠纷，必须要提交契约，否则就不准状。当时的状式条例中明确规定妇女不能成为直接的被告。对于一般户婚田土案件，也就是相当于今天的民事案件，妇女也不能成为原告。即使是寡妇，也要由其子或其他近亲男性亲属作为代告。又如，告盗窃罪，必须写明被盗物品的数量，等等。

中国古代的诉讼缺乏终审制，不像我们现在一般的民事案件有两审终审制。所以古代的告状是可以不断地重复地去告，翻控现象很严重，这就造成很多案件积年不能解决。同时，中国古代没有专门的司法官员，特别是在县一级，知县同时就是司法官员。一旦当事人上诉，就意味着你的行政能力受到了怀疑。所以，地方官一听说你这人要到上诉，或者京控，就视你如寇仇一样。这实际上跟当时的司法监察体系有密切的关系。

四、徽州文书的史料价值

近代著名学者王国维说过，"古来新学问起，大都由于新发现"。自清朝末年以来，推动中国历史学研究的最重要的材料不是一般的官修史书，而是文书档案，还有出土资料，这就是所谓的新出史料。我们都知道，研究秦汉史，简牍是最重要的新史料。研究隋唐史，敦煌吐鲁番文书具有很大的价值。在元史研究中，黑水城文书的意义也非常重要。而在明清史研究中，徽州文书的地位也越来越重要。

使用史料的时候，应该首先对于史料的层次有一个基本的了解。在现存的各种史料中，最原始的史料是文书，其他包括实录、正史等都是在文书的基础之上编纂而成。如前面所见的洪武三年实行户籍户帖制度的诏令在文书与实录中不同写法可以看出，原来被认为比较原始的实录也有很多修改。

研究地方社会，我们常用的史料有地方志、家谱、契约等。国家图书馆分馆也有地方志阅览室和家谱阅览室，我也常常来这里看家谱和地方志。不过，地方志与家谱作为史料都有一定的局限性。地方志虽然是地方政府主持编写的公籍,但与正史"兼书善恶"不同,志书"专记善、不录恶"①,事关地方的很多争议性问题,志书采取回避的态度。民间编修的族谱作为一种宗族编写的私籍,更是奉行"书美不书恶"的准则,而且很多记载"掇拾讹传、不知考究",又多有删改、伪造的内容。因此,在使用方志与族谱时,必须考虑其可信度。而契约虽然文字相对单一,缺乏背景性描述,但作为当时各种社会经济行为、法律行为的原始文件,其可信度相对较高,可以在很大程度上弥补地方志、族谱等史料的不足。

所以不论是中央的正史编纂系统,还是地方志、家谱的编纂系统,文书都扮演很重要的角色,文书是中国历史研究中基础的史料。

---

① 康熙《徽州府志》,赵吉士序。

清华契约文书

仲伟民

一、绪　　论

为推进社会经济史研究研究，清华大学特别注重契约文书的收集和整理，清华大学图书馆近年来新进了一大批珍贵的契约文书。本堂课以我和王正华合作发表于《史学月刊》的一篇文章《契约文书对中国历史研究的重要意义——从契约文书看中国文化的统一性与多样性》为基础，主要从理论上以及与中国历史研究相结合的角度，谈谈契约文书和中国历史的关系。

中国历史研究的推进，主要得益于新史料的发现整理以及新方法的引入运用。契约文书正是一种非常重要的新史料，对研究历史，尤其是研究明清史、社会经济史非常重要。契约文书自20世纪初被学界重视，当时主要运用于农村经济状况、土地制度、租佃关系等经济史领域的研究，从20世纪80年代开始，学术界对契约文书的研究不断深入，涉及经济史、社会史、法制史、文字学、民俗学、文物学、档案学等诸多领域。除历史学界外，法学界也较多运用契约文书，有几本非常有影响的著作都出自法学学者之手。法学学者从法制史的角度对契约文书进行研究，他们的研究对我们启发很大，因为我们在使用这些材料的时候，一定会涉及相关的法律关系。我们利用契约文书进行研究的过程中，可以对一些非常具体的问题展开讨论，学术界不少学者对当、抵押、典、活卖、绝卖等相关问题进行过研究，这些研究对了解中国古代国家法、民间法，以及了解中国古代的相关制度有很大的帮助。

目前为止，尽管许多学者已经进行了一些基础性的研究，但是这些研究也还是有非常大的局限，这些局限可能也是需要突破的地方。比如在研究当中大家喜欢运用举例法，直接用一些契约和案例来论述某个问题，这些契约和案例对文章的观点的确有支撑作用，可是如果拿到其他地方，或者对整个中国历史或者更广阔的地区进行研究和比较的话，可能就会出现问题。所以我们还是想从非常具体的个案研究当中摆脱出来，能够上升到一定高度来进行观察。在中国内部，自然地理、风俗习惯、社会经济等诸多条件的差异，造成了各地区域发展道路呈现出多样化的特点。同样重要的是，中国在政治、经济、文化等各个层面的统一又使得各地呈现出相似的面貌。那么，我们怎样把握一致性和特殊性的关系就非常重要。如果既能把具体的区域研究得比较清楚，又对中国的区域有比较宏观的把握，我想我们的研究就会更加有说服力。在这一讲中，我重点跟大家交流以下三个问题：契约文书对研究中国历史的意义，契约文书从哪几个方面揭示中国历史真实的样态，以及怎样从契约文书看中国文化的统一性与多样性。

二、意义与价值

第一个问题是契约文书对于研究中国历史的意义。自20世纪初以来，契约文书的不断发现，为研究中国传统社会的制度、经济、文化等提供了珍贵的新材料，可是我们真正重视契约文书，尤其是将契约文书运用到研究当中是比较晚的。20世纪初，日本在台湾和东北进行大规模的私法调查，形成了《台湾私法》（1909—1911）、《契约及书简文类集》（1916年）、《满洲旧惯例调查报告书》（1913—1915）等调查资料与研究报告。除了系统地介绍两个地区的法律惯例外，还以附录形式收录了大量的清代民间契约文书，这应当是最早对契约文书的搜集工作。

从当前相关整理研究工作来看，契约文书呈现出数量多、分布广、价值大等特点。根据对契约文书有过深入研究的厦门大学杨国桢先生的估计，"中外学术机关搜集入藏的明清契约文书的总和，保守的估计，也当在1000万件以上"。不知道杨先生是怎么估计出来的这个数量，可能是根据福建这一个地区有多少契约文书，全国其他地区相应也应该有多少这么算出来的。实际上，契约文书在各地保存状况非常不一样，我每次回山东都有所留意，但我们县保留的契约文书非常稀少，可是安徽、福建、山西等地就有非常多的契约文书。在这些文书当中，大家最熟悉的可能就是徽州文书，20世纪50年代以来多达数十万件徽州文书的面世最引人瞩目，吸引了很多学者去研究，到20世纪80年代，徽学这门新兴学科蔚然兴起。在新时期，尤其是80年代以后，更多的契约文书不断地被发现整理出版，其中影响力较大的文书群主要是清水江文书、浙江石仓契约、太行山文书，以及中国社会科学院经济所、厦门大学、山西大学、上海交大、清华馆藏契约文书等。从契约文书的覆盖范围来说，福建、广东、贵州、云南、江苏、浙江、山东、四川、江西、湖北、山西、河北、陕西、甘肃、辽宁、内蒙古和香港、澳门和中国台湾等各地的明清契约文书都有大量发现。

契约文书研究的代表性成果较多，其中张传玺教授主编的《中国历代契约会编考释》大家用得比较多，这本书收录了各个朝代、各个地区的契约文书总计达1402件。2001年，著名收藏家田涛先生从其个人收藏的5000余件契约文书当中优选出950件，出版了《田藏契约文书粹编》，汇集了明代以来全国各地的契约文书，囊括了大量的经济协议和官方册籍，涉及明清以来广泛的民事活动和法律规范。2014年，北京大学出版社出版了《中国历代契约粹编》，收录范围更广，包括历史各时期，计2500余件。除此之外，民间也不断有零散的契约文书出现。就发现整理数量而言，南方多于北方，而且北方的契约文书发现相对比较零散，当然这两年的情况有所改变，在北方地区发现的契约文书越来越多。就研究状况而言，同样呈现出"南强北弱"的态势，北方地区研究成果总体是分散、零碎的，近年这种状况也正发生改变。

契约文书的研究整理，对我们加深对中国历史的理解，尤其是加深对中国明清社会历史的理解非常有帮助。我认为从目前来看，契约文书是我们研究明清时期社会经济史最好的材料，当然，我们要研究某一个问题，比如研究土地、人口、环境变迁等问题，我想还是要在基本典籍的基础之上，再充分利用这些新发现的材料，不能一开始就从这些契约文书入手，就文书谈文书，就材料看材料，这样最后很难看出东西来。

目前研究契约文书不同学科的学者比较多，当然我们历史学者可能还是最为关注，因为这批契约文书对我们研究经济史、社会史和法制史非常重要。就经济史而言，研究土地制度、土地交易方式、地价、土地经营规模、交易物（土地及其他物品，例如林木、粪厕等）、交易费用时，这些契约文书是最直观的材料。从社会史的角度来看，主要是从契约交易所涉及的人物及其关系出发，结合社会结构，来分析当时的一些社会现象，例如交易双方的身份与地位、第三方参与者的作用（主要是中人问题）以及宗族、社团、保甲等组织对于交易的参与等。法制史的重点研究对象是中国古代牵涉司法审判的契约问题，主要从国家对于契约的法律规定、地方政府对于契约的司法认知以及解决办法、契约在司法裁判中的效力与作用等方面来使用这些材料。那么在讨论这些问题的时候，尤其是在讨论社会史和法制史这些相关问题的时候，我们可能就会面对一些问题，比如中国古代有没有契约精神，我们怎么样理解传统中国赋予契约的身份特征与权利等问题。总而言之，契约文书是我们研究和观察中国历史最好、最直接的一批材料，是中国历史变迁最生动的载体，是古人经济交易活动最真实的写照，透过每份契约，我们可以了解到中国历史上人们生活的实际样态。以上是第一点，向大家介绍了契约文书对我们研究中国历史的意义。

第二个问题是，为什么说契约文书在一定程度上揭示了中国历史最真实的样态？我想可以从以下三个方面观察。第一点是务实精神，我们学了大量通识课，其中就包括传统文化推崇的一些理念，这些理念在我们的脑海里面印得非常的深刻，可是大家想没想过，这些大道理正是通过社会生活中一个个关于财产所有、婚丧嫁娶、土地买卖、继嗣分家的案例生动体现出来的。我们在学传统文化推崇的一些理念时，可能就忽视了这些细节，而且这些细节也很多根本就反映不出来。也就是说，这些大道理和老百姓的实际生活，我们学的大历史和真实的历史，实际上差别是非常大的。契约文书反映或者所写都是一些非常实在的内容，是民间社会实际发生的事情。为什么？因为契约文书从来不记那些大的道理，它写的内容都是这些非常实在的内容，关于这一点，我们通过阅读具体的契约文书就有非常深刻地体会。在契约文书中，我们可以看到一些在正典里面难以看到的内容，比如契约的书写、交易方式、期限规定和实施过程等，这些都是老百姓从自己的日常生活当中总结出来的，和老百姓实际的生活密切相关。包括还有乡原俗例、宗族法规、行业法规等，这些在我们的法典中很少有，可是这些东西才是我们真正的习惯法。也就是说，习惯法的产生与传统社会中个人所处的家族、地域有非常大的关系，中国各地的风俗千差万别，但是也有一致的地方，通过这些契约文书都可以得到很好的反映。

　　契约文书为什么在明代以后越来越多？这和明代以后宗族的形成，或者宗族在各地的影响越来越大，可能有非常密切的关系，关于这个问题，我觉得还有很多的地方值得大家去研究。现在大家对宗族形成了一种基本的共识，很多学者认为是在明代中期宗族力量对于地域社会的作用逐渐增强。这个情况到底是不是这样的？我想可能是因地而异，比如宗族组织在明清时期南北方的差别非常大，南方在这个时期的宗族力量是大大加强，而在北方到明清，尤其是到了清代以后，宗族的势力可能渐渐松弛，当然，这是我自己看文献、看书的感觉，不一定对，这也可能和目前发现的相关材料以及材料的多少有非常大的关系，我们暂且先根据目前学术界的一些基本的共识出发。根据赵世瑜老师的研究，明清时期北方的社的影响越来越大，那么社和宗族到底是一种什么样的关系？它有可能会重叠，可是北方的社和传统的宗族组织到底有多大的区别？以徽州为例，像祭祀、户婚、立嗣、赋役等民事纠纷，多经宗族组织根据族规家法等进行公处、族论。在土地买卖契约中，经常有族长参与，大多都是根据家族法规来进行处分。同时，宗族作为一个独立的整体，自身也会参与到各种交易之中，其行为自然遵循宗族内部的规定。在宗族之外，至少自宋代以来，大大小小的这种社、会组织，存在于不同的社会领域和人群当中，也在各地发挥不同的作用。这些社和会在北方地区存在的数量更多，影响应该也更大。总的来看，契约的诸多内容更多是为了老百姓实际生活的需要，而不是单纯地符合某种理想。中国的契约体现的是一种重实用的实践逻辑，具有很强的世俗性，涉及民间日常生活的方方面面，比如交易物品不仅包括土地、房屋这些特别重要的不动产，甚至还有农具、牛马、粪坑、茅厕、树木、水井等很细碎的一些内容。在我老家，对粪场、晒场可能往往邻居之间有个通俗的约定就可以了；可是很多地方为了产权的清晰，即使是一个粪场、一个晒场或者一个看上去并没有用的祠堂，他们还是往往把它写到契约里面去。

大家看这个关于粪场买卖的契约：

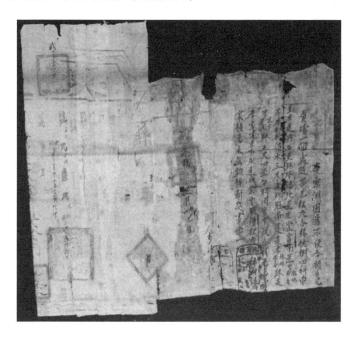

立卖契人李宗渊因为不便，今将自己粪场一处，随带原粮二合，椿槐树四科［棵］，东至李运兴，西至路□德，北至李宗富，南至李旺林、李荣喜。有李□□、李荣喜滴水三尺，水路旺南走，走李旺林、李荣喜路，走李宗吉、李运兴路五尺，四至分明。同官中说合，情愿出卖与李宗才名下永远成业，言明价银二十五两证［整］。两家情愿，永无翻［反］悔。断契书字，一切在内。

同人：李涌厚。

道光十四年正月二十七日

这个粪场能卖25两的价钱也不低,就这么一个简单的粪场,实际上它的文本格式也都是非常标准。

我们在契约里也能看到典妻的现象。不管是因为什么样的原因典妻,应该说都是违背伦理道德的行为,可是这种行为在民间其实非常普遍。大家看下面这件民国元年的典妻契约:

出于爱好赌钱玩耍,运气不佳,输于李保财白银五百八十两,实无力归还。通人担保,将妻王氏于次子仁保(仁保正哺乳)一并典于李保财三年,所生子女为李家后代,期满解银五十两赎人。如银钱不便,可延期半年,半年后再不赎人,王氏将永为李家成员,空口无凭,立为证。

典妻人　赵满录

接典人　李保财

承保人　赵福明

　　　　赵伍垚

民国元年十月二十日

我们来看具体的内容。民国元年十月,赵满录出于爱好赌钱玩耍,运气不佳,输给了李保财580两白银,这是一个天文数字。因为无力归还,赵满录将妻子王氏与次子仁保一并典于李保财三年,在这三年当中，所生子女为李家后代，期满后赵可以拿着50两银子来赎人，如银钱不便可延期半年，半年后再不赎人，王氏将永为李家人，空口无凭，立为证。这就是民间真实的生活状态，大家想想，要还580两白银，除非发大财，否则他永远搞不到这笔钱。这种契约的实践和实用理性，在契约的形式当中也有很多体现，比如要立契约的话，肯定要画押，要签名，可是很多农民不识字，那么他怎么签字画押？于是他就用一种非常简单的形式，画个圈来表示画押。

从目前契约的书写来看，契约的代写人一般都是乡土社会稍通笔墨的书生，这些人有一定的文化水平，可是文化水平也不太高。另外他们写字也可能是为了一般人也都能认识，所以他们往往会用大量的俗字、俚语和假借字。虽然我们从契约文书看到好像是有许多错别字，其实它不一定是错别字，只是当地老百姓习惯那么用，他们不愿意写那么多笔画，他们就习惯那么写，时间长了就变成一个俗字。大家看这件契约里的"言明价银共合艮［银］数三口正"一句，"银"字的金字旁就没写，还有很多类似的情况，比如"亩"字写成"厶"，"毫"字写成"毛"字。这些我们在读契约的时候要注意，读多了，自然就能认识这些字。民间契约文本虽然受到官方主流文化以及典籍书写的影响，呈现出一种规范化的趋向，但这种趋向更多地体现在契约文本的格式方面，也就是说在格式上越来越规范，可是在契约的很多的文字表达方面，还是有很多的俗字、俚语和假借字。由于契约文书主要目的是表达实际信息、保存记录，具有很强的实用性，因此民间知识系统便成为契约文字书写的"主要参考文献"。这些语言文字来源于百姓的朴素认知和长期的经验积累，我们在第二次汉字简化的时候，就运用了很多这种民间俗字，所以我们讲第二次汉字简化的有些字体现了这种民间书写的传统。

刚才我们讲到契约文书在一定程度上揭示了中国历史最真实的样态，那么第一点就是它的务实精神，或者说它的实践理性，第二点可以称为"契约精神"。契约精神是大家经常提到的一个概念，也是制度经济学一个非常重视的要素。契约精神是近代西方现代社会兴起的重要支柱，与此相类比，近年来学界就中国传统社会是否存在契约精神或者契约（法）秩序这一命题展开了讨论。就这一问题，学界目前大致可以分为三种观点：第一种观点认为中国古代社会存在契约秩序，传统时代的中国人一直有契约精神。第二种观点认为中国古代社会有契约精神，但并不是西方意义上那种契约精神，谈到这个问题的时候，有的学者就会认为国家权力或皇权对于契约交易的干涉造成了契约的不稳定性。关于这一点，王家范老师和刘志伟老师都有一些相似的看法。第三种观点是针对这个问题发问，共同强调中国历史的特殊性，像杨国桢、岸本美绪和法学学者俞江就持这种观点。杨国桢先生是直接就不同历史语境来进行理解的，他认为，"在西方，从身份到契约意味着劳动者人身的解放。但在中国地主制下，劳动者身份的解放却不能单凭有无契约来衡量，甚至契约有时还意味着劳动者身份性的加强"。这个挺有意思，就是说你有契约不一定就意味着双方的权利均等，反而意味着你对我的依附性更强。岸本美绪对中国传统社会理解有很多非常独到的地方，她的看法特别值得我们注意，她认为，"在中国社会里，私法性的关系通过民间个别缔结的大量契约自发地形成和发展，并显示出相当复杂的面貌。但是，如果承认这一点的话，像旧中国这样大规模的复杂社会，究竟是什么样的机制支撑或维系着这种私法秩序并使其在一定程度上顺利运转的呢？这似乎是一个谜"。因此，岸本美绪认为旧中国确实不是"研究者心目中理想的'契约社会'"。这给我们一个非常重要的启示，就是说我们不能拿现在的教科书，尤其是法学教科书上的那种契约来理解中国古代的契约，如果这样的话就根本没办法理解。另外，俞江讲得也很有意思，他说："在信用和效力这两个基础层面上，中国传统契约与古罗马契约，以致和任何一个民族社会的契约都没有区别。"与近代以来西方社会强调意志自由的成熟的契约类型相比，"所不同的是，中国传统契约所遵循的是宽泛的底线伦理，因此可以将大量身份的特别是等级身份方面的内容不加筛选地包容进去。如果以这一差异作为两种契约的典型特征加以区分，或许可以将中国传统契约定义为一种'身份型契约'。而把近代人的观念中的那种契约定义为'自由型契约'"。俞江讲得有一定的道理，可是我觉得这个可能还是有一些问题。上述学术分歧的产生，表明学者们看待问题的出发点不同,即对于什么是契约精神这一概念性问题没有统一的认识。称中国传统社会是契约社会显得过于夸张了,或者说是简单地拿现在的一些契约概念去套古代社会或从某些方面去进行比较,这肯定是有问题的。但是说中国文化缺乏契约精神,同样也是不恰当的。从契约材料和历史过程来看,民间社会对契约精神的维护及运行,有一套经历长期实践所形成的机理,在一定程度上保证了中国基层社会的正常运转。

契约本身有内部要素和外部力量双重因子,共同约束保证其正常运作。外部力量主要是习惯法、国家法规以及政权认证的作用。内部要素是就契约基本内容而言,包括契约当事人姓名身份、立契时间、缘由、交易物的性质、交易额、交易形式、到期日、可能的情况、权利义务的规定等内容,和现代社会契约要素基本一致。正是从这两个方面,保证了中国古代契约能够正常地运行。另外,传统契约文书中有两个重要的保证制度,能够确定契约的效力。一个保证制度是瑕疵担保,这是法学上的一个术语,包括物品的瑕疵担保和交易的瑕疵担保。瑕疵担保一般是意思表示方保证交易物品的完整性或对交易物品的残缺情况进行说明,其次是保证此项交易是正规合理的,如果有特殊情况,由意思表示方一力承担,即契约中常见的"若有违碍等情,由卖主一力承担,与买主无涉"等语。另一个保证制度是中人、保人、见人、保甲长、乡约、村长等第三方的参与。由于中国传统契约带有身份性特征,因此无法保证绝对的自由平等,第三方的参与使得交易双方处于暂时的、局部性的契约平等环境中。一旦契约履行出现问题,第三方无论是在协调过程中还是在司法审判里都能起到巨大的作用。总之,正是在外部力量和内部因子的双重作用下,才保证了契约写立、履行和纠纷解决的可操作性和合理性,以上是第二点契约精神。

第三点是从契约文书看我们国家的法治精神。一般的观点认为中国古代政府派出官吏只到县一级,县以下的广大农村实行自治,这种说法有一定道理,但并不完全准确。撇开目前关于国家力量对于乡村社会控制究竟如何的争论不谈,可以说中国广大农村地区有自己独特的运行机制和自治体系。在几千年的时间中,中国如何实现地方自治?

宗族、乡绅的作用不容忽视，但民间社会的自治功能同样十分巨大，契约就是维持地方自治的非常典型的一种方式。我们现在的学者研究明清法制史，大多都是关注像《大明律令》《大清律例》等官方颁行的成文法典，但是如果我们仅仅从成文法来理解中国历史上的法律，是有很大局限的。像寺田浩明就认为，如果从更为广阔的视角来认识古代法秩序，明清时期，一般民众在日常生活中大量地使用"契"或"约"的书面材料，而这些书面材料对平民百姓的日常生活或日常社会关系非常重要。中国古代成文法比较重视牵涉人命、叛逆、财政等这些大的刑事案件，可是和百姓生活息息相关的，像户婚田土钱债此类事务的规定，在国家法典里面相对来说就少很多，可是这些在各种各样的契约里面就体现得非常多。

关于中国古代有没有民法的问题，学界有非常大的争论，但是如果我们跳出国家的正规法典之外，就会发现在长期的历史积淀过程中，广大的农村地区存在普遍的、持续的契约实践活动。人们利用契约，辅以外部力量，实际上形成了一套朴素完整的习惯法，这些习惯法规范着百姓的日常生活。这些为当地老百姓所接受的习惯法对老百姓来说可能更加重要，对他们的日常生活影响更大，而国家的那种正规的成文法可能和他们并没有太大的关系，因为老百姓涉及的一些案件往往就是一些非常细小，就是户婚田土钱债这些事务，很少涉及一些非常大的案件。所以我们讲各种各样的契约文书牵涉到百姓日常生活的方方面面，经过长期的实践和筛选过程，逐渐得到社会认同。我们经常说的"官有政法，民从私契"，实际上就是讲这个问题。

为了将契约交易纳入政府可控制的范围之内，杜绝私约现象，保证契税收入，从宋代开始政府不断地推行官颁契纸以进行规范，并就契约交易尤其是田宅内容进行法律上的规定，所以我们看到规范性的这种契约文本，在宋代以后才大量出现。官颁契纸的出现使契约这一出现于民间的制度形式有了"准法律"的意义，从其内容上看，是吸取了民间私约的内容并将其格式化而成，反过来又推进了契约格式的标准化。我们经常讲红契、白契的问题——红契有官府盖章，白契没有。在早期，应该说民间私立的白契是被国家禁止的，官方想杜绝白契，当然是要想避免税收的大量流失。可是完全杜绝实际上是根本不可能，后来政府也没办法硬性执行，所以也只能从众，只能视而不见。国家法令规定官契和私约在举证效力上有差异，之所以有差异，就是因为官府刚开始不承认。像雍正朝明确规定，回赎典卖旗地时，如果是红契，那么这个典卖者是可以全价收回来，可如果是白契，只能是半价赎回或者不给价。但是在实际审判过程当中，尤其是对一般的这种民间的买卖，白契和红契实际上没有太大的区别，尤其是如果已交纳赋税的话，红契和白契在法律上几乎有同等的法律效力。对于契约所涉及的户婚田土钱债内容，政府一般视为"民间细故"不问。只有涉及诉讼、税收等问题时，官方力量才会介入，首选的办法是由民间自行调节，其次是通过黄宗智先生所言"第三领域"的官民协调方法来解决，实在不行才会进行判决。而官员在判案过程中的准则会因人、因案、因时、因地产生差异。但无论怎样，契约作为产权凭证的作用都十分巨大，契约在司法审判过程中是被当作非常重要的证据对待的，甚至可以左右案情的走向。无论是在官府看来，还是民间社会的认知，双方都将自愿所立契约作为解决问题的重要凭证，无论是白契还是红契，所以这也导致后来伪契的大量出现。契约的辨伪非常重要，县官对于如何辨识契约的真伪和在何种程度上承认契约的法律效力有一套自己的专门知识、经验和逻辑。也就是说，你能不能对这个案子进行正常的合理的审判，和你读契的能力有非常大的关系。

  国家层面有"国家法"，相对于国家法，习惯法乃"民间法"，包括宗族法、行会法、契约法等。在"天高皇帝远"的日常生活世界，习惯法实际上就构成了秩序的基础，"说'民间法'生长于民间，只是就其起源而言，并不意味着其发展完全是在国家之外，与国家法毫无干系"。梁治平先生这段话非常重要。所以我们说，国家法的一部分来自于民间法，而民间法在国家法没有覆盖的那些地方进行了很好的补充。正因为这样，我们说契约在官方和民间这两个层面都得到了认可。民间发生纠纷或冲突时，人们最先想到的解决方法不是诉讼、通过官府来解决，首先是想通过非法律手段即民间调解来解决，我想这是我们了解中国传统社会的一大关键。就像冯学伟在《明清契约的结构、功能及意义》中讲的，通过这种"非诉讼纠纷解决机制——民间调解来维持原本和谐的乡土社会秩序，并在互相礼让中得到和解，这是一个具有很大灵活性的民间纠纷处理系统"，这点非常重要。无论是官府的判决，还是民间社会的认知，我们看到两者都将自愿所立契约作为解决问题的重要凭证，这个官司的双方无论是谁，只要哪一方谁能够提供正规的契约，大家还是很服气。因此，我们说契约是维持中国传统社会稳定的一大利器。以上是第二个问题。

第三个问题是从契约文书看中国文化统一性和多样性的关系。在这个问题上，费孝通先生有一句话讲得非常好，他说，在中国这样广大的国家，个别地区的微型研究能否概括中国国情？将一个村庄看作全国农村的典型，用它来代表所有的中国农村，那是错误的。但是将一个村庄看成是一切都与众不同，自成一格的独秀，也是不对的。我觉得我们可以把费孝通先生这句话作为我们的指针，尤其你在进行个案研究的时候，怎么看个案和总体、特殊性和统一性的关系？我想这种辩证关系，费孝通先生讲得非常到位。从这个角度看，契约文书是我们观察中国历史真实样态的一个极好载体。契约文书的表现形式多种多样，同时基本核心内容又十分相似，这是为什么呢？主要原因就在于中国历史具有统一性与多样性的特点。研究各地契约文书有利于我们理解和比较中国各地经济文化发展的差异，也有利于我们总结中国文化的统一性特点。我们在研究每一个地区的时候，脑子里面要有全国的整体概念，可是在谈论全国的时候，又要注意各地的这种差异性，这是我们在研究中国历史的时候要特别注意的一点。我在很多场合讲，不能把江南作为中国最为典型的一个区域比较去做研究，江南可不可以代表中国？我说可以。可是你仅仅只把江南来代表中国可不可以？我说绝对不可以。这一点非常重要。

我们可以讨论一些比较具体的问题，比如典和活卖。典与活卖二者都是有条件的回赎，因此很多学者都认为典和活卖在性质上都是一样的。但是一些学者通过对很多地区的契约文本进行研究，认为典和活卖二者的性质实际上有很多不同，其主要区别在于典并不发生产权的转让，而活卖则会发生，其具体表现则是赋税的起推过割。目前在文献中可以找到国家法关于典与活卖进行区分的一条材料,是《钦定大清会典事例》卷七五五"户律田宅"记载的清乾隆二十四年定例:"凡民间活契典当田房,一概免其纳税。其一切卖契,无论是否杜绝,俱令纳税。其有先典后卖者,典契既不纳税,按照卖契银两实数纳税。"这条材料主要是针对是否需要纳税,对典和活卖进行了区分。但是,从契约实例中也可以找到活卖契中不提及税赋交割的情况,如明"天启五年张应鉴卖园赤契"。按理来说,典不需要缴纳契税,同时也不需要进行过割,但是我们可以看到有时候典也会出现赋税推割的情况,如清乾隆三十八年"歙县许景洛典田契"。虽然活卖是一种买卖,但它可以回赎,国家规定无论是否回赎,只要是卖,就必须要把赋税过割,可我们在契约里会发现,既有不过割,也有过割的情况。之所以出现上述情况,是因为中国历史悠久、地域广阔,各地情况复杂多样。我们从学术研究的角度可以进行分类,但是在民间日常生活中,典与活卖可能并没有那么严格区分。实际上,典与活卖二者在民间的认知是混淆的,同时也是清晰的,因为当事人双方都明白。我们需要根据具体的契约文本来辨析,回到具体的历史语境,而不是简单地认为典与活卖是相同的或者是不同的。不仅典和活卖,田面田底权利的表达也存在这种情况,其称呼各地有很多种,例如田皮田骨、田根田面、小租大租、小买大买、税田苗田等,还有称佃户为"顶首""粪质"的情况,针对不同的情况,需要对这些词的含义进行具体的区分,同一个词在不同的情况下意思可能正好是相反的。关于这一点,寺田浩明说过:"田面田底惯例在各个社会经济的背景及其不同功能的作用下,必然具有地区性、时期性的差异,尤其对惯例的发生时期的划定、地域分布以及盛衰变化的量性测定本身就是很大的研究课题。"

契约尤其是土地契约作为第一手材料被大量发现,具备时空上的连续性和集中性等特点,受到经济史尤其是土地问题研究者的青睐。这些土地契约被利用来研究当时的地价波动、土地经营规模和土地兼并等诸多问题,但需要对这些材料进行仔细鉴别。比如,契约中涉及很多度量衡及数字表述问题,一定要特别地小心,如果不能很好地把握,研究成果的说服力会大大减弱。虽然王朝定制之初,往往会对度量衡进行统一化、标准化,但中国的地域太大,实际情况更复杂。就像大小亩的问题,"即一省之内或一县之内,亩之大小亦不尽同",我们在研究各地的地价问题的时候,就会特别的注意。比如这个地方一亩地值 25 两银子,那个地方的一亩地值 50 两银子,你很难说这个地方的地价比那个地方的地价更便宜,也许这是小亩,那是大亩。当然,为了符合国家赋役征税的需要,清代土地契约之中也多有标注税亩的。

目前学术界争议最大的是关于土地权利分层的讨论。传统中国土地交易经过长期演变衍生出各种各样的形式,例如租佃、永佃、典、押、活卖、绝卖等,学者们对此进行研究时引入多重的权利概念进行诠释。在这个问题上,最有代表性的是龙登高老师和曹树基老师。龙登高老师在他的土地制度研究当中,引入法学中的物权和产权经济学中的产权概念,将土地权利分为所有权(自物权)、他物权(用益物权、担保物权)、使用权(用益物权)、地租等多个层面。曹树基老师则摒弃了所有权概念,分为处置权、收益权和使用权。他们的出发点都是原始档案和材料,其目的均是为了构建一个合理的理论框架,力图从根本上对传统中国的土地交易形式进行合理的解释,他们的研究对推进中国土地制度的研究都做出了非常重要的贡献。龙老师的本意是结合法学、经济学、历史学的多重概念构建自己的一套解释体系,其中引入了大量的法学概念,但正是这些概念本身的冲突导致了解释体系出现了某些漏洞。例如英美法系和大陆法系本就不同,将二者的概念混同使用,自然会出现让人困扰的地方,例如使用权和用益物权的区别何在?地租能否算作一种权利?同样,曹老师在论证中提到耕作权,其和处置权和收益权区分何在?难道耕作本身不是一种处置和收益?关于他们二人相应的争论以及所涉及的一些问题,在这儿我就不仔细讲了,说实在话,这些问题我也不是太清楚,尤其是过多的引入了法学的一些概念之后,我觉得引入得越多,好像解释得就越复杂。对我们历史学者来说,适当地引进法学和经济学的概念非常有必要,不然就没办法对话,因为现在我们的研究实际上都是在使用这种社会科学研究的方法和话语体系。如果完全丢弃掉这套话语体系,我们就没办法讲话。我想,我们还是应该更多地回到历史场景,对历史场景比较熟悉了之后，再使用这些概念，那么这些概念的运用可能就不会那么生硬。总之，在契约文书与土地制度研究中为何产生如此多的分歧？是材料、视角、方法哪个环节的问题，还是问题本身蕴含的问题？我认为，这些问题说到底，根本原因还是要归结于中国历史的独特性上面，即中国历史的多样性，这种多样性在时间与空间两个维度都有充分的体现。

目前我们发现的契约文书的数量很多，可是契约文书的相似度也很高，如果我们没有比较好的理论和方法的话，那么看着这一堆材料是很难找到问题的。到明清时期，尤其是到明中叶以后，全国各地契约文书在格式、结构上趋于统一，这与民间契约的广泛流传、使用有关，更与明清时期社会经济的发展、全国市场格局的形成等有密切关系。这种契约的统一性，是不是和明清时期中国逐渐形成或者说基本形成了一个统一性的全国市场有关？我想大家可以思考。统一性的市场可以通过各种各样的角度去研究，比如像徽商、晋商在全国进行大范围的交易，比如像运河、长江对经济的作用和影响，从这些角度都可以认识。随着明清时期这种全国性市场或者说统一市场的形成，实际上整个中国的文化交流也是越来越广泛，体现在契约文本上可能就越来越统一。大家可以看这位19世纪来过中国的西方学者所写的这段话，他说，地契虽然没有法定的格式，但是并未因各地不同的格式而发生纠纷，因为说明契约内容的专有名词到处都是一致的，谁要是熟悉了一个地区的一般格式，他就会易于理解并于必要时遵守其他地区的特殊风俗习惯。

根据现代学者的研究，契约文书之所以逐渐各地逐渐统一，实际上还有一些具体的原因。第一个原因是这个时期契约类书的广泛传播，尤其是日用类书，从宋元以后在各地普遍的使用，传播越来越广。第二个原因是官府推行官版契纸对民间契约文书的示范作用。宋以降的历代王朝政府在推行官颁契纸方面都做了很多工作。明初朱元璋规定各地都要实行这种统一的契约文本的格式，到了清代，尤其是清前期，官府也是大力的推行官办契纸。第三个原因是"法语"、"法谚"、契约中的"套语"这些民间习惯表达的力量。以乡土社会田宅交易而言，就有诸如典、卖、顶、退、找、贴、断、赎、田皮、田骨、长租、借耕等法语，这些特定的法语，都是民间长期交易和长期实行已经形成的习惯。随着交流的增多和交流范围的扩大，这些法语逐渐在各地得到广泛的传播。正是在上述多种力量的综合作用下，才使得契约在格式和内容上出现了统一化的趋势。这是我向大家讲的三个方面的内容。

下面是一个简单的结语。从契约文书角度研究我国多民族国家的历史同样非常有用。为什么这么讲？近年来，不仅华南、华北、华中及中原等广大地区发现大批的契约文书，而且周边少数民族地区同样也发现了很多有价值的契约文书。再一次回到我原来的主题，为什么我们可以从契约文书来看中国的统一性与多样性？契约文书不仅在汉族地区，实际上在少数民族地区也非常典型。乜小红等学者经过研究发现，周边少数民族地区使用的契约文书同汉族地区非常相似，甚至就是"对汉地契式的一种仿效"，在内容上大同小异。目前学者研究所涉及的周边及少数民族契约文书种类非常之多，如汉晋时期的佉卢文契，北朝至唐的粟特文契和于阗文契，唐代的吐蕃文契，唐至元代的回鹘文契和蒙古文契，西夏至元的西夏文契，明清时期的察合台文契，以及西南地区各个少数民族用汉语书写的各种契约等。根据乜小红的总结，周边少数民族这些文契有一些共同的特点，"在接受汉地契约格式和精神的同时，又结合本民族的社会制度和风俗习惯，形成一些适合本民族内习惯行用的契约模式"。这些研究成果弥补了传统研究成果不足，因为此前研究大多根据一般文献材料以及考古成果，极少利用契约文书。

总之，契约文书的大量发现和刊布为学术研究的推进提供了丰富的第一手史料，同时也引发了学界的诸多争论，推进了学术研究的深入。面对着历史学的社会科学化，史学研究开始大量借鉴社会科学的理论和方法，解释框架和模式不断被创造。从契约文书出发，我们既可以借鉴多学科方法对传统中国尤其是乡土社会的务实精神、契约精神和法治精神等内容有更为深入的理解。同时，对契约文书的深入研究和比较，也有助于我们加深对中国历史统一性与多样性的理解。这里我想讲两个方面的意思，一个方面是契约文书对我们研究中国历史非常有帮助，另一个方面是，只有对中国历史有了更深入、更全面的了解之后，我们才能对文书进行研究，不然的话很难理解。当然能够真正利用契约的是极少数的学者。无论是历史学者还是法学学者，要对契约文书进行研究的话，一定要加深对历史中国历史的理解。就契约文书目前的研究来说，有的学者往往忽视了中国文化的多样性与统一性的这一特点。通过我们上面对这些相关论证的讨论可以看出，仅仅靠借鉴理论进行创新研究是远远不够的，我们更需要的是尊重中国历史与文化的多样性与统一性，从具体的时空语境出发，来探讨各个时期各个区域的历史问题。

这堂课我讲的题目比较大，大家真正具体使用契约的时候，还是要首先解决一些技术性问题。大家如果有时间的话，可以到清华大学图书馆看看，那里有各种各样的契约，都是非常好的资料。在座的诸位中，王正华的研究涉及契约文书，现在就请王正华来谈谈他的体会。

三、如何使用契约

王正华：

运用契约文书第一个重要的问题，就是契约文书的相似性。现在大家在运用契约文书时遇到了很多困难，所有人的研究都在复制，无非就是一种在区域上的横向拓展，包括龙登高老师和曹树基老师的框架。我拿着他们的框架，到另外一个区域，发现了一批新的契约文书，我在讨论这个区域的所有权问题也好，还是说那些土地权利的分割问题也好，完全就变成了一种模式的复制，甚至有的人可能复制得还不太好，也没学到他们两个人的精髓，只是在那儿复制，我觉得这是现在契约文书研究面临一个很大的问题。这种复制的背后，其实还是对于理论框架的理解，包括我自己对关注的产权问题的思考也不够，这是我说的一个问题。第二个很重要的问题是，新材料固然是好的，但利用契约文书是一种锦上添花，包括我自己写博士学位论文，如果仅使用契约文书，我绝对是支撑不起来我的博士学位论文的。所有的问题都还是从制度史，或者说是基本的文献里面出发的。但是契约文书的好处在哪里？就是我在处理这些问题的时候，契约文书往往会给我很多启发，我在读的时候会发现很多点，能跟那些文献结合在一块，能看到一些互动的过程，我觉得这个是比较好的。刚才老师这一堂课已经讲了契约文书的重要性，我讲的这两点可能是我们如果真正用契约文书的时候需要思考的重要问题。

其实具体的问题很难跟大家讨论，我在写博士学位论文的时候，不光是用了契约文书，也讨论了官田的问题。说实话，官田很少有契约文书，因为旗地不允许买卖，不太可能留下来文书，留下的可能有执照，执照是官府发的一种土地证明。王府的庄田更不可能有契约文书，那是很难见到的，只能在档案里面可以看到。我讨论的问题，也都是一些家族、里甲等问题，这些问题很多前辈学者已经有了很多研究，不是说我们拿一些契约文书就可以来讨论的，如果说我们之前的研究没有看好的话，直接拿契约文书就来讲，其实是很难讲清楚。包括刚才老师讲到的社和宗族问题，我在文章里也讨论了社和山西的宗族，我当时就看了好多这种宗族或家族的研究，才能说把我这个地区契约文书里看到的情况跟前人能有对话。我觉得可能这是现在我们年轻一代学生的一个通病，就是我拿一个新材料之后，就材料谈材料，这样是有很大问题的，必须还是要从基本的制度出发。这些新的材料可以给我们很好的问题意识，也可以在写作的时候锦上添花，我觉得这是最好的。

(感谢毛悦同学协助修改文字稿)

明清档案的历史遗存、百年刊布与研究展望

李国荣

清华大学历史系的各位老师和同学，大家下午好！

今天围绕着明清档案这一国家文化宝库和大家做个交流，共同分享一下明清档案文化。

先向大家介绍一下，我所在的中国第一历史档案馆是明清两朝中央政府和皇室生活档案的保管基地。它的前身是1925年故宫博物院成立时下设的文献馆，1980年正式命名为中国第一历史档案馆。中国第一历史档案馆保存档案1067万件，其中明朝档案3600余件，清代汉文档案800余万件，满文档案200余万件，另有部分蒙、藏等少数民族档案和英、法、俄、日等外文档案。在明清两朝，大内档案一直是森严管理秘不示人的，非经特许，即便是朝中重臣也不能随意查阅翻看。这巨量的明清档案，历经沧桑传承下来，可以说是中华民族的文化瑰宝，也是世界珍贵的文化遗产，越来越得到社会各界和国际社会的重视。明清档案与殷墟甲骨、居延汉简、敦煌藏经一起，被称为20世纪初中国古代文化的四项重大发现。

从20世纪初算起，明清档案的抢救整理已有近百年的历史。几代明清档案人薪火相传，经历风雨沧桑，创造了明清档案文献编纂刊布的辉煌业绩。那么，明清档案到底有着怎样的历史文化价值？近百年来明清档案的整理刊布为国家和社会做出了哪些贡献？昔日皇家秘档又是如何走进我们这个时代的？带着这些问题，让我们一起探访这座东方宝库。

我们今天交流的话题是明清档案，各位同学是否注意到这样一种情况，如果走进图书大厦，或者上网检索史学研究成果，会看到有关明清时期的历史，特别是清史，其研究成果相对更多一些，出版的专著更丰富一些。纵观历史，我们对古代五千年文明史感到骄傲，而对

清朝，则人们的关注更多一些。清史成为二十五史研究中相对凸显的断代史。为什么？我想有两点。第一个原因是，清朝离我们现今的中国更近一些，其影响也就更大更直接一些。今天我们国家的边疆、民族、宗教，哪怕是地震、水灾、矿产等一系列的问题，要寻根找据，要看历史的源头，昨天是什么样子，这类问题以前是怎样处理的，首先要看离我们最近的王朝。清朝是离我们最近的一个封建王朝，所以我们探究历史上的什么事，都先找到清朝，这是一点。第二个原因，就是有明清档案这座文献金矿的留存与支撑。如果研究秦汉隋唐这些断代史，我们所依靠的是什么？依据是什么？是数量很有限的二手文献，而二手文献是经过整理编撰的，不是第一手史料，再一个就是陆陆续续披露的一些考古发现。明清史研究则是大为不同，有上千万件的档案留存下来，相对而言是比较系统的，自然也就比较容易出成果。直到今天，也还有好多档案没有被看过，没有被研究过。我们搞史学研究，最注重新鲜的第一手资料，而档案就是第一手的，是最原始的。所以说，研究明清史，尤其是清史，具有得天独厚的巨量原始档案的资源优势。

下面，就让我们一起走进明清档案的历史长廊，看看明清档案的艰辛历程和事业辉煌，共同探讨一下明清档案丰厚的历史文化底蕴和珍贵价值。

一、明清档案与国运沧桑

明清档案作为民族文化遗产，应该说是与国家共患难同沉浮，是与国家民族的命运息息相关的。

我们这个专题课是"文书档案中的历史"。如果从档案含义的角度来看，我国的档案文献太悠久了。所谓档案，我想应该有两点，一个是人类活动过程中形成的原始材料，再一个是上面有相应的历史文化信息。比如说商代，大家都知道安阳殷墟甲骨，有大量刻在龟甲、兽骨上的文字，我们可以称为甲骨档案。周代出现了青铜器，那么青铜器上刻有诸多铭文，可以称为铭文档案。到了秦汉时期，有不少石鼓，上面刻有文字，于是称为石鼓文，故宫现在还专门有个石鼓馆，这些又可称为石鼓档案。在汉代，有大量的竹简产生，上面刻有内容丰富的文字，我们称为竹简档案，像甘肃的居延汉简、长沙马王堆汉简、南昌海昏侯墓汉简，等等，都属于竹简档案。东汉蔡伦造纸以后，纸的发明大大推动了文字的传播，纸质档案由此巨量产生，当然纸质档案是最不容易保存的。各位同学，我们这里看到，若赋予档案元素，古代档案从甲骨、铭文、石鼓、竹简一直到纸质，是各式各样的载体。那么，今天更了不得了，声像档案、音像档案、数字档案、多媒体档案等等，档案的载体在不断更新，档案的概念也在不断发展。

历朝历代的纸质档案，经过千百年的风雨和战火，留存下来是极其不易的。辽宁省档案馆保存的唐档，只有6件，是唐明皇开元年间，在吐鲁番有关抓捕盗犯的记录、官府的兵丁名录以及寺院的名册。在西藏档案馆，存有一些元朝忽必烈与西藏地方往来的档案。相对来说，明清时期尤其是清朝，档案保存下来的是比较完整系统的。这里顺便说一下，明清皇家档案库皇史宬，为了防火，完全是砖石结构，没用一块木头，里面152个存放皇家档案的柜子都是铜皮鎏金，所以人们用石室金柜来形容和描述明清皇家档案的珍藏。

但是，明清档案能够留存下来也是历尽磨难的，首先是经历过两次战争的劫难。一次是1860年英法联军火烧圆明园。圆明园是康熙赏给雍正的园子，雍正、乾隆、嘉庆、道光、咸丰这五朝皇帝，多数时间都在圆明园办公理政，由此在圆明园留存了大量的档案。当英法联军闯进圆明园，这里的档案也惨遭浩劫，清朝官员事后奏报说，战火损毁"满汉两屋所存档册不下千余册"，上千册的档案被烧掉了。再一次是1900年八国联军侵入北京，主要是各部院衙门近200来年的档案被损毁。皇家档案库皇史宬保存的《实录》和《圣训》也遭到抢劫。档案记载，《实录》《圣训》被八国联军抢走的有51函235卷。美国兵抢走的《实录》，至今还保存在美国普林斯顿大学。

除了列强抢劫，在腐败的乱局下，自己人也糟蹋这些档案。最让人痛惜的一次是在光绪年间，光绪二十五年，即1899年，一次就火烧档案 30 万件。为什么？晚清时期，档案库房风吹雨淋，发生虫蛀、霉烂，保管档案成为负担。朝廷认为，这么多档案留存着，既占地方又没有用，干脆当废纸处理掉吧，结果一次就烧掉 4500 捆，约 30 万件。这些档案要是留下来，我们可以得到多少历史信息啊！

另外还有一次，溥仪刚刚登基的时候，他父亲载沣当上摄政王。但这载沣年纪轻轻，不知道这摄政王怎么当，每天怎么上朝，如何理政？载沣想到清初多尔衮曾经当过摄政王，就让官员们去查找多尔衮如何摄政的档案，想做个参考。那些官员们在多少个档案库里翻箱倒柜地找，也没找到什么（笑）。载沣追问为什么找不到？官员们说，档案堆里都是些没有用的东西，想找的反倒找不到。于是，朝廷又要烧毁一批。这事让张之洞等一批官员知道了，当即上折子，拦下了，总算免了一次自己糟蹋。

还有一个典型事件，是"八千麻袋事件"。1921 年，已经是北洋政府时期，财政紧张，当时在端门的门楼上放了一批明清档案。有人提出，处理这些档案，补一补职员薪水。结果，存放在端门的 15 万斤大内档案，装了大约 8000 麻袋，当成废纸卖给了西单的同懋增纸店，卖了以后，这些档案就要化成纸浆，重新造纸。就在这时，清朝旧臣罗振玉出现了，他找到纸店老板，要买回这些明清旧档。当初纸店老板买这些废纸档案花了 4000 银元，现在却是敲竹杠，经过讨价还价，罗振玉最后用三倍的价钱，花了 12000 元，才把这些档案买回来，才使这批明清旧档没有被化成纸浆重新造纸。这些档案辗转流离，大多保存下来。正是由于"八千麻袋事件"，宫藏巨量明清档案开始被世人所知，为学界所关注，乃至轰动世界。

1925 年故宫博物院成立，下设文献馆，旧址在故宫东华门内的南三所，专门负责管理明清两朝旧存档案。文献馆是中国第一历史档案馆的前身，是中国历史上第一个具有近代意义的档案管理机构，是我国近现代档案事业的开始。

在抗战时期，明清档案有过三次大迁移，第一次是南迁。为什么南迁？1931 年"九·一八"事变，日军占领了东北，紧接着战火要烧到华北，烧到当时的北平。故宫的国宝是继续存放在紫禁城里，还是运往外地，一时争论不休。一部分人说，为了保护这些国宝免于日寇战火，应该迁走。当然还有更多的人认为，迁运国宝会动摇军民抗战的决心。最后议来议去，还是在秘密状态下南迁。1933 年，故宫的文物分 5 批南迁上海，总共有 19492 箱，其中档案占了 3773 箱。到了 1936 年，在南京朝天宫那里建了临时的库房，文物档案又从上海运到了南京。这里展示给大家的图片，分别是在太和门前文物档案进行装箱的照片，第三批文物档案的木箱在午门内装车行进时拍的照片，还有在南迁运输途中用竹排载运装有档案文物的卡车渡河的照片，一路上颠沛流离。

我们再看一下西运。随着淞沪抗战的到来，南京也岌岌可危。为了躲避日寇战火，1937 年存放在南京的故宫文物档案又开始西运，西运的国宝总共有 16735 箱，档案是 2038 箱。西运分三路，北面一路，从南京开始，经过郑州、西安、宝鸡，到达峨眉山，这一路共 7286 箱，档案占了 956 箱。中间一路，是沿着长江而上，经过汉口、重庆，最后到了乐山，这一路的文物档案总共是 9369 箱，档案占了 1082 箱。南面一路，是从南京到长沙，然后到桂林、贵阳、安顺，最后到巴县，装了文物 80 箱。这里看到的图片，是 1937 年北路档案文物在川陕公路上艰难运输的情形。

1945 年抗战胜利。1947 年，西迁到四川峨眉、乐山、巴县的故宫文物档案运回当时的国都南京。1949 年，国民党败退台湾，一部分文物档案从南京运到了台湾，运走了多少呢？总共是 2972 箱。北京故宫现存文物 180 万件，台北故宫的文物总共是 30 万件；中国第一档案馆保存的档案是 1067 万件，台北故宫和"中研院"保存的档案总共 70 万件。由此造成了明清档案分存两岸的历史状况。

我们回望这段历史，真真切切地感到，明清档案的沧桑舛厄，确实是与国家、与民族的命运息息相关。而明清档案历经劫难最终能够留存下来，这一文化遗产能够存世，实在是我们民族的文化幸事，也是世界文化幸事。

二、明清档案与国学大师

各位老师同学，接下来，我们看看明清档案与民国时期的国学大师、与当代的史学大家有着怎样的情缘。

先说鲁迅先生与明清档案。鲁迅是文化旗手，是民族魂。鲁迅在1912年5月的时候来到了北京，在教育部任职，担任主管社会文化事业的社会教育司的科长。这科长还是不小的官儿（笑），那时候没有处，是司之下直接设科，相当于现在的处长。鲁迅先生在这个时候多次接触到大内档案，特别是"八千麻袋事件"，让鲁迅尤其感到震惊。看到大量档案的流散，鲁迅在1928年1月专门写了一篇文章叫《谈所谓"大内档案"》，发表在《语丝》周刊上。鲁迅在这篇文章里揭露当时的官僚政客对历史档案极端不负责任的态度和公开抢劫、盗窃，深切感叹："中国公共的东西，实在不容易保存。如果当局者是外行，他便将东西糟完。倘是内行，他便将东西偷完。"鲁迅的话真是入木三分，特别的尖刻，这是他看到大内档案的损毁而发出的感慨和呐喊。

我们再看王国维有关大内档案的三篇文章。王国维曾经在溥仪小朝廷的南书房供职。什么意思呢？就是说，皇帝读书的地方叫南书房，王国维曾在这里给溥仪当老师。1911年辛亥革命，1912年溥仪退位。退位以后，清室仍然享受优待条件，继续住在后宫。这段时间，王国维利用给溥仪做老师的机会，看到了不少档案，他先后写了三篇文章，向社会推介明清档案。第一篇是1913年写的《内阁大库书之发现》，发表在《东山杂记》上；第二篇是1922年写的《库书楼记》，发表在《观堂集林》上；第三篇是1925年写的《最近二三十年中中国新发见之学问》，刊发在《静安文集续编》上。王国维对明清档案情有独钟，持续向世人披露"罕有知其事"的宫藏珍档，津津乐道地指出"自汉以来，中国学问上之最大发现有三"，"内阁大库之元明以来书籍档册"乃为其中之一。

还有蔡元培先生，对明清档案也是功莫大焉。蔡元培曾经任中华民国教育总长，也曾担任北京大学校长、中央研究院院长。他在北大做校长的时候，曾经给教育部专门写了一个报告，请求将内阁档案拨为北大史学材料。他推动教育部将历史博物馆原存的内阁档案拨到北京大学来，并且召集胡适、李大钊等15个学者组成档案整理委员会。各位同学注意，李大钊是个坚定的革命者，同时他也还是个档案整理者，还是个学者（笑）。蔡元培组织的这个档案整理委员会，对内阁档案进行了整理、分类、刊布，做了大量的工作。蔡元培在做中央研究院的院长时，同时还担任故宫文献馆的理事长，专门负责档案的收集整理，他大力筹集款项，收购"八千麻袋事件"中流散在社会的档案，归入中央研究院历史语言研究所，使内阁大库档案最终得以保存下来。

再看一位国学大师，叫傅斯年。傅斯年是著名历史学家，也是文字专家。他后来去了台湾，任台湾大学的校长。傅斯年在档案抢救方面贡献也很大，在得知"八千麻袋事件"后，他多处方奔走呼号，为抢救这些档案尽了极大的努力。特别是傅斯年还组织人员对明清档案一边清理、分类、编目，一边编纂、印行，公之于世。在傅斯年主持下，专门成立明清史料编刊会，由傅斯年、陈寅恪、朱希祖、陈垣、徐中舒5人担任编刊委员，陆续编选出版《明清史料》10编，共有100册。这是早期明清档案史料的整理，在那个时候是相当艰难的。我要和同学们说一下，我在编写馆史时看到一些材料记载，在文献馆时期，大量明清档案的移交，都是成捆成筐的来算，或是拿着大秤来秤多少斤，没时间去细数多少件。所以，从事明清档案工作的前辈们，他们一边清理、一边编目、一边刊印，实属不易。

另外，郭沫若与明清档案也有很深厚的感情。他在1960年曾经写了一首诗，题目就叫《题赠档案馆》：

前事不忘后事师，自来坟典萃先知。
犹龙柱下窥藏史，呼凤舆前听诵诗。
国步何由探轨迹，民情从以识端倪。
上林春讯人间满，剪出红梅花万枝。

郭沫若不仅给档案馆题写了诗，我们馆大门口"中国第一历史档案馆"的馆名，也是郭老给我们题写的。

国学大师们对明清档案的极大关注和倾情投入，充分反映了国人对民族文化珍存的敬重。同时我们也看到,明清档案整理、编纂、刊布这个过程,也成就和增添了国学大师的光彩。接下来我们看看,当代史学大家特别是明清史专家们对明清档案的珍贵价值是怎样异口同声地称道的。

中国人民大学清史研究所开拓者、中国史学会会长戴逸教授在1995年中国第一历史档案馆成立70周年大会上致辞时强调,明清档案"被历史学家们认为是研究清史和近代史最重要的第一手材料,离开了档案就不可能做严肃的深入的研究。所以第一历史档案馆是我们巨大的历史文化宝库,有着几乎取之不尽的文化资源和历史材料。"戴逸教授当时十分感慨地谈道,中国第一历史档案馆为清史研究"提供史料,促进研究,加惠学子","我带的近20位中外博士生,全部到一史馆度过很长时间,许多博士生的论文材料70%~80%利用的是档案。"这是戴老的由衷感慨。

南开大学原副校长、历史学家郑天挺教授在《清史研究和档案》专文中谈道:"研究明代、清代的历史,比研究历代的历史有其优越的条件,这是由于明代、清代的《实录》都保存下来了。研究清史比研究明史条件更好,不仅有《实录》,而且还有很多历史档案资料。"郑天挺教授进而指出:"历史档案在史料中不容忽视,应该把它放在研究历史的最高地位,就是说,离开了历史档案无法研究历史。靠传说、靠记录流传下来,如无旁证都不尽可信。历史档案是原始资料的原始资料,应该占最高地位。"

中央民族大学王钟翰教授曾畅言治学体会:"我是一个历史工作者,如果没有档案,我就没有发言权。"

国家清史编纂委员会副主任朱诚如教授深切感言:"历史档案具有原始性、真实性、可靠性,它能直接传递历史的原貌、历史的真实,不充分利用历史档案的结果,就会出现史实的失真。"

还有不少国外历史学家、汉学家对明清档案的珍贵价值发出由衷感叹。日本史学家神田信夫教授根据长期从事明清史研究的经验,专门撰文谈道:"最有助于明清史研究的,还是由于明清档案大量保存下来，要说不利用档案就无法进行明清史研究活动，是毫不言过其实的。"

纵观历史学界，几代明清历史学家从档房走出，明清档案成就了一批又一批明清史专家，大大推动了明清历史研究领域的拓展和专项研究的深入。中外历史学家以档治史的学术辉煌，以及专家群体的感悟，已经成为一种共识，这就是：明清历史研究离不开明清档案。

三、明清档案的百年刊布

明清档案是明清时期中央政府留存的国家记忆，是紫禁城皇室生活的直面写真，具有原始性、唯一性、权威性、丰富性这些鲜明的特征，由此成为明清历史研究不可替代的独特资源。那么，近百年来，几代明清档案人都整理、编辑、出版了哪些主要的档案？我想在这里和大家一起捋一捋，也希望为老师们做课题、为同学们写论文提供一些资料信息，今天就算为大家服务一下（笑）。

说起来，明清档案作为国家典藏，历经百年，可谓薪火相传，就像接力棒一样，一棒一棒地传承下来，明清档案这座金矿不断得到挖掘。这种服务社会的开发，大致可分为如下三个时期。

第一个时期（1925—1949年），明清档案拓荒式地整理出版。1921年的"八千麻袋事件"，开启了抢救明清档案的艰辛历程，并推动了明清档案专门保管机构的产生。1925年故宫博物院成立，下设文献部（后改称文献馆），专门负责管理明清档案，这是中国第一历史档案馆的前身。文献馆时期，虽然社会动荡不安，老一辈明清档案工作者及历史学家克服重重困难，仍是陆续整理出版了一批明清档案史料，拓荒式地开辟了发掘公布明清档案的管档用档之路。由此出现了我国近代史上编印档案文献的首次高潮，明清档案逐渐走向社会。

第二个时期（1949—1980年），明清档案管理体系基本得以奠定，编纂出版奋力前行。新中国成立后，自1949年至1980年，明清档案的管理机构曾几度变迁：1949—1955年，为故宫博物院文献馆；1955—1959年，为国家档案局第一历史档案馆；1959—1969年，为中央档案馆明清档案部；1969—1980 年，为故宫博物院明清档案部。这一时期，明清档案工作的突出特点是，通过政府指令，经过国家征集调拨，陆续形成 1000 余万件馆藏规模，明清档案的 74 个全宗管理体系基本建立起来。在这一特殊时期，明清档案的整理出版受国家政治形势影响较大。1949—1965 年，明清档案编辑出版一度较为活跃，当时主要配合国家政治文化需要，重点出版反清革命、反帝侵略的专题档案，编纂选题往往具有较强的政治性。1966—1976 年"文革"期间，明清档案工作受到冲击，编纂出版几乎停顿。70 年代后期，特别是 1978 年十一届三中全会以后，明清档案整理出版得以迅速恢复和发展。

第三个时期（1980 年至今），明清档案整理出版的突出特点是全面服务社会。1980 年中国第一历史档案馆正式命名，成为中央级国家档案馆，明清档案事业迅猛发展。20 世纪 80 年代以后，影印技术规模性引入，这一出版方式保持档案原貌，出版公布的档案信息误差小，更具可靠性，而且影印出版速度快，周期相对短，更适于大中型出版项目，因此备受社会各界欢迎。进入 21 世纪以来，明清档案整理出版呈现出多层次多形式系列化的发展态势，其突出特征是：选题范围拓宽、出版数量激增、编辑方法多样。在社会各界的共同参与和支持下，明清档案的整理编纂丰富多彩，实现全方位多层面地服务社会。

百年以来，几代明清档案人不间断地传承与创新，对蕴藏宏富历史信息的明清档案进行了全面深入的发掘。我们做了个统计，1925—2020 年，共编纂出版版明清档案史料 250 种 3492 册，其中 1980—2020 年编纂出版 185 种 3061 册。这巨量原始档案的整理刊布，为国家中心大事提供了有力支持，为明清历史研究构建了厚实的文献基石，为社会各界的文化建设奉献了价值独特的历史真凭，从而打造了明清档案文献编纂刊布的百年辉煌。

接下来，我想分为档案文种、档案专题、档案丛刊三个部分，对明清档案的系列刊布做个归拢分享。

1. 第一部分，先说说明清档案按文种的系列刊布

按档案文种进行的系统出版，是明清档案整理公布的重要形式。

其特点是，对社会关注度较大、学者利用率较高的某些类别档案，进行全面整理，予以系统性地刊布。在众多明清档案工作者努力下，先后有十余类档案付梓。

一是明朝档案系列。《中国明代档案总汇》是馆藏有明一代珍贵档案的总集，时间起自洪武四年（1371），止于崇祯十七年（1644）。全书101册，辑录题稿文件类3535件、武职官员簿册类102卷、宫中抄存典籍类12部。另有辽宁省档案馆藏明末辽东问题档案710件。全面反映了明代职官、防务、战事、财政、外交、文化等多方面内容，其中天启、崇祯两朝档案居多。在《锦衣卫选簿》中，有郑和下西洋的有关水手的记载、李自成起义的作战情况、辽东清兵对明军作战的情况等等。如果是研究明史，宫藏明朝档案已经全部影印出版了，可作参考。

二是清朝皇帝的谕旨系列。《上谕档》是清代军机处专门记载皇帝谕旨的档册，每年按季装订成册。雍正、乾隆、嘉庆、道光、咸丰、同治、光绪、宣统这8朝的《上谕档》均已影印出版，总共出版了144册，而且已经实现全文检索。

三是清帝起居注系列。皇帝的起居生活记录，始于汉代，延续两千余年。历朝起居注册大都散佚无存，只有清代的起居注尚比较完整地存世。清代《起居注册》，起自康熙十年（1671），止于宣统二年（1910），中间略有缺佚。其中包括满汉两种文本，又有正本与稿本之别。康熙、雍正、乾隆、嘉庆、光绪、宣统这6朝的《起居注册》业已分批影印出版，总共有141册。

四是朱批奏折系列。奏折是清朝高级官员向皇帝直接报告政务的最主要的文书，皇帝用朱砂红笔批示过的奏折叫朱批奏折。馆藏汉文朱批奏折48万件，满文朱批奏折14万件。其中，《康熙朝汉文朱批奏折汇编》《雍正朝汉文朱批奏折汇编》《光绪朝朱批奏折汇编》已影印出版。

五是清朝官员履历折系列。官员履历引见折，是清代官员觐见皇帝时进呈的简要履历。皇帝在召见对答后，大多在官员履历折上留下评语。现存履历折，始自康熙六十年（1721），止于宣统三年（1911）。

《清代官员履历全编》系属影印出版，辑录档案55883件，共有清朝4万多名官员的履历，是研究清代文武百官履历的原始记录。

六是军机处随手登记档系列。我要特别向各位同学推荐《随手登记档》，这个专档，始自乾隆，一直到宣统，是清代军机处在日常行政和文书处理过程中的登记簿册，按日记注，半年一册。其内容主要包括两个方面，一是臣工奏折之题由与皇帝阅后之朱批及发抄处理之结果，二是朝廷颁发旨令之摘要。《随手登记档》简明而系统地反映了奏折和谕旨两大官文书的运转情况，它既是清代各朝全史研究最可靠的检索依据，其本身又是一部翔实的编年史大纲，所载内容具有很高的史料价值和特殊的检索功用。通过《随手登记档》，能够很快梳理出一个事件、一个问题的来龙去脉。而且，哪怕是有的奏折、谕旨现在已经找不到了，但在《随手登记档》上仍然能够搜寻查到线索。《清代军机处随手登记档》自乾隆到宣统，采用编年体例，全部影印出版，共有226册。

七是军机处电报系列。清朝后期，洋务运动兴起，西风东渐，近代西方的一些技术也走进了皇宫，电报已经开始使用起来。晚清时期的军机处电报，极具机密性和权威性。这些电报秘档，是在清廷经过誊录以簿册形式保存下来的电报抄稿。现存电报原档合计1459册，共4万余件，时间始自光绪十年（1884），止于宣统三年（1911）。《清代军机处电报档汇编》影印推出，全书分为谕旨类、综合类、专题类三大类，分别按时间顺序进行编排，这是晚清时期军机处电报秘档的总汇。

八是皇家陈设档系列。陈设档是在皇家生活区域的殿堂摆设物品的登记账本。为了掌握库存、修补破损情况及增设新品，各殿堂陈设物品每年查核一次，每五年由总管内务府大臣进行复查登记。故宫博物院现藏陈设档共682册，主要是紫禁城内各宫殿物品的陈设清册，时间自康熙三十三年（1694）至民国十一年（1922）。中国第一历史档案馆现藏陈设档共7927册，主要以皇家园林、皇帝行宫和皇家陵寝为主，时间自康熙四十三年（1704）至民国十三年（1924）。这些陈设档，对于各个清代皇家遗址单位恢复历史旧貌，是原始依据；对举办一些历史场景展览，具有很大的参考价值。《清代皇家陈设秘档》首推玉泉山静明园卷16册，已彩色影印出版。

九是满文档案系列。满文，清代称为清文、国语。满文档案现存200余万件。中国第一历史档案馆自1959年开始，就特设专门的满文档案整理编译部门。档案馆的满文处，一直是我们十分重要的一个人才重镇，专门负责满文档案的整理、翻译、研究。在周恩来总理关怀下，1975年开办满文培训班，满文人才培养一直受到格外重视。面对内容宏富的满文档案，迄今已编译出版20部288册，其中主要有《明清珍藏海兰察满汉文奏折汇编》《清初内国史院满文档案译编》《郑成功满文档案史料选译》《内阁藏本满文老档》《康熙朝满文朱批奏折全译》《雍正朝满文朱批奏折全译》《乾隆朝满文寄信档译编》《清代军机处满文熬茶档》《军机处满文准噶尔使者档译编》《清代西迁新疆察哈尔蒙古满文档案全译》《土尔扈特满文档案译编》《清代新疆满文档案汇编》《清代边疆满文档案目录》《北京地区满文图书总目》等。满文档案的编译出版，为清史研究提供了难得的特殊史料资源。

另外，还有馆藏蒙古文档案37000余件，藏文档案700余件。先后翻译和编纂出版的蒙文档案有《17世纪蒙古文文书档案》《清内秘书院蒙古文档案汇编》《清内阁蒙古堂档》《清朝前期理藩院满蒙文题本》等。这是少数民族文字档案的重要组成部分。

2. 第二部分，谈谈对明清档案进行专题编纂的系列刊布

应该说，专题类的档案编纂出版，是明清档案服务社会的一种主要形式。其特点是主题鲜明，针对性强。其难点是某一特定专题的档案选材要相对完整，每编一个专题，围绕这个选题的各种档案就像大海捞针一样，要尽量搜集全了。同时，专题整理编纂要更精细、更考究，编研的难度更大些。改革开放以来，随着社会文化事业的发展和对档案发掘的深入，专题档案的选题范围不断拓展，专题档案的出版成果丰富多彩，为有关历史问题研究提供了最权威最集中的第一手史料。这里，给各位老师同学列举一些专题档案的整理出版项目。

第一，台湾专题档案。台湾为海疆重地，自古以来与大陆血脉相连，息息相关，明清时期的中央政府更是对台湾进行了有效治理。馆藏台湾问题档案，先后按专题整理出版的有《郑成功档案史料选辑》《康熙统一台湾档案史料选编》《清宫闽台关系档案汇编》《清宫闽台关系档案图录》。特别是《明清宫藏台湾档案汇编》，全书232册，辑录馆藏有关台湾问题档案16343件，时间起自明朝天启年间，至晚清光绪时期，跨度300余年，内容涵盖郑氏收复、康熙统一、乾隆平定、光绪设省等重大事件，还有台湾官员任免、移民开发、台地防务、甲午割让等诸多方面内容，这是馆藏台湾问题档案的全面汇总。

第二，西藏专题档案。西藏边疆治理和民族宗教问题的档案，具有特殊的历史价值和现实意义。馆藏档案充分印证了明清中央政府对西藏的有效管理，原始地记录了历世达赖和历世班禅对中央政府的认同与拥护。先后整理出版的西藏专题档案有《元以来西藏地方与中央政府关系档案史料汇编》《清宫珍藏历世达赖喇嘛档案荟萃》《清宫珍藏历世班禅额尔德尼档案荟萃》《清初五世达赖喇嘛档案史料选编》《清末十三世达赖喇嘛档案史料选编》《六世班禅朝觐档案选编》。还整理出版了《中国第一历史档案馆西藏和藏事档案目录》，全书辑录档案条目13334条。在2008年西藏"3·14"打砸抢烧事件发生后，我们及时公布了西藏历史的有关档案，揭示历史真相，国内300多个中文网站，100多个英文网站转发，产生很大的社会影响。

第三，新疆专题档案。档案揭示，清政府极其重视新疆区域的治理，从东北迁移了锡伯族大量的人口到新疆，还有东归新疆的土尔扈特部落等各少数民族，清政府都是妥为安置。康雍乾三朝历经70多年，坚决阻止在新疆地区建立蒙古帝国，最终击败噶尔丹，解决了准噶尔问题，在新疆维护了国家的统一。先后编纂出版的新疆专题档案主要有《清代新疆满文档案汇编》《军机处满文准噶尔使者档译编》《锡伯族档案史料》《清代东归和布克赛尔土尔扈特满文档案全译》《清代西迁新疆察哈尔蒙古满文档案全译》等。

第四，东北专题档案。满族兴起于东北的白山黑水之间，清朝统治者对龙兴之地一直十分关注。馆藏东北地区的档案，陆续编纂出版了《清代黑龙江历史档案选编》《清代东北阿城汉文档案选编》《清代鄂伦春满汉文档案汇编》《珲春副都统衙门档》等。

第五,西南专题档案。土司是西南地方治理一大特色,本馆依托馆藏档案,联合社科院历史研究所共同承担了国家社科基金重大项目"中国土司制度史料编纂整理与研究",专门编纂了《清代土司档案汇编》,在助推云南、贵州、湖南三地土司遗址成功申报《世界遗产名录》中发挥了独特作用。此外,还编纂出版了《清代前期苗民起义档案史料》《清代皇帝御批彝事珍档》等西南专题档案。

第六,粤港澳专题档案。粤港澳为南疆特殊区域,历史上一直是中外商贸文化交往的窗口。自馆藏档案中曾选编出版《清宫粤港澳商贸档案全集》,全面反映清代粤港澳商贸史实。围绕广州、广东地区,先后编纂出版《清宫广州档案图录》《广州历史地图精粹》《清宫广州十三行档案精选》《明清皇宫黄埔秘档图鉴》《明清皇宫虎门秘档图录》。1997年为迎接香港回归,编纂出版《香港历史问题档案图录》。1999年为迎接澳门回归,编纂出版《明清时期澳门问题档案文献汇编》《明清澳门问题皇宫珍档》《澳门历史地图精选》《澳门问题明清珍档荟萃》。这些都是反映粤港澳历史的专题档案。

第七,反清农民运动专题档案。反清抗清活动,在整个清代一直持续不断。关于抗清活动,陆续出版的档案有《清代农民战争史资料选编》《清代前期苗民起义档案史料》《清代土地占有关系及佃农抗租斗争》。关于太平天国运动,出版了大型档案文献汇编《清政府镇压太平天国档案史料》26册,点校辑录档案1300余万字,全面反映了太平天国运动的兴衰历程。我在1983年大学毕业后刚到馆的时候,就参加太平天国档案的整理编辑,就是从库房里提调档案出来,然后选材、抄写、点校,一年要编一册,每册50万字,这种文字加工的工作是十分艰辛的。关于义和团运动,相继编纂了《义和团档案史料》《义和团史料续编》《筹笔偶存》。关于秘密结社,还出版了《天地会》《福建上海小刀会档案史料汇编》等等。

第八,辛亥革命专题档案。辛亥革命是推翻清王朝的重大历史事件,从清政府的角度留存大量有关辛亥革命的档案记录。先是编纂出版了《辛亥革命》《辛亥革命前十年间民变档案史料》两部专题史料。2011年,在辛亥革命100周年之际,又全面整理出版《清宫辛亥革命档案汇编》80册，辑录馆藏档案5700余件，这是清宫所藏辛亥革命档案的系统公布，这部大型档案文献被列为"十二五"国家重点出版规划项目。

第九，列强侵华专题档案。近代以来，列强殖民者依仗坚船利炮，发动了一次又一次的侵华战争，清政府在挣扎中留下了原始文献。对这些写满悲愤与屈辱的历史档案，分为若干专题进行了编纂出版。关于鸦片战争，有《鸦片战争档案史料》《鸦片战争在舟山史料选编》《浙江鸦片战争史料》；另外还编纂出版了《第二次鸦片战争》。关于甲午战争，先是出版了《中日战争》，2015年在甲午战争120周年之际又系统整理编纂《清宫甲午战争档案》50册，辑录馆藏档案4500余件。关于中法战争，出版了《中法战争》专题史料。关于德国侵占胶州湾，有《德国侵占胶州湾史料选编》《胶州湾事件档案史料汇编》。关于教案问题，编纂出版了《清季教案史料》《清末教案》。关于八国联军侵华，编纂的专题档案有《庚子事变清宫档案汇编》《外国人镜头中的八国联军——辛丑条约百年图志》。反映近代列强侵华重大事件的档案，基本上都做了专题整理出版。

第十，明清中外历史关系专题档案。早在文献馆时期，有关中外关系专题档案就陆续整理刊布，先后有《康熙与罗马使节关系文书》《中日交涉史料》《朝鲜国王来书》《朝鲜迎接都监都厅仪轨》《广西中越交界远近图》《中法交涉史料》《故宫俄文史料》《筹办夷务始末》《清代外交史料》《清季各国照会目录》等。近40年来，持续整理出版的清代中国与世界的综合性档案史料，有《清中前期西洋天主教在华活动档案史料》《清宫万国博览会档案》《晚清国际会议档案总汇》《明清宫藏中西商贸档案》等。有关清代中国与特定国家双边关系的专题档案，相继出版《清代中俄关系档案史料选编》《英使马戛尔尼访华档案史料汇编》《清代中朝关系档案史料汇编》《清代中葡关系档案史料汇编》《清代中国与新加坡关系档案》《清代中国与菲律宾关系档案》《清代中哈关系档案汇编》《清代中琉关系档案选编》《中琉历史关系档案》等。

要说明的是，清朝处理外交事务最早的机构是理藩院来兼管。理藩院是干什么的？它是民族事务管理衙署。外国人有意见，把他们当少数民族来对待，当然不高兴。1860年英法联军进京，第二年逼着清政府成立了总理各国事务衙门，各国事务由一个衙门来统理，所以叫总理各国事务衙门。1900年八国联军进京，次年逼迫清政府仿照西洋成立了专门的外交机构，叫外务部。那么外务部档案就由此形成并保存下来，时间从1901年开始，涉及了53个国家，档案有晚清政府与各国往来的国书、照会、电报等，总共有11万件，内容涉及划定边界、派遣使节、关税、邮电、华工、传教等等，这是晚清外交活动过程中产生的官文书的集合。我馆对外务部档案经系统整理，推出《清代外务部中外关系档案史料丛编》，按国别陆续编纂出版中奥关系卷、中葡关系卷、中西关系卷、中英关系卷、中美关系卷等5个国家关系的专题档案。这些档案出版物，都是研究明清时期中外关系史的重要史料。

第十一，明清社会经济文化专题档案。明清档案涉及清代社会的方方面面，成为各地各行业历史溯源的原始信息，是研究明清社会某一特定领域极为珍贵的史料。关于明清社会经济，编纂出版的专题档案有《明清宫藏地震档案》《清代地震档案史料》《清代天文档案史料汇编》《清代漕运史料汇编》《清代长芦盐务档案史料选编》《华工出国史料汇编》。关于清代社会文化生活，编纂出版的专题档案有《清代文字狱档》《清代皇帝御批真迹选》《清代"服制"命案》《清宫御档》《清代妈祖档案史料汇编》《纂修四库全书档案》《乾隆朝西域战图秘档荟萃》《乾隆朝惩办贪污档案选编》。关于地方与行业，编纂出版了《清宫塘沽档案图典》《清宫扬州御档》《清宫杀虎口御批奏折汇编》《清宫淮安档案精粹》《京师大学堂档案选编》《北洋大学历史档案珍藏图录》等。我们注意到，各地各行业，凡是清宫档案中有关他们的名人、物产、重要事件的记载，都是感到十分珍贵，并努力打造成自己的历史文化名片。

第十二，清代历史人物专题档案。关于清代历史人物，或是其本人的奏章，或是其他原始官文书的相关记载，均是考评其历史最直接的真凭实据。相继编纂出版的清代历史人物史料，有《郑成功档案史料选辑》《郑成功满文档案史料选译》《多尔衮摄政日记》《清宫珍藏历世达赖喇嘛档案荟萃》《清宫珍藏历世班禅额尔德尼档案荟萃》《宋景诗档案史料》《关于江宁织造曹家档案史料》《李煦奏折》《和珅秘档》《奕䜣秘档》《左宗棠未刊奏折》《清宫林则徐档案汇编》等专题档案。

第十三，清宫史专题档案。清宫档案是清宫生活的写真，是清代宫廷历史研究最翔实、最丰富的具体记录，多年来得到充分发掘。文献馆时期，就曾整理刊布若干清宫史专题档案，其中有《清代帝后像》《多尔衮摄政日记》《交泰殿宝谱》《升平署承应戏》《清内务府造办处舆图房图目》《清乾隆内府舆图》《总管内务府现行则例》等。近40年来，清宫生活档案得到全面发掘，分期分批地编纂出版了一系列清宫史方面的专题档案史料。关于帝后医疗的专题档案，有《清宫医案研究》《慈禧光绪医方选议》。关于皇宫营造管理的专题档案，有《清宫内府绘制京城全图》《清宫内务府造办处档案总汇》《清宫瓷器档案全集》《清宫金砖档案》《清宫武英殿修书处档案》。关于离宫别苑的专题档案，有《圆明园》《清宫颐和园档案》《清代皇家陈设秘档·静明园卷》《清代中南海档案》《清宫热河档案》。关于皇家坛庙陵寝的专题档案，有《清宫天坛档案》《清代帝王陵寝》。关于王公府邸的专题档案，有《清代雍和宫档案史料》《清宫恭王府档案总汇》等。这些清代宫廷历史方面专题档案的整理出版，大大拓宽了清宫史研究的领域，有力推动了清宫史研究的深入。

3. 第三部分，再说一下明清档案丛书类的系列刊布

采用丛书形式，汇集小型专题档案史料，定期或不定期地向社会公布，是明清档案整理编纂的一个传统。其特点是选题较小，问题集中，灵活多样，而且大多是学界关注的史实，经过精选精编予以刊布，备受社会欢迎。

其一，1927—1946年，文献馆时期曾有多部档案丛书问世。先后有《掌故丛编》《史料旬刊》《文献丛编》《文献论丛》《文献专刊》陆续刊刻，累计出版96册。可以说，明清档案最早对外公布，便是以丛书形式，按专题进行编纂刊印的。

其二，1978—1990 年，中国第一历史档案馆推出《清代档案史料丛编》。这套档案丛编，每年一辑，总共出版 14 辑。每辑有若干专题档案，点校排印，总共刊发 60 多个专题的清代档案，其内容涉及清代政治、经济、军事、宗教、文化等各个方面。

其三，1981 年至今，打造核心期刊《历史档案》。中国第一历史档案馆于 1981 年创办学术期刊《历史档案》，这是档案与史学密切结合的最早的期刊出版物。该刊在实践中探索与调整，逐渐形成明清档案特色，主旨是公布明清档案文献，刊发明清档案论文，探讨明清档案业务。每期坚持公布专题档案与刊发学术论文相兼顾，成为小型专题档案公布的平台，明清历史研究成果进行交流的窗口。1981—2020 年间，累计出刊 160 期，整理刊布档案史料 737 个专题，发表学术论文 2200 余篇。《历史档案》已成为国内外学界广受欢迎和关注的国家核心期刊。

百年以来，几代明清档案人持续挖掘这座文献金矿，在档案史料刊布上，已经远远不是对个别事件或个别问题的拾遗补阙，而是有计划地用大量比较全面的基础史料去推动和促进明清历史的研究，使之不断开拓新的领域。

四、明清档案的开发研究

中国第一历史档案馆是明清档案史料的保管基地，同时也是明清档案与明清历史的研究重镇。服务社会是档案馆的基本职责，加大研究也是档案业务建设的需要。几代明清档案人秉承这样一个传统，就是积极开展编纂整理基础上的研究，大力提倡研究指导下的编纂整理。努力打造档案文化精品，让明清档案服务国家建设，让明清档案走进学术殿堂。这里，我们从几个侧面解读和分享一下明清档案的开发研究。

1. 我们先通过一些具体的例子，看看在国家课题项目中是如何对明清档案这一历史资源宝库进行开发利用的

首先要说的是，清代档案在国家清史纂修这一学术工程中起到了不可或缺的基石作用。中国有句古话："盛世修史，隔代修史。"关于清史，民国时期曾经编纂过一部《清史稿》，为什么还要编修清史？因为《清史稿》基本上没有使用清宫秘藏的大内档案，结果出现了许多史实上的错讹而遭人诟病。正因如此，2003年国家决定启动清史纂修工程后，便做出档案先行的学术部署。国家清史编纂委员会副主任朱诚如教授在2015年纪念中国第一历史档案馆成立90周年大会上致辞说："国家清史工程启动之初，即把历史档案的整理利用这样一件重要而艰巨的基础性工作放在首位，并得到中国第一历史档案馆始终一贯的积极支持和大力配合。""清代档案的整理出版直接为国家清史纂修工程打下了坚实的基础，提供了宝贵的食粮。一边大规模整理，一边上传供专家使用，一边进行编纂出版，精妙的配合，其功效是前所未有的，得到了海内外专家的高度评价。"据统计，2003—2013年，中国第一历史档案馆为清史编修工程整理各类档案总计300多万件，为清史编纂委员会提供可在网上直接查阅利用的数字化档案有9大类180万件，列入清史编纂委员会"档案丛刊"先后出版的有10项353册。清代档案的大规模整理和多层面利用，为清史纂修提供了最基本的史料保障和可靠的资源支撑，从某种角度可以说，没有清代档案的深度发掘就难有清史工程的顺利开展。在整理提供巨量基础档案资料的同时，明清档案人还承担了清史工程的一些主体项目，其中有外国使领年表、皇子皇女表、科场案等，还承担了科举制、图录卷的审改定稿工作。

再如，中国历史研究院重大学术项目"明清宫藏丝绸之路档案的整理与研究"。长期以来，学界对丝绸之路的研究主要停留在汉唐时期，明清时期丝绸之路的面貌则模糊不清，甚至一度不认可近代中国丝绸之路的存在，明清时期的丝绸之路研究存在着碎片化、个案化、弱化的局限性。2016年，中国第一历史档案馆与中国历史研究院共同启动"明清宫藏丝绸之路档案的整理与研究"课题项目，课题组经过6年时间，对7万余件相关档案举行认真梳理研究，推出了一系列学术成果：一是在学术交流方面，2016年起每年主办"一带一路"文献与历史研讨会，先后举办6次。二是在成果推介方面，2019年起在核心期刊《历史档案》开设"明清丝路"专栏，陆续刊发研究论文20余篇。三是在专题展览方面，2019年举办"中外丝绸之路历史档案文献展"。四是在编纂出版方面，2021年出版《明清宫藏丝绸之路档案图典》8卷。五是在社会宣传方面，2022年在《中国档案报》开设"清宫档案·丝路往事"专栏，刊发系列文章15篇。六是在档案整理方面，2023年建立明清宫藏丝绸之路专题档案数据库。七是在学术著述方面，2024年出版《明清丝绸之路研究》专著。课题项目在学术创新上，提出明清时期丝绸之路具有八条线路的学术新说，把陆上丝绸之路分为过江之路、高山之路、沙漠之路、草原之路，把海上丝绸之路分为东洋之路、南洋之路、西洋之路、美洲之路。中国历史研究院副院长李国强谈道："该课题成果凿通了古代丝绸之路的历史长廊，证实了丝绸之路的持续发展，提升了丝绸之路的研究层次。"中国社会科学院院长高翔指出："该课题不仅对明清史、丝绸之路的研究有着重要的推动作用，而且对当今我们建立理论自信、道路自信、制度自信和文化自信有重要意义。"这一课题项目得到社会的充分认可和肯定，先后列入社会科学基金重点项目、中国历史研究院重大学术项目、国家出版基金资助项目，被中国社会科学院评为"代表中国史学最高水平"重要成果。

还有，社会科学基金重大项目"广州十三行中外档案文献整理与研究"。广州十三行，这个半官半商的商贸垄断组织，在清代对外交往和海上丝绸之路中都曾发挥了特殊的历史作用，他们推开了中国走向世界的门，打开了世界透视中国的窗，但在近代历史研究中却一度被忽视乃至扭曲。为还广州十三行历史的本来面貌，1999年，中国第一历史档案馆与广州荔湾区政府签订合作协议，共同开发清宫十三行档案，从那以后，二十几年来，有关十三行档案的开发合作一直没有间断，而且是步步深入。我们按着时间来看一下：2003年，整理出版了《清宫广州十三行档案精选》，成为十三行研究的第一手基础史料。2005年，合作举办清宫广州十三行档案文献展览，让十三行档案直面大众。2006年，在中央电视台合作推出四集文献纪录片《帝国商行》，把十三行文化搬上央视银屏，受到各界关注和好评，在大众层面传播和扩大了十三行文化影响。2008年，历经数年艰辛研究，合作编写出版《清代广州十三行纪略》，这是对十三行历史首次进行系统的梳理。2009年，根据清宫档案研究，编纂出版了广州十三行的研究专著《清朝洋商秘档》。值得一提的是，我们一系列的十三行研究学术活动，引起广州市政府的关注和重视，也得到巨大的支持，历经十余年不断的呼吁和建议，在各方面的共同努力下，2016年"广州十三行博物馆"终于建成，成为极其难得的十三行实体文化和基地，打造成广州的一个文化地标，这是学术研究促进文化建设的典型例证，也是十三行课题的社会价值和现实意义的充分体现。2018年，国家社科基金重大项目"广州十三行中外档案文献整理与研究"立项，这是广州大学十三行研究中心与中国第一历史档案馆等各有关单位共同合作担起的学术重担，十三行研究由此迈上新的学术高地。2019年，四卷本《清代广州十三行编年史略》正式出版，这部著述浸透着十三行专家群体历经七八年时间的心血，是十三行研究的厚重力作。回望十三行文化研究的蛋糕越做越大的发展过程，实际是清宫十三行档案深化挖掘进而不断上台阶的过程，由此打造出十三行研究的国家品牌。

中国第一历史档案馆的专家学者还参加和承担了其他一些国家级课题项目。譬如：1992年，参加了国家重大文化工程《中国大百科全书》清代卷、文书卷的编写；其后又参加了《中国大百科全书》（第三版）清代卷、文书卷修订版的编写。2011年，完成并出版清史编纂工程大型工具书《清代典章制度辞典》。2013年，参加国家社科基金重大项目《中国土司制度史料编纂整理与研究》。2017年，参加国家社科基金重大项目《清代留学生档案的整理与研究》。2018年，参加国家社科基金重大项目《西藏历史地图集》专项课题等等。

2. 我们再看看明清档案人是如何身在故纸堆，心中有宗旨，积极主动围绕国家大事开展资政服务的

且看下面几则资政案例：

例子一：南海档案。2010年，面对南海仲裁案的闹剧，面对日趋严峻的南海争端，我们及时整理了《明清南海主权问题档案》专项汇编，呈送国家有关部门。2011年，向国家海洋局提交了《明清南海主权问题档案研究报告》。这些宫藏档案清清楚楚地记载了明清政府对南海诸岛的命名和标绘，反映出中国人民对南海诸岛及其海域的地理认知和持续经营。明清时期南海诸岛的命名，大多延续前代，把南沙称为万里石塘，把西沙称为万里长沙，形容绵延之长和范围之广。清政府还将西沙十五岛逐一命名，立碑巡视，并多次派军舰巡历南洋，每次历时半年之久。我们说，南海诸岛自古以来就是中国的，这些原始档案就是铁证。

例子二：中印边界档案。2017年，印军越过边界进入我国洞朗地区，与我边防部队形成对峙。在中国社会科学院边疆所专家支持帮助下，我馆立即整理上报《清代中印锡金段边务档案选编》。档案充分印证，直至清朝末年，洞朗地区一直在清政府有效的管辖之下。外交部回函：该档案选编反映了中印边界锡金段划界的历史过程，是该段边界已由历史条约划定的重要佐证，有力地配合了我国维护领土主权的重大斗争。

例子三：西藏活佛转世档案。西藏活佛转世，是宗教问题，也是政治问题；是历史问题，也是现实问题。一直以来，美国政府与十四世达赖喇嘛企图借达赖转世问题达到分裂中国的图谋。为此，2020年，我们整理编纂了《清代中央政府认定达赖喇嘛转世灵童档案选编——从清帝御批到达赖奏书的历史铁证》，提交国家有关部门。馆藏历世达赖奏书300余件，分别为藏、满、蒙、汉文。这些原始奏书，均是达赖本意的自我陈述，真实反映了历世达赖喇嘛对清中央政府的恭顺与认同，有力回击了十四世达赖的分裂言行。历史证明，乾隆帝创立的金瓶掣签制度，对稳定藏传佛教在西藏的正统地位，对确保不同时期中央政府对西藏宗教的有效管理，一直发挥着基本规制作用。

3. 这里我还想和各位老师同学一起梳理一下，看看几代明清档案人对明清档案文献的开发研究都有哪些特征

大致说来，有如下几点：

一是围绕中心的政治性。鉴于往事，资于治道，这是中国古代以史为镜治国安邦的千年传统，更是服务国家中心工作的必备举措和时代要求。长期以来，明清档案工作增强时代意识，主动围绕国家大事推出一系列编研出版项目，除了特定的直接资政的诸多选题之外，还有大量热点重点选题。譬如，台湾专题档案、西藏专题档案、新疆专题档案的整理刊布，都成为维护国家统一、回击分裂势力叫嚣的历史铁证；鸦片战争档案、甲午战争档案、辛亥革命档案的编纂出版，有力配合了国家重大时间节点的纪念活动；香港历史档案、澳门历史档案的系列开发，则为回归庆典活动增添了历史的内涵。明清档案一系列特定专题的整理刊布，既为相关领域的历史研究提供了难得的第一手资料，更在围绕中心服务大局方面发挥了独特作用，具有很强的现实意义。

二是以档治史的学术性。周恩来总理曾叮嘱，档案工作者要学习司马迁。司马迁依据兼管的官府档案推出历史巨著《史记》，他是古代中国治史与治档结合一身的典型代表。长期以来，明清档案工作注重出成果、出人才，累计出版明清史学和明清档案学方面的学术专著120余部。其中有关于清代中央官制、清代地方官制、满汉大词典、清代典章制度辞典这样的工具书，也有对康雍乾诸帝、钓鱼岛历史、曹雪芹家世、太监宫女等问题的专门著述，还有清代文书制度的专门研究，都是依靠档案推出的学术专著。中国第一历史档案馆先后集体主创28集文献纪录片《清宫秘档》和4集文献纪录片《帝国商行》，合作创作诸多影视作品，把档案搬上银屏，成为明清档案走近大众走向社会的新型编研成果。纪录片《清宫秘档》还荣获第十届中国电视纪录片学术奖。实践证明，学术研究大大推动了明清档案的深层开发和业务建设，培养了明清档案专家队伍，推出了一批又一批明清档案学术力作。

三是全面合作的社会性。明清档案是民族文化资源，是全社会的财富。明清档案的编纂出版，一直浸透着社会各界专家学者的心力。自20世纪50年代开始，中国第一历史档案馆就注重与社科研究机构、高等院校、文博单位及出版界牵手合作，共同编纂出版有关专题的档案史料。进入80年代以后，与社会各界的合作规模不断扩大，合作方式也更灵活多样。明清档案面向社会开展编纂合作，有两个基本特点，一是在形式上，不是档案部门独家，而是与社会多家合作，优势互补，实现科学合理的课题组合；二是在内容上，不仅仅限于馆藏，在依托馆藏档案的同时，适度吸纳社会文化资源作为补充，以求编纂出更完整系统的文化产品。我们绝大多数的档案开发项目，都是与社会合作的，都是由两家、三家甚至四家单位共同合作，通过合作实现借资、借力、借脑、借智，把档案文化蛋糕做大。明清档案的编研开发与现实社会密切结合，贴近时代、贴近生活、贴近公众，从而为各地各行业打造出一张张历史文化名片。

四是走向世界的国际性。明清档案是中国的，也是世界的。中国第一历史档案馆立足明清档案，着眼国际合作，一直致力于整理开发明清时期有关中外关系档案，持续推进国际文化交流，先后与30多个国家的科研、大学、档案文化等机构开展国际合作，共同整理编纂明清时期有关中外关系档案，或合作出版，或举办展览，或开展学术研讨。其中，与美国旧金山大学利玛窦研究中心合作编纂天主教在华活动档案，与法国社科机构合作编纂马戛尔尼使华档案，与韩国社科学术机构合作编纂清代中朝关系档案，与俄罗斯国家档案馆合作编纂中俄历史档案，与新加坡国家档案馆合作编纂清代中新档案，与哈萨克斯坦国家档案馆合作编纂清代中哈历史档案等等。特别是，中国第一历史档案馆与日本冲绳教育委员会长期合作，在1992—2020年这28年的时间里，共同整理明清时期中国与琉球历史关系档案，合作编纂出版《中琉历史关系档案》50余册，持续举办"中国琉球历史关系学术研讨会"13届，均编纂出版论文集，还在冲绳先后举办"清代琉球国王表奏文书展"和"清代中琉历史文书特展"，大大推动了中琉历史研究的深入发展。明清档案面向世界，在弘扬民族传统文化，提升国家文化软实力的国际合作中发挥了独特作用。

五是数字理念的时代性。面对数字化、网络化、信息化突飞猛进的时代需求，面对国家文化事业发展不断提升的社会需求，面对世界文化遗产保护开发的国际需求，明清档案事业更是守正创新。明清档案的编纂方法和工作理念与时代并进，在数字编研、网络利用、信息开发诸多方面不断推出新举措。截至2020年年底，馆藏明清档案1067万件，实现数字化840万件，也就是说80%的档案已经扫描拍照完了，其中有470万件的档案图像实现局域网查阅利用，有420万件档案可以在网上进行远程目录检索。另有《大明会典》《大清会典》《大清历朝实录》《军机处上谕档》《清帝起居注》《军机处随手登记档》《大清新法令》等 7 大专项档案实现全文数字化，这些专题档案文献已经可作全文检索。还有，2018 年，满文软件开发取得重大突破，目标是要能够实现满文图像识别自动转换，要让古老的满文档案走进数字天地。

  各位老师同学，最后我想说，社会各界特别是学界对明清档案的关注和期待越来越高。这些年到中国第一历史档案馆查阅档案的学者越来越多，以至于网上预约查档座位比医院挂号、比节日购买火车票还难，不少同学抢到查档座位后往往要在群里晒一晒，显摆一下（笑）。那么，今天这种查档的困境已经彻底解决了，一个现代化的明清档案新馆在 2020 年已经建成，宽敞的利用大厅拥有 100 多个查档机位，可随时满足学者们的需求。欢迎各位清华学子走进明清档案利用的新平台！

  回望历史，100 年前的 1921 年，八千麻袋大内档案被当作废纸卖掉险成纸浆；瞩目今朝，就在 2020 年，位于首都核心区建筑面积 10 万平方米的中国第一历史档案馆现代化新馆已经落成；展望未来，在构筑文化强国实现民族复兴的大潮中，明清档案事业正走进新的时代。

  在这次专题课结束的时候，我想借用乾隆皇帝元旦开笔的吉语，祝愿各位老师同学"所愿必遂，所求必成，吉祥如意！"（掌声）

  谢谢大家！

文书档案与法国史研究[*]

吕 昭

一、文书档案与法国历史学博士培养

这是一门面向研究生的课程,完成学位论文是每位同学在这一学习阶段的首要目标。对文书档案的合理使用是对一篇合格的学位论文的基本要求。因此,我将首先结合自己的学习经历,与大家分享一下文书档案在法国历史学博士培养中的重要作用。

1. 档案与博士论文

我博士毕业于法国社会科学高等研究院(EHESS),我的博士论文题目是《14、15世纪阿维尼翁的兄弟会:从城市信仰到城市认同》[*Les Confréries d'Avignon: De la Religion Civique à l'Identité Urbaine (XIVe et XVe Siècles)*]。阿维尼翁位于法国东南部普罗旺斯地区,比邻罗纳河,是地中海与罗纳河之间重要的交通枢纽。阿维尼翁以"阿维尼翁之囚"的历史而被大家熟知。虽然"阿维尼翁之囚"这一观点早已受到诸多学者的质疑,但是阿维尼翁在中世纪晚期因教皇的到来确实成为可以影响整个西欧基督教世界的重要城市。不过,我的博士论文并不讨论阿维尼翁的政治和宗教影响,而是进入到城市内部探讨城市居民如何通过兄弟会构建社会关系,如何实践信仰,推动对阿维尼翁的城市认同。因此,我的研究是典型的法国地方史、城市史研究。

根据我在法国接受的史学培养,一篇合格的博士论文必须以大量

---

[*] 本文系2020年国家社科基金青年项目"中世纪晚期法国的城市自治与危机应对研究"(20CSS010)阶段性成果;受"清华大学基础文科发展项目"资助;受唐仲英基金会"仲英青年学者项目"资助;受清华大学教学改革项目"国别史教学的新探索——法国史"资助。

的原始材料作为基础。原始材料一般分为两类：一类是未经出版的档案文献，在中世纪大多是手稿（法语，manuscrits）；另一类是已经经过整理和编辑，印刷出版的文献。在法国社会科学高等研究院的要求中，未经整理出版的一手档案文献应该是一篇博士论文最核心的史料，是必不可少的。博士论文答辩评定委员会会对博士论文的原始材料使用情况着重做出评价，最看重的就是博士论文所采用的档案文献史料。

为了能够阅读、分析一手的档案手稿，博士研究生需要在进入档案文献之前做好语言方面的准备。对中世纪史领域的博士研究生来说，需要学习拉丁语、古法语以及研究所需要的地方方言，比如，我的研究就需要我掌握一定的古普罗旺斯语，还有一些中古意大利语。此外，中世纪研究还要求具备古文字学、古文书学的知识和技能才能阅读中世纪的文献。

在具备了基本的语言和古文书阅读能力之后，研究者需要根据研究主题前往不同的档案馆、图书馆查阅相关档案。在我做博士论文期间，我先后到沃克吕兹省档案馆、阿维尼翁市立图书馆和梵蒂冈宗座档案馆查阅档案。一般来说，法国的公立档案馆和图书馆都可免费进入，外国人持护照办理阅览证后也可以正常查阅档案。在沃克吕兹省档案馆和阿维尼翁市立图书馆，我采用拍照的方式集中收集了研究所需的档案材料。相较而言，在梵蒂冈宗座档案馆查阅档案的方式更为复杂。博士研究生查阅档案必须出具具有博士学位的学者的介绍信，在进入梵蒂冈城之前，凭借这封介绍信在梵蒂冈警察局换取临时出入证。例如，我当时计划查阅档案 5 天，在获得 5 天的临时通行证后才可以进入梵蒂冈城，然后前往梵蒂冈宗座档案馆办理阅览证。档案馆中有专门存放档案索引的大厅，检索到需要的档案编号后向档案馆管理员提交申请，馆方就会将档案提取出来供读者阅览。查阅者可以使用铅笔摘抄档案内容，但是不可以拍照，也不可以私自复制。查阅者如果想要复制档案，需要填写相关表格提交申请，馆方会把对应的内容制作成电子版，但是对应的电子版档案不会立刻交付给查阅者。复制的档案会被做成一个光盘，等待查阅者离开档案馆一段时间以后，档案馆再将光盘邮寄给查阅者。

文书档案与法国史研究

在这三个地方我收集到了博士论文最核心的档案手稿。首先是兄弟会的会规，会规一般包括对兄弟会组织形式、成员行为规范和兄弟会活动内容的具体规定。图1和图2分别是两个兄弟会的会规。图1这份档案，是在阿维尼翁市立图书馆拍照获得的，而图2这份档案则是在梵蒂冈档案馆申请复制的电子版档案。我们可以看到电子版档案虽然非常清晰，但它还是不可避免地丢失了很多与档案本身相关的信息。例如，仅看电子版，我们无法知晓图2这份文书的书写材质、尺寸大小等信息。尽管电子化的文献大大方便了历史研究，但是也导致研究者无法直接感知文字之外档案的细节，使研究者与原始文献之间产生了一定的隔膜。因此，阅读和分析电子文献时，需要特别注意档案管理员在档案索引中对档案物理信息的描述。根据档案馆的索引信息，我们可以知晓图2的电子档案实际是一份书写在纸上的文书，与图1书写在羊皮纸上不同。

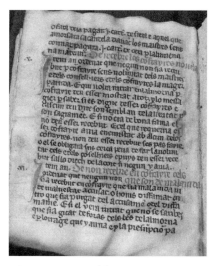 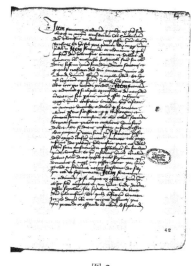

图1　　　　　　　　图2

下面两幅图片是在阿维尼翁市立图书馆与沃克吕兹省档案馆拍摄的档案（图3、图4）。这两份档案实际上都来自法国中世纪晚期研究中非常重要的一类档案——公证人档案。图3是某个兄弟会的一份选举记录：兄弟会成员在举行选举时，为了确保公正性，通常会邀请公证人为选举做记录。图4的档案是15世纪一位阿维尼翁居民的遗嘱。

在14、15世纪西欧的许多遗嘱中，立遗嘱人会遗赠一些财产给一个或多个兄弟会，甚至有人会把自己的房产遗赠给某某兄弟会。

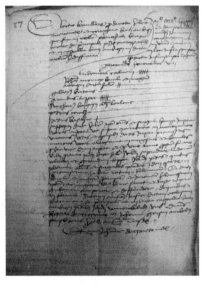

图3

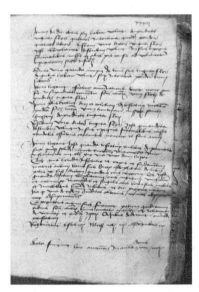

图4

在接触了公证人档案后，我们对西欧中世纪文书档案的书写材质将会有新的认识。一直以来，人们常常认为西欧中世纪的文书大多数都是用羊皮纸书写。但是，历史事实并非如此，纸质书写材料在中世纪西欧的使用也非常普遍。众所周知，造纸技术起源于中国，然后通过阿拉伯人传播到了西欧。西欧最早的纸质文书大约出现在12世纪的西班牙，法国直到14、15世纪才开始普遍使用纸进行书写。在公证人档案当中，绝大多数私人档案都是用纸张来书写的，反而很少使用羊皮纸。这是为什么呢？羊皮纸确实具有可以长期保存的优点，但是，羊皮纸的价格非常昂贵，因此，在日常的书写记录中，没有必要花费过于贵重的资金来制作一个羊皮纸的文书。羊皮纸的使用往往意味着文书具有特别的重要性或特别的用途。例如，国王的法令需要长久保存，因此，羊皮纸就赋予了法令长期稳定的权威性意涵。反过来，如果某个文书被书写在羊皮纸上，那么我们就可以推断它应该具有某些特殊的意义，也就是说，文书的书写材质可以在文书的内容之外向我们透露某些信息，这些信息有可能推进我们对历史的理解。

图 5 是阿维尼翁某个规模庞大的兄弟会制作并保存的一份档案，这份档案是 14 世纪兄弟会成员的名单。引起我们注意的是，它被书写在羊皮纸上。为什么这样一份名单需要用羊皮纸书写呢？这是因为这份档案不是仅仅用来记录兄弟会成员的姓名，它具备重要的宗教含义。名单上不仅记录着当时活着的兄弟会成员的姓名，还有已经死去的兄弟会成员的姓名。当兄弟会举行集体弥撒的时候，这份名单会被放在礼拜桌上，通过这个集体宗教仪式和这份名单，活着的人可以帮助逝者祈祷以便减少逝者在炼狱里煎熬的时间，形成了宗教生活中的互助模式。因此，这份名单并不是一种日常管理的文书，它象征着兄弟会是连接生者和死者的组织，是想象的共同体的具体化表现。如此重要的宗教意义要求这份名单必须被长期保存，因此，它被书写在昂贵的羊皮纸上。相反地，兄弟会日常管理中的文书，例如账簿等，则只会使用普通的纸质材料进行书写。不过，可以看到的是，由于阿维尼翁

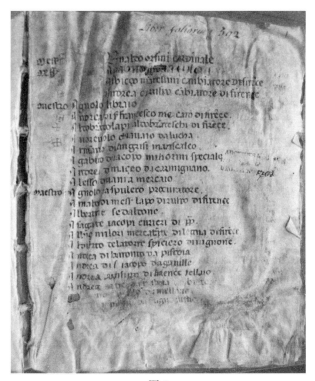

图 5

的一次水灾，这份具有重要宗教和象征意义的档案曾经被水浸湿，所以它的版面已经发黄发黑，很多字都看不清了。

2. 档案材料在研究中的呈现

在收集到研究所需的文书档案之后，我们应该如何将其运用到研究中？首先，我们会把档案的内容誊抄下来。在中世纪的文献中，作者常常或者出于节约羊皮纸的目的或者为了加快书写速度，大量使用简写或缩写。在我们真正解读一份中世纪文书之前，第一步就是把这些信息全部都复原。誊写出来的内容，可以作为学位论文的附录，假设它是古法语或拉丁语的文献，那就保持它的原文，将其纳入附录。接下来还要做的一步就是翻译。如果文献的书写语言为拉丁语，我们常常需要将其翻译成更容易理解的现代语言。

在论文写作过程当中，我们该如何引用和展示档案文献？法国学位论文引用和下注的要求一般是把誊写的原文写在注释中，而将相对应的翻译内容放入正文里。不过，在很多历史学的期刊上，许多文章并不提供拉丁语对应翻译。为什么学位论文会有这样的要求呢？这是因为博士论文潜在要求写作者向论文的审查者展示出基本的史学研究技能，采用这样引用史料的方式可以非常明确地传递文献真实的信息，也可以展现写作者作为一个研究者的基础能力。

除了文献本身记录的内容，我们不应忽视档案在其内容之外可以提供的信息。文书承载的信息在其产生的历史背景中如何传递也是历史研究不可忽视的方面。文书记录的信息并不总是一对一传递，相反，它有时候需要传递给很多人。比如，政府法令、兄弟会的会规等。假设一个兄弟会有300个成员，难道要给每一个成员都发一份文字版的会规吗？当时的兄弟会还未掌握现代的复印技术，而且并不是所有成员都具有阅读的能力，文字信息要如何传递给他们？实际上，兄弟会常常通过口头方式，也就是宣读，来传递信息。兄弟会举行集会时，会将会规或重大决议宣读给所有成员听。以口头方式传播文字信息是中世纪，甚至可以说是前现代社会中非常普遍的现象，例如，市政府常常通过公开宣读的方式告知城市居民重要的决议。在中世纪的西欧，许多文书的语言都是拉丁语，如果把拉丁语直接读给那普通市民，他们根本无法理解其内容。因此，历史学家们发现，很有可能宣读者拿着一份拉丁语的文献进行朗读，但是他会一边阅读，一边翻译，如此就将书写的内容以当地的世俗语言宣读出来。中世纪的公证人便扮演着"翻译兼宣读者"的角色。总之，在研究中，我们不仅要呈现出文书档案所以记录的内容本身，还要考察这些内容被传播的途径和方式，全方位、立体地理解文书档案在历史中的作用。

二、"文书""档案"与史料

1. 从"文书"到"档案"

大致了解了法国历史学博士论文对运用文书档案进行研究的基本要求和方式之后，我们需要思考一个基础问题，"文书档案"是什么？"文书"和"档案"是同一个东西吗？什么是文书？什么是档案呢？在法语学界，"文书"与"档案"之间有一个相对明确的区分：人工书写的文献都可被称作"文书"（法语，documents écrits），它一般是自然人或法人为了某种用途制作的文本，具有某些现时性的用途，例如，记录、证明等。当这些现时的用途不再发挥作用后，一些文书就被移交至档案馆，档案管理员对这些文书进行必要的改造之后，文书才能转化成为档案。档案管理员的改造工作一般包括拣选、分类、装订，描述文书的基本内容等。如果原始文书已经受到损坏而无法呈现信息，档案管理员甚至还需要将文书的内容重新誊写。除此之外，现代的档案管理员还需要从事将一些档案电子化的工作。经过这一系列的改造，文书变成了可以被保存、可以被理解的信息载体，此时的文书才能够被称为"档案"（法语，archives）。这是我们区分"文书"和"档案"的一个界线。

保存档案并不是一个现代化的行为，人们为什么要保存档案？档案保存最开始的目的是服务于政府的管理。例如，政府发布了一个法令，为了之后的执行和参照，这个法令就需要被长期稳定地保存下来。由于保存档案最重要的目的是服务于政府管理的需要，所以，最先保存下来的档案大多都是具有司法性和证明性的文书。在保存它们的过程中，政府主导了筛选档案的过程，管理、司法与纪念等政治目的的差别导致了不同档案保存状况存在差异。

法国开始系统保存档案的历史可以追溯到13世纪法国国王菲利普·奥古斯都（Philippe Auguste）创建的王室文书宝库（Trésor des chartes）。关于王室文书宝库创建的始末，有一个古老的传说。12世纪末，在弗雷特瓦勒战役（Bataille de Fréteval）中，法国国王菲利普·奥古斯都被英国国王狮心王理查击败。据说，由于菲利普·奥古斯都的文件一直被携带在身边，所以当他被击败而仓皇逃走的时候，随行的文件便在混乱中丢失了。在这批文件丢失之后，菲利普·奥古斯都才意识到王室应该建立一个制度保存相关的政令文书，因此，他设立了王室文书宝库。现代历史学家普遍认为，这个传说并不是王室文书宝库创建的真实原因。很可能不是大量文书在战役当中丢失了，而是以前的文书由于缺乏明确保存的意识而不见了，菲利普·奥古斯都为了避免文书丢失导致政治合法性受到质疑就编造了这样一个传说，表示王室只是因为意外才丢失了这些文书，所以要加强保存的管理。在很长一段时间里，王室文书宝库设置在圣礼拜堂（Sainte-Chapelle）。但是，在18世纪法国大革命期间，圣礼拜堂中的王室文书宝库遭到了革命者的严重破坏。在国家档案馆成立之后，王室文书宝库就被纳入国家档案馆。图6是现在王室文书宝库的所在地，国家档案馆特别设置了铁栅栏确保其安全，一般不会让参观者看到文书宝库中的藏品。

2. 从档案到史料

当我们明确了文书与档案的具体意涵之后，接下来还要思考一个问题：所谓的文书档案是不是史料呢？再进一步而言，是先有史料，然后历史学家才做历史研究？还是因为有了历史学家的研究才有了史料？

经过有意识地挑选、改造和分类整理等工作，文书变成了档案。保存档案的行为本质上是出于管理的需求，为的是将具有政治性、司法性和行政性的文件留存下来。因此，档案并不天然具备史料属性。

图 6

只有当历史学家研究它、探讨它的时候,档案才成为史料。但是,历史学家并没有改变档案本身的用途与属性,历史学家的史学研究活动只是拓宽了档案的用途。与此同时,历史学家对档案的使用也越来越受到重视(至少在法国是这样的),一定程度上影响了档案的管理、保存和开放方式,我们后续会做进一步探讨。

三、档案与历史研究的关系

1. 档案与实证主义

前文提到,档案的根本属性主要与政治、司法和行政目的相关。档案成为史料的最初原因在于历史研究相信司法档案的真实性。17世纪,古文献学的创始人马比雍(Jean Mabillon)有言:"正如热爱正义是法官的首要品质,历史学家的首要品质也是热爱和追寻过去事物的真相。"也就是说,17世纪西欧学界认为,历史研究的前提是我们认为档案记录的内容是真实的。

19 世纪，兰克（Leopolde von Ranke）开创了真正现代意义的历史学，兰克的史学研究很大程度上以档案为核心与基础，认为经过考证以后的档案可以告诉我们历史真相。与兰克大约同一时段，两位法国的历史学家朗格诺瓦（Charles-Victor Langlois）与瑟诺博司（Charles Seignobos）撰写的《史学原论》（Introduction aux Études Historiques，1898）也强调实证主义的历史研究方法。[①] 在这本书中，这两位历史学家认为，我们应该从外部和内部两个方面考证档案。外部考证要考证档案文书的形成过程、作者、生产与制作状况、物理状态及其用途；内部考证要考证文书档案记载内容的真实性。朗格诺瓦与瑟诺博司指出，历史学研究应当结合内外双重考证。总之，在实证主义史学诞生之初，保存档案的目的与历史学家研究档案的目的之间存在着直接相关性，历史学者认为历史研究是以真实为前提论证真实。

2. 档案与年鉴学派

20 世纪初，年鉴学派扩大了史学研究的范围，开始关注政治之外的经济、宗教、思想、社会、文化等，对史料的内涵提出了更广泛的定义。马克·布洛赫说："优秀的历史学家就像传说中的食人魔。在哪里闻到人肉的气味，他就知道哪里有他的猎物。"也就是说，所有与人有关的事物都可以成为研究历史的素材，史料的范围不再局限于文书档案。

总的来说，由于年鉴学派拓展了史学研究的对象，所以也拓展了历史学家可研究的档案的范围，但是，与此同时，档案也不再是历史学研究唯一的史料。吕西安·费弗尔（Lucien Febvre）特别指出："毫无疑问，当有文书的时候，我们要利用文书来研究历史。但是，如果没有任何文书的话，我们能够也必须能够做历史研究。历史学家凭借智慧能在没有寻常花朵的情况下生产出蜂蜜。……总之，历史学家要利用所有有关人的事物，包括依附于人、服务于人、表达人的事物以

[①] 朗格诺瓦、瑟诺博司著，余伟译：《史学原论》，郑州，大象出版社，2010 年。此译本将"critique"翻译为"批判"，但是根据其所使用的史学研究语境，笔者认为翻译为"考证"更为恰当。

及说明人的影响、活动、思想、生存方式的事物。在我们历史学家的工作中，最令人激动的部分不就是通过坚持不懈的工作使那些沉默的事物开口说话，让它们说出它们本身没有直接说出的关于人和产生它们的人类社会的话语，并最终在它们之间建立起一个紧密联系相互补充的网络，使其填补文字记录的空缺吗？"①

3. 档案在史学中的式微？

20 世纪 70 年代开始，档案对历史学研究的意义受到了根本性的挑战。一方面，以海登·怀特（Hayden White）和米歇尔·福柯（Michel Foucault）为代表的后现代主义历史学家主张对历史文本的修辞和叙事方式进行解构，②认为人类所生产的文本都是"虚构的"，不存在可以反映客观现实的文本，档案自然也在其列。如果文书档案的记录本身已经扭曲了真实，那么历史学家就不可能从中看到"历史的真相"，从文书档案中考察历史真实的逻辑被推翻。另一方面，人类学和社会学方法在历史学中的普遍运用也在部分程度上冲击着文书档案在历史研究中的地位，这在现当代史的研究中表现得更加突出。口述史的研究越来越多，历史学者再不需要去档案馆寻找记载和数据，而是可以直接与当事人进行沟通和对话，在这种研究方式中，文书档案不再是最重要的信息来源。

此外，法国学界兴起的实验考古学也在文书档案之外开辟了历史研究的方式。中世纪的实验考古学来自一位古建筑修复专家的想法。他长期从事中世纪城堡的修复工作，但认为还是无法在修复工作中了解一个城堡从设计到竣工的全过程。因此，他主张按照中世纪人们建造城堡的方式重新建造一座城堡，这样就能对城堡修建的过程产生更加全面的了解。他的这一想法在 1997 年开始实施，形成了盖德隆城堡（Château du Guédelon）修建计划。这一计划旨在采用 13 世纪初人们修建城堡的工具、方式与组织形式完成城堡的修建。通过这样一次实验，

---

① Lucien Febvre, *Combat pour l'Histoire*, Paris: Librairie Armand Colin, 1992, p. 428.
② 海登·怀特著，陈永国、张万娟译：《后现代历史叙事学》，北京，中国社会科学出版社，2003 年；米歇尔·福柯著，董树宝译：《知识考古学》，上海，上海三联书店，2021 年；等等。

研究人员可以完全了解城堡建造从无到有的过程。时至今日，盖德隆城堡仍然在修建过程中。

4. 档案的回归

20世纪90年代，我们迎来了档案在史学中的回归。在档案回归的背景下，史学界产生了两种新的研究趋势——档案转向与文献转向。档案转向的发起者是一些来自档案学的学者，他们尝试探讨档案管理的过程对人们思想和社会行为所产生的影响。而文献转向强调不再将档案视作研究材料和我们解决历史研究问题的工具，而将文献档案完整地看作是历史研究的对象，将其视作社会、政治和文化意义的生产者。总的来说，档案转向首先关注档案对社会的影响；而文献转向则关注社会对档案的影响。

文献转向反映在历史研究中就是历史学家不再仅仅考察档案记录的内容是否真实，而是将档案本身视作研究的对象，考察档案如何通过文本反映生产它的社会。最具代表性的研究是娜塔莉·泽蒙·戴维斯（Natalie Zemon Davis）撰写的《档案中的虚构：16世纪法国的赦罪故事及故事的讲述者》。[1] 这项研究考察的档案是16世纪法国的赦罪书。16世纪的法国实行赦罪制度，犯罪人，一般是杀人案的犯罪人，向国王提交赦罪申请，如果国王认为犯罪人的罪行"情有可原"那么就可以赦免他的罪罚。在这本著作中，戴维斯直面了档案中的虚构问题，她坦言，她的研究就是要让档案中"虚构的"方面成为分析的重点。赦罪书中的虚构集中反映在犯罪人总是做有利于自己的叙述，"宣称杀人是未预谋的、非蓄意的，或者根据法国的法律是正当的、情有可原的"。总之，就是要合理化自己的罪行，使其符合当时社会的道德观念、价值体系、权力结构等，是可以被原谅的，这样才能有被赦免罪行的机会。虽然这些内容是档案的虚构部分，但是这些虚构的信息本身也反映了当时的社会。例如，一位男性因杀妻而被判刑，在他提交的请赦书中，他将自己描述为"品行端正、待人诚恳"的丈夫，他

---

[1] 娜塔莉·泽蒙·戴维斯著，饶佳荣、陈瑶译：《档案中的虚构：16世纪法国的赦罪故事及故事的讲述者》，北京，北京大学出版社，2015年。

的妻子则愚蠢、放荡、邪恶并得过梅毒,他将杀人的原因归咎为妻子与人通奸,奸夫还对他挑衅羞辱,于是,他在盛怒之下,一时冲动犯下了罪行。就是这样一份赦罪申请说服了国王,使他免于惩罚。这位丈夫杀死妻子是真实发生的事件,但是他对自己的评价显然有所美化,对妻子也应该有所丑化,这是档案中可能存在的虚构成分。然而,重点是,带有虚构色彩的赦罪申请导致了免除惩罚的结果。这实际上反映了当时社会对女性道德的要求,男性对女性的控制以及王权对社会道德的控制和在政治、司法权力中的作用。因此,从档案的虚构成分中,我们仍然可以看到真实的信息。

文献的回归说明,文书档案并非完全中立客观的信息载体,但是档案是否能反映真实主要取决于研究者提出的问题和从档案中提取信息的视角。

四、法国档案管理与历史研究

法国的档案管理体系及其形成的过程与法国历史的发展有着密切的关系。在12世纪之前,教会是档案最重要的管理者,确保了文书保存从古代到中世纪的连续性。这主要是因为教会长期是培养书写能力者的场所,只有教会与教士能够传授拉丁语书写技能。12世纪时,教会之外的世俗档案开始逐渐出现。13世纪时,世俗君主通过掌玺大臣处理文书工作,国王可以通过这个机构系统地进行记录,于是才有了关于世俗统治的文书档案。教会垄断文献记录和保存的情况被打破,法国的王室文书宝库就是在此背景下发展起来的产物。13世纪之前,文书的制作、使用以及归档整理等处理工作都集中在非常少数的精英群体当中。到了13世纪,随着前文所述的公证人档案迅速发展以及纸质书写材质的逐渐普及,法国的文书档案数量开始迅速增长。因此,在13世纪之前,很少能够找到足够的文书档案支持系统的历史研究,13世纪以后可以利用的文书档案资源则越来越多。

随着文书档案数量的扩充,其保存形式也发生了变化。12世纪之前,文书档案的数量很少,每份文书都是单独保存,包含相对独立的信息。12世纪开始,世俗文书档案的数量开始增多,档案的意义不再仅仅是每一份文书所呈现的个别具体信息,而更表现在这些不同文书之间的联系,能够为我们提供更多的信息。文本的编排存档方式是上述变化最为集中的表现。在12世纪之前,许多羊皮纸材质的文书就是一页羊皮纸对应一份档案;到13世纪之后,卷宗开始出现,编排者会将收集储存的文献进行归类,同类文献共同组成一个卷宗。而在这个卷宗当中,所有文书之间都存在着一定的联系性。这种卷宗内的联系性和相关性,成为我们研究中世纪晚期历史的一个非常重要的信息来源。

档案文献从13世纪开始持续增长,并在16世纪的时候出现了新趋势,即法国国王对文书起草和保存的干涉与控制逐渐加强。到1539年,法国国王弗朗索瓦一世(François Ⅰ)颁布了《维莱科特雷法令》(Ordonnance de Villers-Cotterêts)。法令的第110条规定,王国的管理文书和司法文件都必须使用法语书写,不再使用拉丁语——法语正式替代拉丁语,成为法国的官方语言。法令的173条规定:公证人必须保留自己所做公证文书的底稿,以供后人查找和对照。得益于这项规定,大量公证人文书都被较好地保留了下来,它们最开始服务于司法和政治等现实用途,后来成为历史学家研究中世纪晚期近代早期社会史的重要史料。1579年,国王亨利三世(Henri Ⅲ)颁布了《布卢瓦法令》(Ordonnance de Blois),该法令规定:每个堂区必须保存个人洗礼、婚礼和葬礼的相关记录。堂区记录后来成为近代史研究的重要素材。法国最早的堂区记录可以追溯到1303年,14世纪时,许多堂区已经不自觉地保存相关记录,《布卢瓦法令》以国家权力的方式强制其成为法律规定的行为。1667年,路易十四又通过了《圣日耳曼昂莱法令》(Ordonnance de Saint-Germain-en-Laye),该法令不仅强制堂区必须要保存这些记录,还特别强调应当避免这些记录因为战争等其他意外因素而丢失。所以,该法令要求堂区记录必须一式两份,一份保存在本堂神甫处,另一份则保存在司法管辖区的书记官处。部分堂区记录从中世纪保存至今,一般在法国的省档案馆或市档案馆里。时至今日,很多人为了解自己祖先的生活都会亲临档案馆去查阅这些档案。

现代研究者可以充分利用的法国档案管理系统实际上是在法国大革命时期才确立的。1790年，制宪会议颁布法令，宣布成立国家档案馆，赋予国家档案馆的重要职责是"保存王国的宪法、公法、法律以及对划分省的安排"。1794年，革命政府出台《穑月七日法令》(La loi du 7 messidor, an II)，这是世界范围内第一部近代档案法，它确立了影响力延续至今的三大原则。第一，法国自此以后实行档案的国家集中管理制度。第二，《穑月七日法令》第37条规定：所有公民都可以在规定的日子和时间里在档案保存的地方查阅其所保存的档案，查阅档案不收取费用，档案不能被带往其他地方。这一规定与《人权宣言》第15条规定相对应。这一规定意在确立国民对国家政府的监督权。第三，建立国家档案管理的网络。法国现在的档案管理网络包括中央的国家档案馆、省档案馆以及市档案馆。全国性档案管理体系中有一个制度设计非常重要，就是各个省的档案分类方式是统一的，因此，只要了解省档案馆的基本分类标准，就可以很方便地查阅各省档案。

1794年的《穑月七日法令》是法国的第一部档案法，直到1979年，法国才对其做出修订并形成了新的档案法。从1794年到1979年，在近两百年的时间里，法国的档案法并没有发生本质的变化。2008年，法国出台了《遗产法典》，档案法的部分被归入《遗产法典》的第二卷，对档案法做出了一定的修正。修订内容中有一项对历史研究非常重要内容，即缩减档案的封闭期。以前档案的封闭期是50年，现在则减少为30年。也就是说，历史学家有机会接触到更多更新的档案了，所以许多档案学家将其称作"送给历史学家的一个礼物"。此外，考虑到历史研究的需要，法国还允许历史学者出于研究目的对部分未开放的档案单独提出开放申请，推动这部分档案提前实现开放。

五、研究工具

法国国家文献学院（École nationale des chartes）有一个简单的数据库http://theleme.enc.sorbonne.fr/，包含了一个缩写词词典，这个词典中列举了法语文献中常用的缩写方式，可以帮助研究者更好地阅读和誊写档案文献，对中世纪研究者尤其便捷。此外，由于中世纪拉丁语书写灵活，与古典拉丁语存在较大差异，在识读中世纪的文献过程中一个词汇量大、带有文献来源参考的专门词典就非常必要。法国国家文献学院已经将著名的 Du cange 词典制作成数据库，免费供研究者查阅，具体见 http：//ducange.enc.sorbonne.fr/。在识读中世纪文献的过程中往往还需要对照不同地区日历之间的差别，这时可以使用由法国科学研究中心开发的数据库 Mellesimo（http：//millesimo.irht.cnrs.fr/）。在输入公元纪年的年份后，可以看到这一年欧洲的重大历史事件，以及不同地区的教会日历的节日和圣徒纪念日。

法国史研究领域中最重要的档案资源来自法国国家档案馆（https：//www.siv.archives-nationales.culture.gouv.fr/siv/cms/content/display.action?uuid=Accueil1RootUuid&onglet=1）。法国国家档案馆馆藏档案按照年代分为两个部分：1789 年之前的档案与 1789 年之后的档案。国家档案馆设计制作了电子的档案目录，点开所需要的一个主题后便会得到对应的信息介绍。例如，点开"王室文书宝库"后，界面就会有一个关于王室文书宝库的简单介绍，对照介绍就可明确其中包含了哪些档案材料。法国国家档案馆的部分档案材料已经被制作成电子档案，可以免费在网站上进行阅读或下载。

除了国家档案馆，法国国家图书馆也保存了大量手稿，保存在法国国家图书馆的黎塞留部。进入法国国家图书馆网站，点击"档案和手稿"部分就可以进行馆藏信息的查询与检索（https：//archivesetmanuscrits.bnf.fr/）。此外，法国国家图书馆还将大量的文献电子化以供读者免费阅读，具体可进入 https：//gallica.bnf.fr 查询。在法国国家图书馆的电子数据库中，有许多关于中国历史的文献，主要为 18、19 世纪的印刷物（https：//gallica.bnf.fr/html/und/asie/france-chine？mode=desktop）。

（初稿整理者：赵予辰）

西欧中世纪官方文书的形制与格式*

张 弢

一、历史辅助科学

历史学科的原创性成果根源于对一手史料的切实掌握与深入分析，西欧中世纪留存至今的文字性材料是探究中世纪欧洲历史的史料基础和重要线索。中世纪历史领域的研究者应当具备释读此类文献的能力，培养这项能力和提供相关知识的学科被称为历史学的"辅助科学"。[①]英语学界称为 Auxiliary Sciences of History，即德语学界的 Historische Hilfswissenschaften（历史辅助学科）。[②] 历史辅助科学在德语国家及地区的学术界是完整且独立的专科之学。德语区大学的历史系大多为该学科设置教授席位或者成立专门的研究所，招收本科生和研究生，培养专业人才。

严格地讲，历史辅助科学乃是一个学科群，涵盖诸多分支和领域。例如在发展成熟的德语史学界看来，它至少囊括如下内容：年代学（Chronologie）、文书学（Diplomatik/Urkundenlehre，也有学者根据汉语

---

* 本章原文《西欧中世纪史料学初探——以德意志王国的帝王诏旨为例》首发于《古代文明》2021 年第 4 期，收入此书有所修改和增补，期间的工作获得"清华大学基础文科发展项目"的支持。主要修订之处一方面在于，原文曾参引同主题著作 James M. Powell (ed.), *Medieval Studies - An Introduction*, New York: Syracuse University Press (1976)，而该书第 2 版（1992 年）的中文译本新近问世，见 [美] 鲍威尔编，汪辉、喻乐译：《中世纪研究导论》，北京，北京大学出版社，2021 年。本章在相关脚注将参考汉译本并作说明和讨论。另一方面，本章在原文基础上增补了些许中世纪教会文书的内容。

[①] [法] 朗格诺瓦、瑟诺博司，余伟译：《史学原论》，郑州，大象出版社，2010 年，第 21 页。

[②] 参见 [德] 约尔丹主编，孟钟捷译：《历史科学基本概念辞典》，北京，北京大学出版社，2012 年，第 135~137 页，第 43 条"历史辅助学科"。

学界的习惯称之为文献学）、谱系学（Genealogie）、纹章学（Heraldik）、历史地理学（Historische Geographie）、手稿学/笔迹学（Kodikologie）、钱币学（Numismatik）、文字学（Paläographie）、印玺学（Sphragistik）、史源学（Quellenkunde）等。① 此外，对于欧洲古代历史的研究领域而言，也包括碑铭学（Epigraphik）、姓名学（Onomastik）、语文学（Philologie）等；在近代史领域还涉及档案学（Archivkunde）等。就更广义的外延而言，历史辅助科学还与考古学联系在一起。②

在西欧中世纪史的研究过程中，历史辅助科学的应用范围颇广。它可以在史料学的基础之上，以文书学为统领，将其他多个分支领域关联起来，形成一套释读史料文本的方法，以此对西欧中世纪文献做出完备的解读。因为在释读过程中乃至之前，率先要对文献做出精准的识别，包括产生的时间、地点、所涉及的人物关系，以及文本中的语言、字体、签名、印信等。在经过对文献的真伪及其史料价值做出初步辨别之后，才能进一步开展释读文本内容的工作。这项通过研究文献的书体、语言、形态、来源等以甄别史料的性质及其价值的工作，就是对历史文献的批判之学（critical scholarship）。③ 德语史学界称之为"史料批判"或者"史料考证"（Quellenkritik）。④ 它与传统中国史学的"考据之学"于内在理路上相通，在工作方法上也多有相似之处。⑤

史料批判源自辨别历史文献的真伪，确认文本记载的内容具有它所宣称的真实性和有效性。在其发展的早期阶段，著名的实例是意大利人文主义学者洛伦佐·瓦拉（Lorenzo Valla，约1406—1457年）将

---

① Ahasver von Brandt, *Werkzeug des Historikers - Eine Einführung in die Historischen Hilfswissenschaften*, Stuttgart: Verlag Kohlhammer, 1998[15], S. 14.
② 我国学者将上述各分支领域称为"传统辅助学科"，而将社会科学提供的新视野称为"现代辅助学科"，参见李隆国：《史学概论》，北京，北京大学出版社，2009年，第85~108及115~142页。
③ ［法］朗格诺瓦、瑟诺博司，余伟译：《史学原论》，第32页。
④ 参见［德］约尔丹主编，孟钟捷译：《历史科学基本概念辞典》，第224~225页，第72条"史料考证"。
⑤ 参见李隆国：《史学概论》，第108~113及143~175页。

《君士坦丁赠礼》(Constitutum Constantini) 鉴定为中世纪的伪作。① 瓦拉主要从语文学的（philological）角度指出该文献出现了众多时代错乱的辞藻与名物，由此判定其乃后人杜撰的古罗马皇帝诏旨。也正是自瓦拉始，开创了文本研究的内证法。② 而从文献的外部形制入手，开启针对文本字体与笔迹、文书体例与格式的专门之学，则要归功于法国教士学者让·马比荣（Jean Mabillon，1632—1707 年）。他的系统性著作《论文书学》(De re diplomatica) 为后来逐渐完备的历史辅助科学奠定了基础。③

鉴于释读中世纪史料对史学研究的重要性，本文拟介绍德语史学界如何通过历史辅助科学的帮助对文献做出基本的判断。德语学界尤为看重史料批判，在史料学研究领域经验丰富、基础雄厚，对中世纪文书的整理、编纂和研究工作最具代表性和前沿性。而国内学界在参考和借鉴德语学界于历史辅助学科取得的丰硕成果方面尚待补足。文中主要以中世纪神圣罗马帝国皇权的所有者既德意志王国的帝王所发布的诏旨为例，辅之以教廷文书的部分内容，对西欧中世纪官方文书的体例格式、释读要领、现代刊本等逐一给予梳理，为同学们提供获取及释读此类文献的门径与方法，以便研习。

二、德语学界的史料二分法

研究西欧中世纪官方文书的重要性首先在于它独一无二的史料价值。有鉴于此，须率先说明德语史学界对史料的定义、分类以及价值判断。

---

① 该书汉译本见：[意] 瓦拉，陈文海译：《〈君士坦丁赠礼〉伪作考》，北京，商务印书馆，2022 年。
② 米辰峰：《瓦拉批驳〈君士坦丁赠礼〉的学术得失》，《史学月刊》，2006 年第 3 期，第 98~103 页；米辰峰：《劳伦佐·瓦拉的生平与思想》，《史学月刊》，2004 年第 8 期，第 69~78 页；以及吕大年：《瓦拉和"君士坦丁赠礼"》，《国外文学》，2002 年第 4 期，第 36~45 页。
③ 可参见米辰峰：《马比荣与西方古文献学的发展》，《历史研究》，2004 年第 5 期，第 140~154 页；以及彭小瑜：《近代西方古文献学的发源》，《世界历史》，2001 年第 1 期，第 111~115 页。

在德语史学界看来，一切包含过往信息的文本（Text）、实物（Gegenstand）、事实（Tatsache）都可以被视作史料（Quellen）。① 从其所提供的历史信息的价值来看，可将史料分成两个大的类别：一为过往遗存（Überrest），二为记事流传（Tradition）。值得注意的是，这种史料二分法与国内世界史学界通常认知的史料划分标准有所不同。国内学界更为熟知的是以时间标准作为史料分类的原则，凡在事件发生同时代产生的材料被视为一手史料——最严格意义的原始史料应是目击证明；而在事件发生之后产生的都属于二手史料。② 而德语学界提供的史料二分法可以对上述同时性原则做出有益且必要的补充。

过往遗存（Überrest）是指从过去直接遗留下来的所有东西，而没有经过任何形式的过滤或者加工，特别是没有经过专以记录史事为目标的转述。③ 英语学界笼统地称之为文档史料（documents）。然而在现实当中，过往遗存不仅仅是指文字性材料，它所涵盖的史料大致分为3种：

（1）实物遗存（例如遗骸、建筑、器皿、工具、艺术品等）；

（2）抽象遗存（例如典章、制度、法律、风俗、习惯、语言等）；

（3）文字遗存（包括所有原始性的文字材料）。

保持着原貌（original）、非目的性、非刻意性是过往遗存类史料的最大优点。它是史事发生过程的直接参与者，或者是过往的直接遗留物，不含人为的判断以及主观倾向，而是以其本来面目示人。帝王颁发的诏旨就属于这一类。再例如账簿与合同，其自身功能是即时地记录和约束当时的商贸往来，写下它们的目的并不是特意为后人展示过往的经营活动。所以，它们更客观和真实地反映出商业活动的本来面目，是研究经济社会史的一手史料。不过，过往遗存类史料也具有明

---

① 参见［德］约尔丹主编，孟钟捷译：《历史科学基本概念辞典》，第221~223页，第71条"史料"；以及Ahasver von Brandt, *Werkzeug des Historikers - Eine Einführung in die Historischen Hilfswissenschaften*, S. 48。

② 参见［英］托什，吴英译：《史学导论——现代历史学的目标、方法和新方向》，北京，北京大学出版社，2007年，第53页；以及李隆国：《史学概论》，第57~59页，但该书作者也认为不能概而论之，需具体情况具体分析。

③ Ahasver von Brandt, *Werkzeug des Historikers - Eine Einführung in die Historischen Hilfswissenschaften*, S. 56-60.

显的劣势。它只承载其自身产生时期的状况,在有限范围内具有时效性;它多以个体的形式出现而缺乏相互之间的关联,当个体呈点状的碎片化分布时,搜集起来零零散散,不具备条理性和系统性。由此,过往遗存一般只反映历史的个别情况或者某个面向,而无法展现彼时的全景风貌。相比较而言,记事流传类史料的优势就凸显出来。

记事流传(Tradition)是指以记录过去和描述史事为主旨的所有材料,包括文字的和口头的。① 英语学界称之为叙述性史料(narratives)。记事流传类史料的主体部分是传统意义上的各类史书和纪事,例如《法兰克人史》《查理大帝传》等中世纪史家的著作就是典型代表。② 从西欧中世纪时期保存下来的记事流传的种类很多,文字性的大致有编年史(Annalen)、年代记(Chronik)、传记(Biographie)、自传(Autobiographie)、回忆录(Memoiren)等;而口头流传涵盖了神话(Mythe)、传说(Sage)、民谣(Lied)、讲述(Erzählung)、故事(Story)等。③

记事流传类史料全部经过人为的编撰和加工,受众获取的历史信息乃间接所得。但其优点在于历史意识明确,叙述较为完整且逻辑性强。它将史事的前因后果直至具体过程告知读者或者听众,期望受众理解和全盘接受它所提供的完整叙事。然而这类史料的劣势也一目了然。在其编作的过程中,人为因素参与进来,编作者的主观意识、价值取向、能力见识、心理状态、生活阅历、叙事笔法等都会影响所记

---

① Ahasver von Brandt, *Werkzeug des Historikers - Eine Einführung in die Historischen Hilfswissenschaften*, S. 61-64.

② [法兰克]都尔教会主教格雷戈里,寿纪瑜译:《法兰克人史》,北京,商务印书馆,1981年;[法兰克]艾因哈德,戚国淦译:《查理大帝传》,北京,商务印书馆,1979年。

③ 编年史(Annalen)与年代记(Chronik)不尽一致,两者均按照时间顺序由古至今编排,但略有区别。一般而言,编年史的连续性更强,中间不应有年份的缺失或者中断,它记录每一年的大事小情。相较之下,年代记更着眼于记录重要事件,当某年没有大事发生时可跳过该年份不记,所以它有时也被叫作大事记。有几部汉译的中世纪史书可兹参考,以比较两者之间的不同,《弗莱德加编年史》(第4卷及续编),陈文海译注,北京,人民出版社,2017年;《法兰克王家年代记》,陈文海译注,北京,人民出版社,2019年;《圣伯丁年代记》,李云飞译注,北京,人民出版社,2021年。需要注意的是,这几本书的汉译编者对调使用了译名——即将 Annales 译为年代记,而 Chronica 译为编年史,但这并不影响原书内容所体现出来的两者各自的特征。

录的信息，当然还有不自觉的记事错误乃至蓄意的歪曲篡改。这必然会影响到记事流传类史料的价值，使其客观性大打折扣。特别是编作者一般只根据自己的好恶与评判标准，对自己认为重要的或者值得传承的往昔进行选择性的记述，受众获得的信息则必然受到编作者眼光和倾向性的限制。例如西欧中世纪编年史的著者多为基督教会的教士，他们更多地关注和记录政治事件和教会事务，普罗大众的日常社会生活相对被忽视。

综上所述，德语学界史料二分法的核心标准是，是否有人为的主观因素参与其中。无目的性、不具主观意识的史料，归属于直接性的过往遗存，乃价值上乘的一手史料。与此相对，如果是以记录史事为根本目的，传播的形式又为转述的史料，则应划归到间接性的记事流传类，其史料价值不及前者。因为后者经过了检选、过滤、加工、修饰、转述等人为的工作，严格地讲可归入二手史料。本文所讨论的西欧中世纪的官方文书属于过往遗存类史料中的第 3 种，即文字遗存。这些文献直接出于中世纪帝王处理政务和信息传达之所需，并不是专为记录史事，所以具有一手史料的价值。中世纪史家著作中的很多内容虽然是根据这些官方文书（或者它们的抄本、复本、记录摘要等）编撰而成，但由于经过了编作者的转述，应归入二手史料之列。只不过，当文书的原件以及各种复本佚失的时候，史家著作成为相关信息来源的唯一渠道，此时由于一手史料的缺失，造成二手史料地位和价值的相对上升。

三、史料学辑要

德语史学界将西欧中世纪的文书（*diploma*）定义为按照固定格式撰写、经过认证的、具有实质性法律效力的书面文件。[①] 文书大体可分为官方和私人两类。而官方文书又可细分为由帝王诸侯等世俗君主发

---

① Ahasver von Brandt, *Werkzeug des Historikers - Eine Einführung in die Historischen Hilfswissenschaften*, S. 82.

布的上谕诏旨，由教宗等教会君主发布的令状，以及由城市发布的文件等。官方（帝王诸侯、教会、城市）以文字的形式将所处理的事务写定下来，颁发出去，通过官方的权威令其生效且被执行。可见，官方文书是中世纪西欧政务当中的枢纽环节，起到确定、承载、传播和稽查信息的作用。

西欧中世纪时期遗留下来的官方文书是后人洞悉当时历史的重要史料。此类文书内容涵盖了内政、外交、立法、行政、经济、战争、和约、世俗政权与教廷之间的关系等各个方面。特别是帝王发布的各种诏旨，在当时具有法律效力。此乃罗马帝国时期开启的政治传统。① 时至西罗马帝国灭亡前后，战乱迭起、社会动荡，政务执行及信息传达的传统相应经历了一个衰败期。官方文书的发布在西欧一度中断，在文化与书写能力较为落后的各地蛮族王国当中也不盛行。直至公元八世纪，各国的王廷才重拾罗马遗风，以颁发官方文书的形式逐渐完备政务管理体系。然而时过境迁，中世纪帝王的官方文书无论从外部形态还是内容格式，皆与古罗马皇帝发布的诏旨大不相同。另外，中世纪西欧是基督教会主宰文字书写的时代，宗教信仰因素在官方文书中也被鲜明地表现出来。帝王的官方文书到十一世纪逐渐成熟，形成了自己独特的格式。至十三和十四世纪，该文书格式又被诸侯和城市等世俗权力的所有者普遍接受和采用。② 由此，中世纪帝王颁发的诏旨是掌握官方文书释读方法之源，更是研究中世纪政治史与制度史的基本史料。

针对中世纪的官方文书，须从内外两条路径展开史料批判和释读工作，外是指文书呈现出的物理状态例如材料和形制等，内是指文书的格式与体例。下文所列举的是历史辅助科学门下最为紧要的几个分支领域，它们既各自独立，相互之间又存在交叉重叠。通过对它们的

---

① ［意］格罗索，黄风译：《罗马法史》（校订本），北京，中国政法大学出版社，2009年，第260~262页。罗马帝国（公元前27年至公元395年；西罗马帝国公元395年至476年）皇帝发布的诏旨主要有四类：布告（edictum）、指令（mandatum）、批复（rescriptum）、裁决（decretum）。

② Ahasver von Brandt, *Werkzeug des Historikers - Eine Einführung in die Historischen Hilfswissenschaften*, S. 85-86.

综合运用，方能对中世纪官方文书做出全方位的考查，并准确地解读文书中的核心信息。①

史料学：首先要考查文书的外部物理特征。西欧中世纪书写文字的载体是畜皮纸（pergamen［t］um），这与古代已大有不同。古代地中海世界书写文字的重要载体之一是莎（suō）草纸（papyrus），其原材料是盛产于埃及的一种芦苇。② 对莎草纸的研究是一门独立的学问即纸草学（Papyrologie）。③ 莎草纸一经写定不易涂改，难以重复使用，且保存难度大，怕水、怕火、怕折，卷成轴后既容易断裂破碎，也会受潮粘连在一起导致腐烂。阿拉伯人在七至八世纪的扩张，使得包括埃及在内的整个沿地中海的北非地区被纳入阿拉伯帝国的版图，信仰基督教的欧洲无法再从埃及获得莎草纸。④ 最晚从七世纪开始，西欧世俗君主发布的文书就已改用畜皮纸，罗马教廷的莎草纸存货用至十世纪末也完全耗尽。从此，西欧的文书载体成为畜皮纸的一统天下。⑤ 畜皮纸一般用羊皮、牛皮等制成，也用少量的驴皮。制作工艺是先将牲畜皮浸入石灰水中数周，泡"熟"去髦，然后拉伸展开晒干，再压平，清洗干净，最后用白垩粉打磨抛光，即获得较为平整光滑略呈白色的一整张畜皮纸。在开始书写之前，根据文书内容的多少剪裁成不同尺寸的适用小张。虽然牲畜皮有髦的外层比贴肉的内层要粗糙，但经过上述工艺的加工，内外层可获得基本相同的光滑效果，均可用于书写。

---

① 需要指出的是，相关的工具类辞书必不可少，例如《中世纪知识简明辞典》，即 Renate Neumüllers-Klauser（hg.）, *Res Medii Aevi - Kleines Lexikon der Mittelalterkunde*, Wiesbaden：Harrassowitz Verlag, 1999。

② 参见［古罗马］普林尼，李铁匠译：《自然史》，第十三卷，第 68~83 页，上海，三联书店，2018 年，第 190~193 页。

③ 有关莎草纸的制作和书写方式，可参见［英］雷诺兹、威尔逊，苏杰译：《抄工与学者：希腊、拉丁文献传播史》，北京，北京大学出版社，2015 年，第 2~5 页，书中配有莎草纸文本残片的图版；以及孙宝国、郭丹彤：《论纸莎草纸的兴衰及其历史影响》，《史学集刊》，2005 年第 3 期，第 107~110 页。

④ 这是畜皮纸替代莎草纸的主要原因之一，但不是唯一因素。前者从四世纪开始就在古代世界被普遍使用，最终替代后者是一个较为复杂的过程，相关的讨论可参见［英］罗伯茨、斯基特，高峰枫译：《册子本起源考》，北京，北京大学出版社，2015 年，第 7~14 页。

⑤ 即便是纸张和印刷术被西欧接受之后，畜皮纸也没有完全退出历史舞台。甚至到了 18 世纪，西欧的一些国家仍规定某些特定的文书要写在畜皮纸上，例如遗嘱。

其中，书写文字的一面为正面（recto），反面（verso）多数时候不再着字，个别情况会留下文书撰写者的记号，以此标明写手为谁。相比莎草纸，畜皮纸结实耐用，能够长期保存，易卷成轴，也能折叠，还可以装订成像现代书籍一样的册子。另外，畜皮纸可以用小刀刮去讹误之处修订，较厚的畜皮纸甚至可以将整篇文字刮去，重新获得一层空白的页面，再撰写新的文本，也就是重写本（palimpsestus/rescriptus）。

西欧中世纪的书写用笔起初还是来自植物茎秆亦如古代。自七世纪开始越来越多地改用禽类的羽毛，常见的是大鹅和乌鸦的羽毛，因其毛管较长较粗、相对结实，便于削尖成笔头。只有位高权重者才在羽毛笔管下端插上金属笔头，例如银的或者铜的，但比较少见。

墨水一般是用五倍子加矾用水调和而成，其他的成分还包括煤炱、树胶、植物烧成的炭黑、葡萄酒、醋等等。添加的配料不同会使墨水的颜色有深浅之分，例如灰色、黄色、红色、褐色、黑色等，也可以添加银粉或者金粉。制成的墨水放入用牲畜角做成的容器当中，与羽毛笔一起可以随身系在腰带上。

语文学：从古罗马到中世纪，拉丁文在西欧官方文书使用的语言当中始终处于统治地位。当然，中世纪西欧的社会历史也对拉丁语本身产生了影响，例如一些口语词汇、民族语言的词汇进入到拉丁文的书面用语当中。这导致中世纪拉丁文不再像古典拉丁文那么优雅，语法的规范程度相应下滑。所以，中世纪时代被认为是拉丁文质量的衰落期。① 甚至一些词汇的词义也发生了变化。例如 comes 一词在古典拉丁语中是"随从"的意思，罗马帝国的皇廷高官也可以冠以此名，而在中世纪拉丁语中则是"封臣、伯爵"的意思。这种词义的引申与中世纪封建制的确立直接相关。还有一些中世纪拉丁语的词汇需要借助专门的词典才能理解。② 另外，中世纪拉丁文依然没有标准的句读亦如

---

① 其实这也情有可原，因为对中世纪的人而言拉丁语已不再是任何人的母语，它只是一部分掌握文化的人——例如教士和书吏——必须学习的一门外语。当时的情况类似当下世界上所有受过高等教育的人都应该掌握英语，但每个人的水平同样是参差不齐。

② 例如《中世纪拉丁语词汇》，即 Edwin Habel & Friedrich Gröbel (hg.), *Mittellateinisches Glossar*, Paderborn: Schöningh, 1997。

古代，句子与句子之间只是粗略地标注类似于句点的分隔符，这在官方文书中也不例外。

文字学：拉丁文字母在中世纪时期经历了一个从大写到小写、从正体到草体的发展过程。① 这期间出现了多种字体，通过研习文字学可以掌握每种字体的书写规则，以便正确辨认和释读相关的文本。其中有几种是文书中的常见字体，也在拉丁字母的字体发展史上占据着重要地位。例如安色尔体（Unziale/*uncialis*）体现出来的是古典拉丁字母从方正的大写体向小写体的过渡，常见于公元四至六世纪时期的文书当中（见图例〈1a〉）。公元八世纪出现的加洛林小写体（karolingische Minuskel）规范了拉丁字母的小写字体，字体清晰，便于书写，易于识读，在提高书写准确度的同时兼具美感（见图例〈1b〉）。加洛林小写体在抄写和流传古代文献的事业中起到了承前启后的重要作用。② 为了加快书写的速度，草写体（Kursive）在文书当中也经常被使用，但字母之间的连接线较多，不易辨认。后来，十四世纪以降的人文主义学者再次强调加洛林小写体的规范作用和书写意义，并在其基础之上发展出人文主义小写体（见图例〈1c〉），为后来制作拉丁字母的印刷体奠定下基础。文字学中的一个难点在于，中世纪的文书无论使用哪种字体都经常会出现单词或者词组的缩写。缩写具有一定的时代特征，不同时期通行的缩写会有所不同，不同的执笔人所使用的缩写习惯也会呈现个性化的特征。为了正确释读，专门的词典必不可少。③

历史地理学：中世纪文书里面会提及当时的地点，在结尾部分一般还会注明文书的签发地。有些拉丁语的中世纪地名被现代欧洲语言保留了下来，例如拉丁语的 *Colonia*，英语的 Cologne，德语的 Köln，即

---

① 详见 Bernhard Bischoff, *Paläographie des römischen Altertums und des abendländischen Mittelalters*, Berlin: Erich Schmidt Verlag, 2009[4]。另外，从美术的视角对字体进行研究和解读叫作书法学（Kalligraphie），可参见 Marc Drogin, *Medieval Calligraphy - Its History and Technique*, New York: Dover Publications, Inc., Reprint 2015。

② 有关加洛林小写体的字体发展，可参见［英］雷诺兹、威尔逊，苏杰译：《抄工与学者：希腊、拉丁文献传播史》，第94~95页；以及［美］鲍威尔编，汪辉、喻乐译：《中世纪研究导论》，第27~31页，此书别具一格地将拉丁字母小写体（minuscule）译为参差体。

③ 可以参考 Renate Neumüllers-Klauser (hg.), *Res Medii Aevi - Kleines Lexikon der Mittelalterkunde*, 书前及书后扉页上的缩写词汇表。

图例〈1a〉 安色尔体

图片来源：https：//de.wikipedia.org/wiki/Unziale（2019年4月19日）

图例〈1b〉 加洛林小写体

图片来源：https：//www.typolexikon.de/karolingische-minuskel/（2023年4月9日）

图例〈1c〉 人文主义小写体

图片来源：https：//de.wikipedia.org/wiki/Humanistische_Minuskel（2019年4月19日）

德国城市科隆。但也有很多拉丁语地名现已不再使用，需要专门的历史地理学词典才能解决辨识问题。①

年代学：中世纪文书在结尾部分一般要写明签发时间，常见的纪

---

① 例如《拉丁语地名辞典》，即 J. G. Th. Graesse & F. Benedict & H. Plechl（hg.），*Orbis Latinus*, 3 vol. Braunschweig：Klinkhardt & Biermann, 1972。

年方式有三种，它们可能会在帝王的诏旨中同时出现。研究者可以分别检查其各自的正确性，相互验证以辨文书真伪，并为历史事件断代。

第一，以当时在位的帝王自登基以来第某年（anno regni nostri …）纪年。但这种纪年只是一个相对的时间概念，研究者可根据历代帝王年表对照出实际的年份。

第二，沿用罗马帝国每 15 年一轮的课税年（indictio，汉译也作"小纪"），标明签发文书的年份是 15 年中的第几年，例如 indictione tertia 就是 15 年课税周期中的第 3 年。第一个课税周期是从公元前 3 年开始算起，也就是说公元元年已经是第一个课税周期中的第 4 年。由此计算课税纪年的方法是在基督纪年的数字之上先加 3，再除以 15，所得的余数就是该基督纪年所在课税年的数字，例如公元 16 年，先加 3，再除以 15，余数是 4，也就是说公元 16 年是它所在的课税周期中的第 4 年。课税纪年方式在罗马皇帝君士坦丁一世（Constantinus Ⅰ，306—337 年在位）时期进入到官方文书当中①，即在公元 312 年被定下 15 年为一个周期②，之后被整个中世纪所沿用。一般而言，课税纪年方式不会单独出现在文书当中，而必须与其他纪年方式相配合。也就是说，单纯依赖课税纪年根本无法确定具体的年份，它只能为其他纪年方式——例如基督纪年——提供进一步的确证。当文书同时标明了课税纪年和基督纪年的时候，研究者可以用上述计算方法校验两者的一致性。不过，中世纪时人算错课税纪年的情况不在少数。所以，课税纪年很难用来作为辨伪的决定性证据。对研究者而言，课税纪年在文书辨伪当中只有些许的辅助作用。

第三，西欧中世纪文书最常用的是基督纪年，将耶稣·基督降生所谓"道成肉身"那年定为公元元年，由此算起第某年（anno incarnationisdominicae …）。这种纪年方式与现在的公元纪年一致。③中

---

① 参见［德］布兰特，周锐译：《古典时代的终结——罗马帝国晚期的历史》，上海，三联书店，2018 年，第 45 页。
② ［美］鲍威尔编，汪辉、喻乐译：《中世纪研究导论》，第 343 页。
③ 有关西欧历法对公元纪年的推算，可参见李隆国：《说"公元（前）"》，《首都师范大学学报》（社会科学版），2011 年第 2 期，第 1~13 页；以及刘城：《古代罗马文明与中世纪西欧的纪年》，《光明日报》，2015 年 11 月 28 日，第 11 版。

世纪沿用的是儒略历，即1年12个月365天。中世纪文书中的具体日期不是直接写明某月某日，而需要用加减法计算出来，这也是沿用了罗马人的传统。西历每个月都有三天为基准点，各有其名——借用中国农历的朔日与望日：每月的第1天叫 *kalendae*（朔日）；*idus*（望日）是在三月、五月、七月、十月的第15日，在其他月份的第13日；还有一个日子叫 *nonae*（或可译为"数九日"）①，它是三月、五月、七月、十月的第7日，其他月份的第5日。

中世纪时人以上述三个基准日子中的一个为起点，往回数若干天，这个"若干天"就是写在文书上面的数字——但它不是实际的日期！实际日期的计算方法是在基准日所代表的数字上加1——因为基准日本身也算1天，再减去"若干天"的数字，得数才是实际日期。例如"*v idusianuarii*"的计算如下：一月（*ianuarii*）的望日（*idus*）是13号，"若干天"的数字是5（*v*），13加1再减5得9，所以这个表述要记载的实际日期是一月九号——既不是一月五号也不是十三号！再例如凯撒（Caesar）遇刺是在公元前44年3月15日，这一天正好是三月的望日，可直接记为 *idusmartii*，就无须再计算。

印玺学：印玺（*sigillum*）是中世纪官方文书中必不可少的组成部分，文书加盖颁发一方的印玺以兹证明文书的真实性和权威性。中世纪的印玺在很大程度上替代了签名（*signum*），与签名具有同等的唯一性。② 印玺在很大程度上解决了中世纪时人包括帝王诸侯在内大多不通文墨的困境——拉丁语印玺（*sigillum*）这个词就是从签名（*signum*）衍生出来的。它从七至八世纪开始在官方文书中出现，九至十世纪被接受为最具权威性的认证手段，加盖过印玺的官方文书才"货真价实"。除发布人以外，文书的撰写人、认证人等也可以加盖自己的印章，以证其效。时至十四世纪，印章在西欧被社会各界普遍使用，甚至农民签订契约也可以加盖自己的印章。除个人以外，城市、社团、行会都使用印章，例如各所中世纪大学作为学人社团就拥有自己的印

---

① 这个日子没有准确的汉译名称，笔者以其算法暂时命名，它是从每月望日的当天（计作第1天）算起，往回数9天。[美]鲍威尔编，汪辉、喻乐译：《中世纪研究导论》，第329页将其音译为"诺奈日"。

② 古罗马已经开始使用印玺，但是罗马皇帝一般都有文化，可以在诏旨上亲笔签名，直接彰显其权威。诏旨签好后卷成轴，滴蜡密封，加盖印玺，以防篡改。

章。总之，能行使职责、承担义务的"法人"——包括自然人、社团、机构等，都具有制作、持有、使用印玺或印章的权利。

印玺本身一般由金、银、铜、铁、锡等各类金属铸成，或者用木头、石头等材质雕刻而成。印玺的大小不等，比较多见的形状是圆形，也有多边形、椭圆形、盾形等。印玺上铸刻的内容是持有人的姓名、称号、头像、身像、纹章、象征物或者宗教题材的标志等，刻法多为阴文。皇帝的印玺因为异常重要，设置专门的掌玺官（sigillator）负责保管。

加盖印玺的材料大多是用蜡，以蜂蜡、树脂、柏油等混合制成，通常为淡黄色或者深黄色，也可以添加配料调成红、绿、黑等颜色。将蜡加热溶化后，滴在文书的结尾处，在热蜡上加盖印玺，待冷却凝固后蜡印就粘在了文书上面。也可以先将蜡印单独做好，用麻绳、畜皮条等悬挂在文书的下端（sigillum pendens），但这样做会因断裂而丢失印玺。给文书加盖印玺的材质还可以使用金属，常见的是铅，非常重要的文书则用白银或者黄金，就是通常所说的"金玺"（bulla aurea）。金属质地的封印一般都采用悬挂的方式（见图例〈2〉）。另外，凡使用

图例〈2〉 金玺诏书

图片来源：https://de.wikipedia.org/wiki/Goldene_Bulle（2019年4月19日）

过印玺的文书，接受一方要为此向颁发方付费，也就是印玺税。

手稿学/笔迹学：这门学问研究的是手稿、抄本的撰写和产生，通过字体和笔迹鉴定撰写人，据此辨别手稿和抄本的真伪，断定其年代，并进行归类。鉴于国内尚无欧洲中世纪手稿的真品收藏，只在此对中世纪文书撰写人和撰写机构作简要介绍。西欧中世纪世俗君主发布诏令通常是由掌握拉丁语的教士来完成书写。因为中世纪的教育掌握在教会手里，大教堂或者修道院一般设有学校培养教士研习拉丁语，同时也设置誊写室或者缮写室（*scriptorium*）传抄文献。在六至十一世纪，为帝王撰写文书的教士就是宫闱小教堂（*capella*）中的神职人员。到了十一世纪下半叶，随着政务复杂性的提高以及收发公文的增多，西欧各国王廷普遍设立了专门负责撰写文书的公文处（*cancellaria*），由一位公文官（*cancellarius*）主导，在他之下有数位公证员（*notarius*），以及一众执笔人（*scriptor*）。① 在大多数情况下，公文官按照中世纪早期的传统仍然由神职人员担任，一般是主教或者大主教等高阶神职人员。例如中世纪神圣罗马帝国的公文官由美因茨大主教担任。当然，在下笔撰写皇帝的文书时会有实际的执笔人代劳。

公文处专门负责官方文书的起草、誊写、签署、认证、收发、保存等。由于世俗君主大多不通拉丁语，外来的文书要依靠公文官或者公证员释读后转述给君主。诏令由君主口授或者仅仅是授意，由公文官记录下来或者直接以拉丁文谋篇。然后，由公文官或者公证员撰写成正式的官方文书，也可以由他们再次口授给执笔人，让后者完成文字的誊写。写好后加盖印玺，最后经君主过目签发——签发方式详见下文。然而，并不是每份文书都要从头起草。公文处会搜集、整理和归纳同一类文书中常见的遣词造句和行文格式，于是出现了很多固定的表达、句式、文本模块等，甚至形成了某类文书的规范性"模板"——也就是下文注释中提及的"程式书"。这使得很多文书时间上前后承继，内容看上去大体差不多，颇像"标准化"文本。在既有

---

① 最先把文书的撰写和收发工作机构化的是罗马教廷，教廷在十一世纪中叶改革时设立了公文处，公文官通常成为教宗倚重的顾问。

"模板"的基础之上，只要对具体的时间、地点、人物、事务等略作修改和调整，就是一篇新的官方文书。君主只需授意给公文官，后者按照君主的意志，找出相对应的文本"模板"，就可以主导完成文书的撰写。所以，虽然公文官本不是高阶官职也并无实权，但他执掌着政务文书的撰写和收发的关键环节，相当于君主与外界相连的重要信息渠道，在政务系统中起到枢纽的作用。① 王廷中的公文官、公证员、执笔人的姓名很多都有案可查。学界对他们的笔迹、文风进行归纳总结，对检验文书的签发时间，鉴定文书的真伪均大有裨益。另外，公文处撰写和发布文书同样要向接受公文的一方收费，也就是公文税。

文书学：上文所述历史辅助科学各个分支领域或多或少都与文书学交叉重叠。它们从各自的视角、以各自的标准检验文书中的某个特定部分，成为文书学的广泛外延，综合起来对文书内外形制与内容进行全方位的考查。另有一些细节之处，专属中世纪官方文书的文书形制和格式要求，举要如下。西欧中世纪帝王发布的官方文书一般在文书第一行句首以基督的象征符号（Chrismon）开头（见图例〈3a〉和〈3b〉），或者画一个十字架，以此表达对基督教信仰的虔诚。在文书的结尾部分，除加盖印玺之外，颁发方应亲笔签名。由于世俗君主大多不会写字，签名一般由公文官等人代笔。常见的方式是将君主名字的字母组合拼写到一起，形成一个完整的图形。但是，须在上面留一处

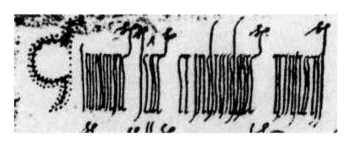

图例〈3a〉 基督的象征符号

图片来源：https：//de.wikipedia.org/wiki/Chrismon_(Diplomatik)（2019年4月19日）

---

① 国内学界常把公文官比作甚至对译为"首相、宰辅"。德国政府中"总理"的职务叫作 Kanzler，亦是由 cancellarius 一词转化而来。

缺笔，例如空一横画、空一竖道或者两者皆空，最后由君主亲手添上所缺笔画，其含义既是亲笔签名（见图例〈4〉）。

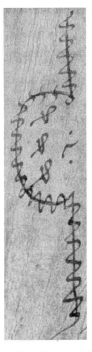

图例〈3b〉 德意志国王奥托三世 993 年谕旨中的基督的象征符号
图片来源：https：//www. historicum-estudies. net/etutorials/leitfaden-mittelalter/diplomatik/graphische-zeichen（2023 年 4 月 9 日）

图例〈4〉 德意志国王奥托二世 978 年的签名
图片来源：https：//www. rambow. de/katechismus-der-urkundenlehre. html（2023 年 4 月 9 日）

教宗发布的官方文书开篇第一句，常以自己的名字和职务开头，然后谦卑地自称为"上帝仆人之仆"，例如 *Victor e⁻ p⁻ s⁻ servus servorum*

Dei（[罗马]主教维克多乃上帝仆人之仆）。教令在结尾处另有几项程式化的标记。一是轮形标记（rota），由内外两个圆圈组成。内圈画上十字，上写圣使徒彼得和保罗的名字，以及颁布教令的教宗之名（见图例〈5〉）。另一是教宗亲手在文书上绘制的祝福语（Bene valete），其形式通常是将这几个拉丁字母组合成一个图形（见图例〈6〉）。

图例〈5〉 教宗巴斯加二世 1111 年教令中的轮形标记
图片来源：https://www.historicum-estudies.net/etutorials/leitfaden-mittelalter/diplomatik/graphische-zeichen（2023 年 4 月 9 日）

图例〈6〉 教宗尤金三世 1148 年签写的祝福语 Bene valete
图片来源：https://www.historicum-estudies.net/etutorials/leitfaden-mittelalter/diplomatik/graphische-zeichen（2023 年 4 月 9 日）

在官方文书的格式方面，中世纪公文中发展出很多行文规则（formulae），它小到固定的遣词用语、句式表达、文本模块[①]，大到整

[①] 可译为"套语"，参见彭小瑜：《近代西方古文献学的发源》，《世界历史》，2001 年第 1 期，第 113 页。

篇文书按照一定的模式套写下来，篇篇雷同①。中世纪帝王最常颁发的一类诏旨叫作特许状（*privilegium*）②——教宗发布的特许令（*bulla*）也属此列③。特许状是权力的主宰者颁发政令、律法、公告，或者颁发特许权、豁免权以及馈赠，乃至签署合约时所使用的公文，是官方文书高度程式化的典型。特许状的行文格式有固定的模式，一份正规且完整的特许状包括序言、正文、结尾三大部分：序言中写明特许状的颁发方与接受方；正文是文书的实际内容和要解决的具体事务；结尾是颁发的时间、地点、颁发人、撰写人以及见证人的签名等。特许状的下端加盖或者缀有颁发方（包括见证人等）的印玺。总之，西欧中世纪的特许状（以及特许令）是记载、颁发、确认特许权的诏旨，它以文字的形式将特许权固定下来，具有官方的权威性与持久的法律效力。④ 了解特许状的固定格式，也就掌握了帝王诏旨的行文规则，以便有的放矢地释读文书的核心内容（见表格〈1〉）⑤。另外，教宗特许令格式与帝王特许状格式大致相同。

---

① 或译为"程式书"，参见［比］冈绍夫，张绪山、卢兆瑜译：《何为封建主义》，北京，商务印书馆，2016年，第15页。

② 对 *privilegium* 的解释参见《中世纪百科全书》，即 *Lexikon des Mittelalters*, Stuttgart: Verlag Metzler, 1999, vol. 7, cols. 224-228。

③ 教宗的印玺本来叫作 *bulla*，用来加盖教令，从十三世纪开始被用作教宗特许令的代名词。有关 *bulla* 的含义可见 *Lexikon des Mittelalters*, Stuttgart: Verlag Metzler, 1999, vol. 2, cols. 934-936。

④ 需要注意的是西欧中世纪历史中 *privilegium* 的一词多义现象。作为特许状 *privilegium*（也包括特许令 *bulla*）的英语译文应是 charter 或者 certificate，也就是德语中的 Urkunde 或者 Diplom。在古典拉丁语中，*privilegium* 指的是例外法条、特别颁发的法令，由此引申为优先权、特许权，参见谢大任主编：《拉丁语汉语词典》，北京，商务印书馆，1988年，第440页。该词的基本含义在中世纪依然适用，帝王诸侯以及教会自上而下承认或者授予臣属某些特殊的权利，这些特许权也可以被称作 *privilegium*（复数 *privilegia*），英译为 privilege(s)，德语为 Privileg(ien)。

⑤ 此表格是由笔者将 Ahasver von Brandt, *Werkzeug des Historikers – Eine Einführung in die Historischen Hilfswissenschaften*, S. 90-91, 与 Renate Neumüllers-Klauser (hg.), *Res Medii Aevi – Kleines Lexikon der Mittelalterkunde*, S. 263, 以及 James M. Powell (ed.), *Medieval Studies – An Introduction*, pp. 84-85 连同其汉译本［美］鲍威尔编，汪辉、喻乐译：《中世纪研究导论》，第126页，进行参考对比后总结所得。部分名称的不同汉译，可参见米辰峰：《马比荣与西方古文献学的发展》，《历史研究》，2004年第5期，第150~151页；以及彭小瑜：《近代西方古文献学的发源》，《世界历史》，2001年第1期，第112~113页。

表格〈1〉 以中世纪德意志帝王特许状（privilegium）的格式为例

组成	名称	功能	范例	译文
Protocol（序言）	Invocatio（祈祷）	首句的祈祷语可以是文字表述，也可能是基督的象征符号 Chrismon，十字架等，或文字与符号两者兼有	In nomine sanctae et individuae trinitatis	以密不可分的圣三位一体之名
Protocol（序言）	Intitulatio（发方）	文书发布方的名号和头衔等	Romanorum imperator semper Augustus X	罗马人的皇帝，永远的君主 X
Protocol（序言）	Inscriptio（受方）	文书的接受方	omnibus Christi fidelibus hanc literam inspecturis … salutem	向所有读到此文书的基督的子民们……致意
Corpus（正文）	Arenga（绪言）	正文中的开场白，说明发布文书的动机和理由	Regiae maiestati decet in subditos et fideles suos manus sue liberalitatis extendere	向其臣民与下属伸出慷慨的援助之手乃君王之责任
Corpus（正文）	Promulgatio/Publicatio（公告）	文书发布方表达意愿	Presenti scripto notum fieri volumus universis imperii fidelibus, quod …	藉此文书，望帝国之内所有臣属周知如下……
Corpus（正文）	Narratio（陈述）	解释发布文书的来龙去脉和主要内容	qualiter nos cuidam militi nostro nomine Y pia mei usservitute intuentes et honestee iuspetitioni adsensum praebentes …	经查，朕之臣属 Y 恪尽职守，谦恭上奏……
Corpus（正文）	Dispositio（旨意）	对事务的处理、决断	Eapropter concedimus, quod …	朕予恩准……

续表

组成	名称	功能	范例	译文
Corpus（正文）	Sanctio（制裁）	对有敢违背者的惩罚	indignationemnostram et penamquinquagintalibrarumauri puri se noveritincursurum	剥夺朕之宠信并处罚款纯金五十镑
	Corroboratio（证明）	对文书认证方式的说明	Presensprivilegium sigilli nostriimpressioneiussinuscommuniri	朕恩准此奏并加盖印玺令其生效
Eschatocol（结尾）	Subscriptio（签署）	文书发布人，撰写人及见证人的签名	Signum domini X; Z cancellariusrecognoi	吾皇 X 之签名；文书官 Z 为证
	Datum（日期）	文书的签发时间、地点	Actum et datum vidusianuarii anno incarnationisdominicae…, indictione tertia, anno autem regninostri…, apud Goslariam	书于吾主降临后某年一月望日之前第五日，以课税之年第三年为记，暨吾皇在位第某年，签属地戈斯拉尔
	Appreciatio（祝福）	文书末尾的感恩祷告	In Dei nomine feliciter, Amen	以主之名赐福，阿门

四、中世纪德意志帝王诏旨的现代刊本

当然,中世纪时期的官方文书不可能百分之百都以原件形式遗留下来,而是多有佚失和损毁。所幸,后世获取中世纪官方文书的相关信息还有两条重要渠道。①

第一,接受方会将官方文书抄写一份复本保存,或将从各个时代、不同的君主那里获得的公文全都抄录复本后集在一起编成存案册(c[h]artularium)——九世纪之后开始普及起来。例如根据存案册编辑出版的中世纪巴黎大学从君王、教会、城市所获的官方文书足有四大册②,另有补编六册③。存案册中的复本未必按照文书原件的格式抄录,它旨在记录原件的核心内容,存档后以备稽查。在原件丢失的时候,存案册中的复本,特别是注明了原件上签名、印玺等特征的完整复本,可以被视为与原件有同等效力。从史料学和史学研究的角度来看,存案册是对已遗失或被损毁原件的重要补充,其史料价值常被等同于过往遗存。

第二,官方文书的发布方会留存文书的草稿,或者将正式颁发出去的文书内容系统地计入登记簿(regest[r]um)——教廷从公元六世纪既已开始对文书内容进行登记。登记簿中的记录一般忽略行文格式,以保存文书主要内容为目的,多以正式撰写之前的草稿作为抄录信息的来源。它同样是对损佚原件的重要补充,其信息价值同样堪比过往遗存类的史料。例如教宗因诺森三世(Innocent Ⅲ,1198—1216年在位)曾经发布过四千余份特许令,其中仅有54份的原件流传下来,幸好有登记簿抄录下了余者的主要内容。④ 登记簿可以支撑起现代史学丰

---

① [苏]柳勃林斯卡娅,庞卓恒、李琳等译:《中世纪史料学》,北京,商务印书馆,2018年。此书虽然搜集了大量出自中世纪欧洲的史料信息,却没有提供史料的现代编本及其释读方法。

② *Chartularium Universitatis Parisiensis* (*CUP*), 4 tomes. (ed.) Heinrich Denifle & Émile Chatelain, Paris: Culture et Civilisation, 1889—1897.

③ *Auctarium Chartularii Universitatis Parisiensis* (*ACUP*), 6 tomes. (ed.) Heinrich Denifle et al., Paris: Didier, 1894—1964.

④ Ahasver von Brandt, *Werkzeug des Historikers - Eine Einführung in die Historischen Hilfswissenschaften*, S. 97.

富的研究视角。例如，由于登记簿是某位君主在一段时期之内颁发的诏旨总汇，研究者可以借此聚焦君主的政务要点及其执政风格等；方家还可以通过登记簿透视特定的公文官、公证员、执笔人的文体风格和书写习惯等，借此洞察中世纪政治领域内部的细节之处。

当下，若要查阅中世纪德意志帝王颁发的诏旨，已有成熟且方便获取的现代刊本可用。1819年，德语学界开启了与中世纪历史文化相关文献的搜集与整理工作，其主旨是将与日耳曼（德意志）历史有关的所有文字性材料全部汇总，经过校勘编辑，出版供学术研究所用的高质量刊本。中世纪神圣罗马帝国的皇帝以及德意志国王所发布的官方文书是这项工作的重中之重。历代学者经过至今整整两个世纪的持续努力，通过从欧洲各地的档案馆、图书馆、博物馆等地搜罗原件以及各类抄本、复本，系统且连续编纂出版了卷帙浩繁的《日耳曼史料集成》（*Monumenta Germaniae Historica*，MGH），是为自公元六世纪至十六世纪所有与德意志国家及民族相关的文字性资料遗存的总汇。这一工作所获得的巨大成功为国际学界所公认。而今，《日耳曼史料集成》作为集大成的资料宝藏，是研究中世纪时期的德意志王国乃至整个西欧历史与文化不可或缺的史料来源。[①] 而且，电子版《日耳曼史料集成》（dMGH）提供免费在线阅读全文。[②] 整部《日耳曼史料集成》共分为五个部分（Abteilungen），每部分包含多种性质的文献，见下表。

I	史家著作（*Scriptores*）	包括编年史（Annalen）、年代记（Chroniken）、国史编（Staatsschriften）、人物传记（Viten）等
II	律法汇编（*Leges*）	包括程式文书（Formulae）、法令法典（Kapitularien）、会议决议（Konzilsbeschlüssen）、部族习惯法（Volksrechten）等

---

① 国内学界已然认知这部史料汇编的价值，并在新近的研究中越来越多地加以利用，也被译作《德意志文献集成》，相关介绍可参见李隆国：《从德意志文献集成的编辑中"阅读中世纪"——兼及德意志文献集成研究所的历史》，《光明日报》，2019年9月16日。

② 电子版《日耳曼史料集成》（dMGH）的主页为 https://www.dmgh.de/（2023年4月9日）。不过，若使用电子版的一些数字化功能，例如在全文中检索关键词等，需要向数据库供应方布莱波利斯（Brepolis）出版社购买权限，http://apps.brepolis.net/BrepolisPortal/default.aspx（2023年4月9日）。

续表

Ⅲ	官方文书 (*Diplomata*)	包括从公元481年开始墨洛温王朝历代法兰克君王以及之后朝德意志帝王发布的诏旨等，例如"MGH D. Karol. Nr. xx"即指《日耳曼史料集成》、加洛林王朝诏旨、编号某某
Ⅳ	信函书札 (*Epistolae*)	包括德意志帝王的书信往来以及出身德意志的教宗的书信等
Ⅴ	咏怀文存 (*Antiquitates*)	包括中世纪的诗歌（Gedichten）、各地教会记录的讣告（Nekrologien）以及纪念名册（Gedächtnisbücher）等

针对其中的第三部分"官方文书"，在编纂《日耳曼史料集成》的过程中，学者们同时完成了另一部重要的汇编成果《帝国实录》(*RegestaImperii*, RI)。这项工作始于1829年，其初衷是为编纂《日耳曼史料集成》做准备，即一边搜集整理德意志帝王诏旨的原件及复本，一边阅读并摘录出每份诏旨的主要内容，以便将它们按其发布的时间顺序系统地排列起来。随着《日耳曼史料集成》收录的官方文书不断地增多，《帝国实录》本身的独特价值逐渐显露出来。首先，《日耳曼史料集成》刊印的官方文书都是拉丁语文本，《帝国实录》则提供相应内容的德语摘要，只在必要之处引用部分拉丁语原文。其次，从加洛林王朝的奠基者丕平三世（Pippin Ⅲ, 751—768年在位），至哈布斯堡王朝的皇帝马克西米利安一世（Maximilian Ⅰ, 1486—1519年在位），中世纪德意志帝王发布的官方文书浩如烟海。例如德意志国王、神圣罗马帝国皇帝弗里德里希三世（Friedrich Ⅲ, 1440—1493年在位）一人发布的诏旨就有约五万份传世。而《帝国实录》正可以作为公元751年至1519年间，中世纪德意志帝王及神圣罗马帝国皇帝发布的所有已知诏旨的索引。研究者可以通过它稽查检索历代帝王的日常政务及相对应的诏旨信息。借此，《帝国实录》呈现出了历代帝王政治生活的概览。最后，《帝国实录》至今共汇编出版了100余册，其中包含约14.5万条记录。它虽不是官方文书的全文，却提供找寻史料的重要线索。它在每条记录后面指明相对应的诏旨在《日耳曼史料集成》中的位置，并附有相关的参考文献，包括经过编者整理的原件形制、版本流传、接受史，以及现代学界对文本内容的讨论等，均是作文献学研

究的基础信息。综合视之,《帝国实录》早已不是《日耳曼史料集成》单纯的配套之作,而是学界研究中世纪德意志历史的重要辅助工具。现在,《帝国实录》业已全部数字化上线(RI Online),提供免费阅读及检索功能。[①]

《帝国实录》的内容架构按照朝代更迭的时间顺序,大致分为十四个系列,每个系列出版的册数则根据各朝帝王发布文书的数量多寡而不尽相同:

I	加洛林王朝(Karolinger)	715—918年
II	萨克森王朝(Sächsisches Haus)	919—1024年
III	萨利安王朝(Salisches Haus)	1024—1125年
IV	洛塔尔三世(Lothar III)、早期施陶芬(ältere Staufer)	1125—1197年
V	施陶芬王朝(Staufer)	1198—1272年
VI	鲁道夫一世(Rudolf I)、阿道尔夫(Adolf)、阿尔布莱希特(Albrecht)、海因里希七世(Heinrich VII)	1273—1313年
VII	巴伐利亚的路德维希(Ludwig der Bayer)	1314—1347年
VIII	卡尔四世(Karl IV)	1346—1378年
IX	文策尔(Wenzel)	1376—1419年
X	鲁普莱希特(Ruprecht)	1400—1410年
XI	西吉斯蒙德(Sigismund)	1410—1437年
XII	阿尔布莱希特二世(Albrecht II)	1438—1439年
XIII	弗里德里希三世(Friedrich III)	1440—1493年
XIV	马克西米利安一世(Maximilian I)	1486—1519年

《帝国实录》展示出其自身价值之后,德语国家的史学界成立了专门的机构,将相关的汇编工作独立运行,在掌握一手史料的基础之上又展开了研究工作,所形成的丛书系列"中世纪皇帝与教宗历史研究——《帝国实录》附刊"(*Forschungenzur Kaiser- und Papstgeschichte des Mittelalters. BeiheftezuRegestaImperii*),至今已出版40多部史学专著与论

[①] 电子版《帝国实录》的主页为http://www.regesta-imperii.de/startseite.html(2023年4月9日)。

文集。另外，基于网络带来的便利，《帝国实录》的主页上还免费开放文献目录查询（RI OPAC）①，更丰富了自身的研究辅助功能。方家可以据此搜索到有关中世纪研究著作的海量出版信息，涵盖西欧各主要语言。

《日耳曼史料集成》与《帝国实录》不但是研究中世纪德意志帝王诏旨的资料来源，还提供了可资借鉴的工作模式——专业学科的机构化以及机构之间的协同合作。首先是它们的主持机构能够应时而变（mutatis mutandi），随着信息时代的到来与时俱进，充分发挥数字化与互联网为人文学科的基础研究所提供的开放性与便利性。其次是两者都由专门的研究机构负责。《日耳曼史料集成》由德国"中世纪德意志研究所"（DeutschesInstitut für Erforschung des Mittelalters）负责，其总部自1949年起从柏林迁至慕尼黑。与该研究所展开合作的不仅有慕尼黑大学、德国巴伐利亚州立图书馆，还有奥地利学术院（Österreichische Akademie der Wissenschaften）等机构。《帝国实录》自20世纪80年代以来由德国的美因茨学术与文学院（Akademie der Wissenschaften und der Literatur Mainz）主持，主要合作者还包括德国的柏林—勃兰登堡学术院（Berlin-Brandenburgische Akademie）、奥地利学术院之下的中世纪研究所（Institut für Mittelalterforschung）等十余家机构。《日耳曼史料集成》和《帝国实录》所承载的资料信息根本无法依赖一朝一夕的某项工程或者某个项目完成，而是需要固定的机构与专业的人员，才能打造持久、稳定、高质的工作平台。而且，两者在体量上和技术上更不可能由个人或者某个研究组单独承担，而是需要多种类的学术机构和各个相关领域的专家通力协作，方可实现鸿篇巨制。

毋庸讳言，即便是经过整理与鉴别的中世纪官方文书，仍无法完全排除一些赝品伪作躲过编者的鉴别进入了现代编本的可能性。事实上，也有一些在方家看来依旧存疑的文献——尤其是出自中世纪早期的一些诏旨，虽然尚无法确凿其真伪，却也被收录其中并刊印出来。

---

① 主页为http：//opac.regesta-imperii.de/lang_de/index.php（2023年4月9日）。

这有待学界的进一步探究。可见，即便是文书学专家也不可能对如此巨量文献中的每一篇都抱有绝对把握。对于历史学家而言，倘若完全缺乏文书学的基本训练与鉴别意识，在不自觉当中误判、误识、误解文本，便无法避免地做出与史实不符的结论。法国著名的中世纪史学家、《封建社会》的作者马克·布洛赫（Marc Bloch，1886—1944 年）曾经写道："历史学家对于其职业中的所有重要技艺至少应略知一二，这不仅是有益的，而且是必须的。哪怕这只是为了事先了解工具的用途以及运用工具的困难。"① 所以，从文书学角度对历史文献做出基本的判断，依然是进行科学的历史研究工作之前提与基础。有鉴于此，我国的欧洲中世纪史学者要不断加深史料学方面的学识；同时，作为一级学科的世界史也应在历史辅助学科领域开拓进取，逐步形成自主且完备的学科体系。

---

① ［法］布洛克著，黄艳红译：《历史学家的技艺》（第 2 版），北京，中国人民大学出版社，2011 年，第 76 页。

俄联邦档案的采集和运用

王 奇

中外有成就的史学研究者特别强调档案基础工作的重要性。深入细致地挖掘原始档案文献——这项工作是烦琐而枯燥的，但却是必须且不可逾越的，其要害在于决定了史学研究者阶段性学术观点的可靠性和科学性。

诚然，档案文献的种类繁多，原本反映的是同期动态的史实，经不同时期的加工整理变成了静态的史料，而史学研究者所要做的工作就是尽最大的可能还原动态史实以本来面目，使每份躺着的档案文献活生生地呈现在人们面前。

现从三个方面与大家分享采集和运用俄联邦档案的心得：其一，俄联邦档案管理工作的原则及其特点；其二，俄联邦史学研究者在采集和运用档案文献开展科研工作方面的特点；其三，举例说明如何尽其所能客观地还动态史实以本来面目。

一、俄联邦档案管理工作的原则及其特点

俄联邦档案管理工作历来备受重视，在一些俄联邦学者看来，俄联邦档案管理工作是反映国家社会发展的一面镜子。

1. 俄联邦档案管理工作原则的确立

苏联解体后，考察俄联邦档案管理工作的变化需首先关注两次重要的事件：

事件一：1991年8月24日，连续颁布两道俄联邦总统令——《关于苏共档案国家化的俄联邦总统令》和《关于移交苏联原克格勃文献至国家档案馆的俄联邦总统令》（Указы Президента РФ «О национализ ации архивов КПСС》и《О передаче в госархивы документов бывшего КГБ СССР》），规定俄联邦档案事务部（Федеральная архивная служба России：Росархив）——隶属于俄联邦部长会议的档案事务委员会合法接管苏共中央全部档案，档案馆所在地、档案馆在编人员、拨款预算也在接管范围之内；同时规定俄联邦档案事务部接管已被解散的苏联克格勃全部档案。

与此相关联，1991年年末，在原各加盟共和国（以俄联邦为基础）、边疆区、州、城区苏共党（团）档案馆的基础上创建了一批新的档案——文献中心，其中，按文献收藏量划分最大的有苏共中央档案馆——现代文献收藏中心（ЦХСД）；党中央档案馆——俄罗斯近代史文献收藏与研究中心（РЦХИДНИ）；苏共列宁格勒档案馆（ЛПА）——国立圣彼得堡历史—政治文献中心档案馆（ЦГАИПД СПб）；苏共莫斯科档案馆（ЦПА）——莫斯科社会运动中心档案馆（ЦАОДМ）。

事件二：苏联解体后，俄联邦替代了苏联主权国家的地位，接管了各加盟共和国（以俄联邦为基础）、边疆区、州、城区国家档案馆的主要管理体系，掌握了不少于600年的有关本国历史包括国家最高权力机关的创立及其沿革的有价值的档案文献，至1991年年末，有3家高水平的档案馆隶属于俄联邦部长会议档案事务委员会管理——俄联邦国家档案馆（莫斯科，ГА РФ），托姆斯克远东国家档案馆（收藏散落的1917年后国家政府机关档案，ЦГА РСФСР ДВ）和弗拉基米尔影像资料档案馆（РГАКФД）。

与此相关联，苏联解体后，苏联各档案馆均被冠以相应的俄联邦（或俄罗斯）名称：苏联较古老的国立古文献档案馆——国立俄罗斯古文献档案馆（РГАДА）；苏联国家历史档案馆——国立俄罗斯历史档案馆（РГИА）；苏联军史、海军、军事国家档案馆——俄罗斯军史档案馆（РГВИА）、国立俄罗斯海军档案馆（РГАВМФ）和国立俄罗斯军事档案馆（РГВА）；国家特藏档案馆（ЦГОА）——历史文献综合收藏中心（РЦХИДНИ）；苏联国民经济档案馆——国立俄罗斯经济档案馆（РГАЭ）；十月革命国家档案馆、苏联最高权力、最高政权机关、俄联邦国家档案馆合并为俄联邦国家档案馆，该档案馆目前为俄联邦最大的联邦档案馆；俄罗斯航天科研文献收藏中心（РНИЦКД）与其在萨玛拉市的分部（РГНТА в г. Самаре）合并为国立俄罗斯科技文献档案馆（РГАНТД）。

上述档案馆中需特别提及四家档案馆——国立俄罗斯历史档案馆、国立俄罗斯古文献档案馆、俄联邦国家档案馆和国立俄罗斯军史档案馆，其特殊性在于1993—1995年注入了一批相当有价值的涉及俄罗斯民族文化遗产的文献。

同期统计数字显示，俄联邦共有2267家国家级档案馆和文献中心，其中有16家属于俄联邦级水平，32家属于以俄联邦为基础的加盟共和国级水平，12家属于边疆区级水平，134家属于州级水平，2060+13家属于城区级水平，这些档案馆和文献收藏中心分别隶属于78家管理机关。

值得注意的是，俄联邦档案事务职能保证法是相当重要的和富有成效的。1992年6月19日，经由俄联邦最高苏维埃通过并颁布了《关于开放档案文献的办法及其使用权的规定》（Постановление ВС РФ от 19 июня 1992 г. N3088-I «О временном порядке доступа к архивным докумен там и их использования»）——这是俄联邦历史上首次由国家最高立法机关颁布的涉及档案工作标准的条例，其原则已被列入1993年7月7日经由最高苏维埃通过的《关于俄联邦档案资源及其档案工作立法原则》（Основы законодательства РФ от 07.07.1993 N 5341-1 «Об Архив ном фонде Российской Федерации и архивах»）之中，其中规定了俄联邦档案馆管理的7项原则：划分原则（国家级和非国家级）、收藏原则、公开原则、共享原则、支配原则、支付原则和义务原则。规定了获取俄联邦国家级档案的4条标准：其一，涉及个人及其家庭生活的档案需自该档案设立时算起不少于75年后获取；其二，涉及国家级秘密的信息需自该档案设立满30年解密后获取；其三，涉及少于30年期限的有关解密文献的获取；其四，涉及需延长30年期限的有关国家级解密文献的获取。还规定了一些获取国家机密解密档案文献和获取个人解密档案文献的程序：其一，俄联邦《关于国家机密》法中涉及的部委、部门及其系统中的机关、组织、企业可以派代表自行授权解密其收藏的相关国家级档案文献；其二，各部委、部门及其所属系统的机关、组织、企业收藏的档案文献，包括其在国家档案馆收藏的档案文献应有计划或根据自行程序进行解密；其三，苏共中央档案文献根据专门程序解密。根据 1994 年 9 月 22 日第 489-рп 号俄联邦总统令，设立了专门的苏共中央文献解密委员会（Распоряжение Президента РФ от 22 сентября 1994 г. N 489-рп Ообразовании Комиссии по рассекречи ванию документов, созданных КПСС）。获取个人档案相对复杂一些，目前还缺少相应的法律条文，因此，不得不根据特殊情况予以处理。

值得一提的是，苏联政府曾规定，隶属于苏联政府的一系列部委档案系统可区别于国家档案馆系统，有权将其材料作为国家级档案文献正常收藏。但 1994 年 3 月 17 日第 552 号俄联邦总统令《关于俄联邦档案工作条例和俄罗斯国家档案事务部条例》（Указ Президента РФ от 17 марта 1994 г. N 552《Об утверждении Положения об Архивном фонде Российской Федерации и Положения о Государственной архивной службе России》）颁布后，这些部委的档案文献所属权问题实际上发生了变化，其变化的实质在于，这些部委不能长期地将其资料作为国家级档案予以保存，而只能临时性的以寄存方式作为俄联邦国家级档案文献资料予以保存。寄存实际意味着在一系列部委档案馆中保存俄联邦国家级档案文献有时间（50 年乃至更长）限制，其标准首先是俄联邦新立法中确定的各部委综合性文献，其中涉及苏联时期建立的机关、组织、企业系统活动的档案文献材料，但这些材料慢慢地仍要全部转交给国家档案馆。与此相关联，苏联克格勃机关材料、苏共中央政治局文献已首先转交给俄联邦近代史文献收藏与研究中心（至 1952 年，含 1952 年的资料）和现代文献收藏中心（1953 年至 1964 年的资料）。

弗·弗·普京（В. В. Путин）执政时期，根据其先后颁布的 6 道俄联邦总统令，即 2016 年 6 月 22 日第 293 号俄联邦总统令、2018 年 12 月 18 日第 719 号俄联邦总统令、2021 年 3 月 2 日第 120 号俄联邦总统令、2022 年 4 月 25 日第 229 号俄联邦总统令、2022 年 5 月 11 日第 287 号俄联邦总统令和 2022 年 12 月 30 日第 986 号俄联邦总统令，编制出《联邦档案局若干问题规定》(《Вопросы федерального архивного агентства》, в ред. Указов Президента РФ от 22.06.2016 г. N 293, от 18.12.2018 N 719, от 02.03.2021 N 120, от 25.04.2022 N 229, от 11.05.2022 N 287, от 30.12.2022 N 986),分三章、26条,对俄联邦档案局的原则、权限、活动都做了明确规定。

2. 俄联邦档案管理工作的特点

俄联邦档案文献收藏具有分散性的特点,但每家档案馆(包括知名学术机构的档案馆)专业性很强,其编目工作非常精细。

(1)雅金夫·比丘林手稿。以收藏俄国汉学的奠基人雅金夫·比丘林(Иакинф, Никита Яковлевич Бичурин)手稿为例,我们分别从6家俄联邦档案馆采集到雅金夫·比丘林的手稿58种(包括雅金夫·比丘林对五种语言辞典的评论、雅金夫·比丘林编纂的满—汉—俄辞典、未曾公开的书信等珍贵手稿),共计27029页,见表I。

表I 雅金夫·比丘林手稿来源

序号	文献收藏地	卷宗	文献编号
1	国立公共图书馆手稿部(ОР ГНБ)	学术文献	№A18-20 №A22-23 №A26-27 №A-56 №972
		第231全宗	III.5/23 III.5/24 III.16/8 III.16/26
		第542全宗	№796
2	俄罗斯科学院东方文献研究所档案馆(АВ ИВР РАН)	第7全宗	№1-19 №22-25 №28-30 №31/а-г №34-36 №38 №43 №45-46
3	列宁格勒州历史档案馆(ГИАЛО)	第19全宗	№413ч. 120 第486-628页
4	国立俄罗斯历史档案馆(РГИА)	馆藏喀山神学院中国卷	№1848-1853 №1857 №1859
		第10全宗	№842 №848
5	帝俄对外政策档案馆(АВПРИ)	第152全宗	№179
6	国立圣彼得堡大学东方系图书馆(Б-ка вост. фак. СПбГУ)	ХҮЕ	F5-6 F-97

（2）中俄关系史档案。再以收藏中俄关系史档案文献的档案馆为例，收藏中俄关系史档案文献的档案馆主要包括：俄联邦总统档案馆（АПРФ）、俄联邦国家档案馆、原苏共中央—共产国际档案馆——今俄罗斯近代史文献收藏与研究中心（简称：近代史文献中心）、俄罗斯现代文献收藏中心（简称：现代文献中心）、国立俄罗斯历史档案馆、俄罗斯影视资料档案馆（РГАКФД）、俄联邦外交部档案馆（ИДД МИД 包括两部分：俄联邦对外政策档案馆（Архив внешней политики Российской Федерации：АВП РФ）和帝俄对外政策档案馆（Архив внешней политики Российской империи：АВПРИ）、国立俄罗斯经济档案馆、国立俄罗斯军事档案馆。还需特别注意俄罗斯科学院档案馆（Архив РАН）。

俄联邦总统档案馆在俄联邦政府各机关档案馆中占有特殊地位，其中保存着一些高级别的重要资料，如苏共中央政治局决议及其决议珍本；苏联高层如约·维·斯大林（И. В. Сталин）通信及其批示文件；等等。原规定该档案馆只对总统的行政机关开放，对其他研究人员保密。但我们有幸进入了该档案馆并复制了一批珍贵的文献资料。该档案馆位于总统办公地点旁边，进入审批手续极其严格（其他档案馆一般在有俄方合作单位介绍信和本人递交申请后隔日甚至当日即可进入，而总统档案馆需在一周甚至两周后才可进入），馆舍的装潢远高于其他档案馆，其工作人员的业务素质也很高。在研究者采集资料的过程中有专门的工作人员陪同在研究者身边并提供"帮助"，其精细程度一方面让研究者明显地感觉到陪同者训练有素，但另一方面也颇让研究者有异样之感，当然，复制资料的价格也高于其他档案馆。

挖掘中俄关系史资料需特别关注俄罗斯近代文献中心和现代文献中心，特别是前者。据俄联邦档案事务部规定，该档案馆收藏苏共中央机关文件；苏共中央政治局、书记处、组织局、苏共中央全会、党的代表大会的文件资料；中央委员会各部的材料，收藏期限从苏共建党初期至1952年（含1952年）。1917年后因苏共中央政治局是最高决策机构，苏联各部各局和共产国际的活动都取决于苏共中央政治局的决定，故苏共中央政治局、苏共中央全会有关中国问题的决议、会议记录等重要的文献资料对研究苏共、苏联对华政策的制定过程、国共两党关系的变化等重要史实都极富价值。一些涉及中国问题、注明特藏卷宗的机密文件经解密正在不断公开。譬如，在公布的1924—1934年约·维·斯大林致维·米·莫洛托夫（В. М. Молотов）信函中，通过阅读1926年、1927年、1929年的若干信函可客观了解约·维·斯大林对中国同期所发生的历史事件的立场，对1927年国共两党分裂之际中国共产党前途的看法。该档案馆涉及共产国际与中国革命关系的资料主要包括如下6类：其一，共产国际领导机关全会、代表大会决议、会议记录、会议速记等资料，其中相当部分已发表（考虑到发表手续繁杂问题、经费问题等因素，建议大家要善于利用已公布的资料，最好是已公布的俄文原版资料，翻译文本存在理解或翻译的误差），根据这些文件可了解共产国际对华政策。还需要特别注意筹备召开全会、代表大会资料以及共产国际执委会中国问题委员会资料，包括其对中国一些重大事件进行的初步讨论，这样可更准确地了解共产国际对华政策的制定过程，而这块内容也恰恰是以往所较少关注的。其二，共产国际执委会各领导机关文献资料。譬如，主席团文献资料（1920—1934年）；书记处文献资料（1926—1935年）；共产国际执委会书记处文献资料，主要包括讨论中国问题的备忘录；会议筹备资料；通过的决议；等等。共产国际执委会东方部（1920—1926年）和东方书记处（1926—1935年）文献，这两个机构的工作重点放在研究对华政策问题上；远东局东方部文献资料（远东局创建于1923年1月，1925年在符拉迪沃斯托克办公，1925—1927年在中国办公）；共产国际执委会在中国的代表们——格·纳·维经斯基（Г. Н. Войтинский）、马林（Хенк Снейвлит）、米·马·鲍罗廷（М. М. Бородин）、罗易（Манабендра Рой）、维·维·罗明纳兹（В. В. Ломинадзе），等等；远东局驻华代表们之间的通信；共产国际驻华代表从中国写回的涉及中国各个方面的报告书，在此基础上，共产国际执委会东方部、东方书记处为共产国际、苏共领导机关中国问题专门委员会提供建议并准备决议草案。其三，关于中国共产党的资料，包括党的中央机关、地方组织的工作报告、会议记录、决议等等。1950年代，根据中苏两党协议，涉及中共方面的大部分资料转交给中国方面，由中共中央档案馆收藏。此外，少共国际、赤色工会国际中的一些材料可作为中共活动的补充材料。涉及国共两党关系（中山大学、反帝同盟）的资料也值得注意。其四，共产国际俄罗斯代表团文件汇编（因俄罗斯代表团在共产国际中的地位举足轻重，并与苏共直接联系，故中共代表团、共产国际执委会驻华代表常与俄罗斯代表团交往）。其五，共产国际一些领导人——德·扎·曼努依尔斯基（Д. З. Мануильский）、格奥尔基·季米特洛夫（Георги Димитров）等的文献资料。其六，1943年共产国际解散后成立了苏共中央国际部，该部的一些文件（涉及1944—1949年中苏两党中央关系）补充到俄罗斯近代史文献中心收藏。值得一提的是，由于共产国际实际上是在苏共领导之下，与苏联外交部、国防部等部门关系密切，故在共产国际档案文献中拥有许多外交部、国防部的重要文献资料，同样在外交部、国防部文献中也可见到共产国际文献。

在俄联邦国家档案馆中收藏的有关中国问题资料主要包括：其一，关于旅俄华人活动情况；自愿参加苏联国内战争的华人资料。其二，全苏对外文化交流协会资料，其中包含一些罕见的各个时期开展中苏文化交流的资料，在文化交流过程中常常涉及政治问题。

在国立俄罗斯军事档案馆中收藏的有关资料主要包括：其一，1920—1940年代苏联对华政策、关于中国各个方面情况，特别是中国政治与军事情况的资料。其二，俄联邦、苏联军事革命委员会、军事司令部和指挥部资料（1920年代的资料包括中东路事件资料；1930年代的资料包括哈桑湖事件和哈勒欣河事件的记载），其中典型的、有价值的资料如高层军事指令；战报及通报；具有谍报性质的涉及中国军事政治形势的报告；各种军事力量状况的资料。其三，1920—1940年代苏联对中国各种力量提供军事援助、苏军高层派代表进驻各个委员会以解决各种军事政治问题的资料。该档案馆大部分资料进行了微缩处理，有工作目录，档案馆指南，有开放的馆藏资料简介。

涉及中俄经济关系的资料收藏在国立俄罗斯经济档案馆中。

在俄罗斯科学院档案馆中可查阅到1920—1930年代苏联科学院和共产主义研究院各机构中就中国问题开展的一系列争论。

收藏涉及中俄关系史文献资料最为齐全的当属外交部档案馆。包括双方签署的协议、协定、中央—地方代表们进行谈判记录、不同层次人员通信、电讯往来、谈话记录、报告等等。

其他一些相关的零散档案分散在俄联邦各类档案馆中。

综上，因涉及中俄关系史的档案文献分布在各档案馆中，所以，只有对各主要档案馆的相关档案尽可能地进行较全面的采集并进行整理后，才可能对有关问题予以整体把握。

（3）俄罗斯科学院东方文献研究所档案馆编目。这里特别需强调的是，关注有影响力的俄罗斯科学院所属机构档案馆所藏文献编目——编目的专业化和精细化是俄国史学的传统优势方面，在此，以俄罗斯科学院东方文献研究所档案馆文献编目为例。

其编目专业且精细，共有23种文献编目——阿拉伯文献全宗（Арабографичный фонд）、科普特写本全宗（Фонд коптских рукописей）、叙利亚写本（Сирийские рукописи）、犹太写本和古本（Еврейские рукописи и инкунабулы）、埃塞俄比亚全宗（Эфиопский фонд）、波斯写本（Персидские рукописи）、中世纪伊朗语写本（Рукописи на среднеиранских языках）、突厥写本（Тюркские рукописи）、格鲁吉亚写本和文献（Грузинские рукописи и документы）、亚美尼亚写本和文献（Армянские рукописи и документы）、梵语全宗（Сериндийский фонд）、印度写本全宗（Фонд индийских рукописей）、蒙古全宗（Монгольский фонд）、西藏全宗（Тибетский фонд）、蒙藏图卷藏品全宗（Иллюстративный фонд тибето-монгольских коллекций）、敦煌全宗（Дуньхуанский фонд）、中国全宗（Китайский фонд）、唐古特全宗（Тангутский фонд）、满洲全宗（Маньчжурский фонд）、朝鲜全宗（Корейский фонд）、日本全宗（Японский фонд）、编目全宗（Картографический фонд）、波斯语微缩视频全宗（Фонд микрофильмовна персидском языке），其中，敦煌全宗、中国全宗极富典型性。

敦煌全宗（Дуньхуанский фонд）中包括该全宗的收藏历史和藏品、藏语写本、个人藏品、编目、该机构敦煌学研究成果等内容。该全宗下设定了2个关键词：敦煌（Дуньхуан）、藏语卷轴（Свитки тибетские），表明这两类藏品极具价值并具代表性，分别点击，会呈现相关全部藏品及其经典研究成果，且均设置了链接。点击关键词敦煌

（Дуньхуан），即刻出现《敦煌藏语卷轴述论》等 17 种藏品及其经典先行研究并附链接；点击藏文卷轴（Свитки тибетские），即刻出现 3 种藏品及其经典先行研究并附链接。

譬如，点击《敦煌藏语卷轴述论》链接，便呈现题名和封面：

附对照表：

1. Phan-phan (Дх.Тиб. 1)
2. Cang-legs-brtsan (Дх.Тиб.2)
3. Wang-hing-rtse (Дх.Тиб. 10)
4. Phan-la-brtan (Дх.Тиб. 12)
5. Dam-'gi (Дх.Тиб. 21)
6. Cang-lha-legs (Дх.Тиб. 22)
7. Bam-shes-rab (Дх.Тиб. 25)
8. Mcshams-gYu-gzigs (Дх.Тиб. 28)
9. Spang-po-ldong(-)nya (Дх.Тиб. 29)
10. Dze-tsheng (Дх.Тиб. 35)
11. Lha-snang (Дх.Тиб. 36)
12. An-dge-brtan (Дх.Тиб. 40)
13. Khang-kog-khen (Дх.Тиб. 41)
14. Gchog-legs (Дх.Тиб. 46)
15. Stag-ra (Дх.Тиб. 49)
16. Jin-legs-kong (Дх.Тиб. 54)
17. Chos-gyi-ye-shes (Дх.Тиб. 55)
18. (Cha)(-)lha-legs (Дх.Тиб. 59)
19. Cang-stag-rma (Дх.Тиб. 60)
20. (Do)(-)im-tshe-tsheng (Дх.Тиб. 62)
21. Cang-stag-lod (Дх.Тиб. 65)
22. Im-stag-rma (Дх.Тиб. 76)
23. Stag-rma (Дх.Тиб. 78)
24. Klu-gzigs (Дх.Тиб. 79)
25. 'Bre-lha-bu (Дх.Тиб. 81)
26. Gtsug-bzang (Дх.Тиб. 85)
27. Wang-rgyal(-)legs (Дх.Тиб. 89)
28. Wang-legs-brtan (Дх.Тиб. 90)
29. Gtsug-legs (Дх.Тиб. 93)
30. Dpal-mchog (Дх.Тиб. 94)
31. Sag-phan-phan (Дх.Тиб. 95)
32. Dpal-gyi-sgron-ma (Дх.Тиб. 97)
33. Chos-grub (Дх.Тиб. 100)
34. Ser-thong-thong (Дх.Тиб. 103)
35. Jin-lha-bzher (Дх.Тиб. 105)
36. Wang-klu-legs (Дх.Тиб. 106)
37. Ha-stag-lod (Дх.Тиб. 108)
38. Wang-rma-snang (Дх.Тиб. 109)
39. Khang-tig-tig (Дх.Тиб. 110)
40. Dpal-gyi-chos-grub (Дх.Тиб. 111)
41. Wang-hwa-tshe (Дх.Тиб. 112)
42. Bam-stag-bzang (Дх.Тиб. 115)
43. An-btshan-zigs (Дх.Тиб. 116)
44. Legs-rma (Дх.Тиб. 117)
45. An-phab-dzang (Дх.Тиб. 118)
46. Stag-lod (Дх.Тиб. 119)
47. Cang-snang-legs (Дх.Тиб. 121)
48. Heng-je'u (Дх.Тиб. 122)
49. Brtan-legs (Дх.Тиб. 123)
50. Sag-chos-grub (Дх.Тиб. 124)
51. Meg(-)le-gYu(-)bzang (Дх.Тиб. 125)
52. Cang-zhun-tshe (Дх.Тиб. 126)
53. Pe'u-tshwen (Дх.Тиб. 127)
54. Wang-gYu-rton (Дх.Тиб. 128)
55. Bzang-kong (Дх.Тиб. 130)
56. Kham-kim-kang (Дх.Тиб. 131)
57. Stag-snang (Дх.Тиб. 137)
58. Im-'phan-la-brtan (Дх.Тиб. 139)
59. Klu-legs (Дх.Тиб. 141)
60. Cang-zhun-zhun (Дх.Тиб. 142)
61. Khang-rmang-legs (Дх.Тиб. 143)
62. Sgron-ma (Дх.Тиб. 144)
63. Shin-cheg (Дх.Тиб. 145)
64. Bam(-)kim<kang(-)> (Дх.Тиб. 150)
65. 'Phan-la-brtan (Дх.Тиб. 153)
66. Dze'u-hing-tsin (Дх.Тиб. 154)
67. Cang-'phan-legs (Дх.Тиб. 156)
68. Leng-ho-zhun-tse (Дх.Тиб. 163)

附图 24 幅：

中国全宗（Китайский фонд）中包括该全宗的收藏历史和藏品、编目、该机构汉学研究成果等内容。该全宗下设定了 4 个关键词：唐古特佛教（Буддизм тангутский）、中国刻本（Ксилографы китайские）、中国写本（Рукописи китайские）、哈拉浩特（黑水城，Xapa-Xoto），表明这四类藏品极具价值并具代表性，分别点击，会呈现相关全部藏品及其经典研究成果，且均设置了链接。点击关键词唐古特佛教（Буддизм тангутский），即刻出现 11 种藏品及其经典先行研究并附链接；点击中国刻本（Ксилографы китайские），即刻出现 6 种藏品及其经典先行研究并附链接；点击中国写本（Рукописи китайские），即刻出现 13 种藏品及其经典先行研究并附链接；点击哈拉浩特（黑水城，Xapa-Xoto），即刻出现 43 种藏品及其经典先行研究并附链接。

譬如，点击中国刻本（Ксилографы китайские）中的《来自黑水城的部分中国藏品述论（彼·库·科兹洛夫个人卷宗）》，便呈现题名和封面：

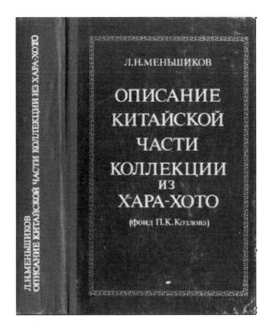

附汉字对照：

文书档案中的历史

附图 36 幅：

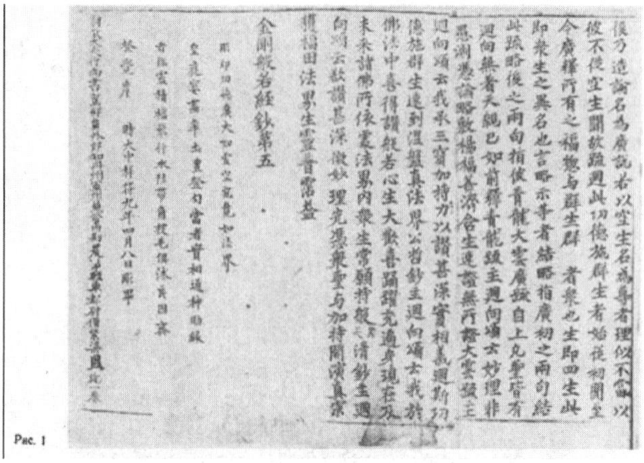

[图：金刚般若经残卷第五，Рис. 1]

根据俄联邦档案收藏的分散性特点、各档案馆极富专业化和精细化的档案编目特色，故强调应善于利用俄联邦档案馆问讯机构。国家级档案馆咨询机构既提供获取其卷宗和内容的总体介绍，也提供获取其全部文献内容的详细信息。可借助已出版的问讯参考资料（指南、卷宗一览、题目指南等等）和内部科学问讯机构非出版参考书，首先是获取卷宗目录。当然，各国家级档案馆问讯机构有所不同，甚至在联邦级档案馆中有档案收藏库，但由于收藏数量的原因暂时还缺少问讯指南。即便是在那些高水平的有权长期收藏俄联邦档案资源国家级文献的档案部门仍存在类似的状况。也有例外，俄罗斯科学院的许多档案收藏库有科学地制作上百年档案资料编目的传统，俄联邦非国家级档案还没有建立行之有效的问讯机构，包括出版物在内。

开发俄联邦档案信息资源不是一代研究者所能完成的事业。对问讯资料的使用既有共性，也有个性，这表明，尽管在那些经济条件极其艰苦的俄联邦档案馆仍备有问讯手册，与1991年相比其数量不是减少了，而是增加了。前所未有的涉及档案文献的《历史档案》杂志（《Исторический архив》）问世了；涉及共产国际、共产党—工人党情报局历史等一些重要机关历史的资料汇编问世了。享用者可以熟悉解密档案文献，获得俄联邦档案馆专业档案公告的信息。俄联邦国家档案馆还出版了一系列特别目录，涉及约·维·斯大林、维·米·莫洛托夫、尼·谢·赫鲁晓夫（Н. С. Хрущев）《特藏卷》的一些文献公开了。俄联邦国家档案馆、国立俄罗斯经济档案馆、近代史文献中心等多家档案馆出版了系列指南。

凡此种种，都成为事半功倍的路径。

二、俄联邦史学研究者工作方面的特点

总体而言，俄联邦史学研究者着力语言能力的不断提升，一般地，谙熟3种（或以上）外语，研究中国问题的学者汉语程度相对较高；受政治因素的影响，1920—1950年代在苏联收藏的有关中俄关系史的原始档案更具权威性，虽已归还给中国一部分（更多的是中文资料），但更多的有价值的原始文献资料分别藏于俄联邦各档案馆，与此相关，在档案工作制度化方面，在档案管理方面俄联邦占有明显优势。

下面举例说明。

苏联、俄联邦汉学家在研究中国问题时注意抓的要点：首先强调准确地把握史实的源头。譬如，第一个中共党史研究室的来源及其所从事的工作。1920年代成立了中山大学下属的中国问题研究所，但中国学者在译名上有误，实为中国问题科学研究院，这是一个历史名词。1928年2月，成立了中国问题科学研究院下属研究中国工人运动小组，组长是帕·亚·米夫（П. А. Миф），这个小组整理并出版了一批相当有价值的资料。1929年10月，中山大学第一个党史研究室成立，主任是瞿秋白。这个研究室收集了不少资料，譬如，瞿秋白讲授中共党史并撰写的《中共党史讲义》；邓中夏撰写的讲义；张国焘用中文出版的《中共史料》。1930年，中共党史研究室用俄文出版了中共六大会议记录（六册），据俄联邦学者讲，他们希望发表中文的中共六大速记记录，相比而言，俄文记录较之中文记录更完整、更全面，这一情况值得我们注意。其一，在研究中共六大文件时，俄联邦学者重视军事委员会会议记录，特别重视周恩来的报告，其中谈到如何利用游击战，如何总结大革命的教训以及中共同期的任务，提及"如果没有约·维·斯大林的支持，我们就不能解决军事问题，建立不了红军"。（俄联邦学者重视国共关系的研究。在选择、整理材料时既不批评毛泽东，也不批评蒋介石，而是提供客观的文献资料。周恩来报告中的话他们认为

是重要的。他们支持客观求真的原则,也有俄联邦学者称之为知识分子的良知。某种意义上讲,这可以作为我们收集档案文献资料时的借鉴和全方面掌握资料的补充)。其二,还要注意中共六大召开前帕·亚·米夫致尼·伊·布哈林（Н. И. Бухарин）的一封信,其中介绍了六大决议的起草过程。据杨之华回忆,六大决议是瞿秋白起草的,这不符合史实。事实上,瞿秋白参与了文件的起草工作,但文件是共产国际东方部撰写的,瞿秋白译成中文,并加了小标题（瞿秋白俄文很好,但俄文毕竟不是他的母语）。其三,有关中共六大文件有些出入,因六大结束后,共产国际领导人对文件的一些地方提出了意见,根据这些意见对文件进行了修改。

在苏联时期出版一些书籍也受到政治因素的左右。1936年一些苏联学者撰写了一部关于中共党史的书籍,这部书稿有俄文版、中文版、英文版等多种版本,1938年因撰书者之一的帕·亚·米夫被肃杀,故该书被宣布为禁书。一般地,这类书被收藏在特藏书库。在俄联邦特藏书库中包括禁书、外文书（涉及国外批评言论的书籍）、内部资料,1990年代取消了特藏书库,其中的文献资料也在陆续解密之中。

1938年中国问题科学研究院被解散,遗憾的是其中80%的汉学家被肃杀,剩下的少部分人就变得更加谨慎。譬如,格·纳·维经斯基在此后异常小心,毛泽东访苏前他写了贺信,未收到回信,于是变得更加小心,一旦遇到什么事他总是讲,如果有中央命令的话,我要看中央的命令。关于格·纳·维经斯基,需要关注他1930年代在海参崴活动的文献资料,他曾任太平洋职工国际秘书处主席。需要研究格·纳·维经斯基1932年6月和1933年6月向莫斯科汇报工作的两封信（格·纳·维经斯基本人于1933年末回国,搞科研工作;格·纳·维经斯基的女儿还提供了她父亲1920年代的照片）,这两封信可以了解太平洋职工国际秘书处对中国东北的贡献,了解格·纳·维经斯基的重要贡献:他如何在伊尔库斯克组织共产主义小组,组织中国共产党的创建。

因俄联邦学者注重抓源头,加之他们采集和利用档案的技巧,他们曾指出中国学者的"错误"。他们曾看到发表的中文版社会主义青年团会议记录,认为这是伪本,因为共产主义组织原始文件中没有中文的会议记录，俄文的也没有，而是有德译文。他们非常注意天津、武昌社会主义青年团会议记录，天津社会主义青年团会议记录中有张太雷等人的发言；武昌社会主义青年团会议记录中有董必武等人的发言。涉及天津共产主义小组，他们特别重视周恩来、张太雷的活动。涉及北京共产主义小组，俄联邦学者提到 1921 年该小组出版的杂志《仁星》，共 3 期，该杂志对了解北京共产主义小组的活动很有帮助。

俄联邦学者还经常提及 1957 年他们自己所犯的"大错误"，即苏共中央交还给中国有关中共驻共产国际代表团资料但没有留复印件一事。这批档案目前保存在中共中央档案馆。俄联邦学者谈到了到中方档案馆的种种限制，也曾有过俄联邦学者以无党派和翻译、顾问的身份到中共中央档案馆查阅资料的事。还提及对中共一大决议、纲领这两个文件目前只有英文版、俄文版的看法，英文版是美国哥伦比亚大学韦慕廷教授在陈公博的博士论文《共产主义运动在中国》的附录中找到的，俄文版是 1957 年归还给中国的。据俄联邦学者猜测，中文版原件肯定会有，因陈公博曾用中文写过《中国共产党史》，这部书稿的附录中有一大文件的原文，故中文版原件或许散落在南方的广州等什么地方。

在研究中国军事行动时，他们注重研究有影响的军事案例。譬如，在众多的有关广州（起义）暴动的资料中，他们特别重视的原始文献是联共（布）中央政治局决定（以往很少发表）；再有就是牛曼（德国毛子）电报，牛曼通过情报部门得知驻广州总领事反对广州起义，认为广州起义是冒险行为，一定会失败。但牛曼没有顾忌总领事的意见，在牛曼给政治局的电报中谈到，不管你们怎么决定，我们准备好了，我们要开始起义，结果政治局同意了牛曼的意见，这才是真正的冒险主义。1927 年夏，A 同志［苏联红军情报局派往中国的军事顾问团成员，安德烈（Андрей）；真名叫谢苗诺夫（Семенов），这是个很有意思的人物，曾参与过刺杀弗·伊·列宁（В. И. Ленин），是搞军事活动、恐怖活动的行家，曾被判处死刑，后改判十年徒刑，因是专家级人物，约·维·斯大林对其进行改造，后让他专门从事中国问题研究，当过情报局副局长］主持广州暴动（准确用语，而不应叫广州起义），他有一份详细报告，对研究广州暴动的过程很有帮助。1925—1927年春，苏联军事顾问的报告比较多，介绍他们是如何帮助搞三次武装起义的。值得注意的是，有的文件有俄译文，有的有德译文，有的有英译文，但无中文原件。因中文记录时使用化学变色笔，有的可以看清，有的就永远看不清了。

  对于重要人物的研究，譬如周恩来，又抓了几个点，值得我们注意：其一，在研究1930年、1931年红军顾问团活动时，帕·亚·米夫有一份报告，提到红军情报局为军事顾问团派了一位团长［盖依列斯（Гайлес）］，他为周恩来、为中共起草了一些文件，其中还提到了红军的情况，苏维埃共和国建立的情况。有一份文件中谈到李立三路线以及如何克服李立三路线。《周恩来年谱》中提及这份文件是周恩来起草的，这个提法有误，应是军事顾问团团长起草的。其二，研究共产国际为什么反对冯玉祥的问题时，间接地提到了周恩来在其中所起的作用。根据军事情报局提供的情报冯玉祥是亲日派；冯玉祥部有不少日本军事顾问。周恩来与苏联红军情报局关系密切，向他们提供了许多情况，其中1940年提供的一份材料中称冯玉祥"这个人是不可靠的；很狡猾"。其三，俄联邦学者出版的《中共史论》中用到一份材料：遵义会议的批判对象有3人：博古、李德（Отто Браун）、周恩来，因这份文件相当敏感，中文出版物中将周恩来的名字删除了。其四，周恩来曾向共产国际提供过遵义会议的会议记录（中文，有俄译本），500页，收藏在中央档案馆（一位在共产国际工作过的老专家提及此事）。《王明回忆录》中也提及看到过遵义会议的会议记录。其五，西安事变期间宋庆龄的一封信中批评了周恩来，称周恩来破坏了初步的行动计划，破坏了秘密协议。其六，提及毛泽东与王明发生意见分歧时，其中有一件反对毛泽东的文件是周恩来起草的。金冲及在《毛泽东传》《周恩来年谱》中均提到此事，但不提是周恩来起草的该文件，而是提王明派起草的，问及作者时，作者回答未见过原件。俄联邦学者认为，其实，这件事至少反映周恩来经历过从批毛到拥毛的转变过程，并再次提及支持客观求真的原则，强调学术研究需秉持客观、严谨和包容的态度。

三、客观地还原本来面目

2001年3月22日《团结报》上发表了《莫斯科中山大学的创办及其在国共关系史上的地位》一文，至少需搞清中山大学始末。遗憾的是，作者在文中这样描述到，莫斯科中山大学筹建于1925年夏天，同年9月建成，1930年秋停办。这至少可以说明作者没有在挖掘档案文献的基础上搞清该校的来龙去脉。

事实上，该校存续期限：1920—1938年。1921—1925年；1930年中共党员在东方劳动者共产主义大学（КУТВ：Коммунистический университет трудящихся Востока）接受训练，1925—1930年为中国人开设。1925—1928年更名为孙中山共产主义劳动大学（УТК：Университет трудящихся Китая）。1928年9月17日更名为中国劳动者共产主义大学（КУТК：Коммунистический университет трудящихся Китая），КУТВ的党员转至此。

重要事件：1920年9月召开东方人民代表大会。1921年2月10日，俄共中央决定成立东方劳动者共产主义大学（КУТВ им. Ф. Э. Дзержинского，以费·埃·捷尔任斯基的名字命名）。1921年4月21日，俄共中央委员会批准2月10日决定，并规定КУТВ隶属于政府部门的民族人民委员部。1923年，该校更名为东方劳动者共产主义大学（КУТВ им. И. В. Сталина 以约·维·斯大林的名字命名），其任务是培养俄远东地区民族干部（包括中国），1924年，该校撤销，并隶属于苏共中央执行委员会。1925年更名为孙中山共产主义劳动大学（简称中山大学，УТК им. Сунь Ятсена，以孙逸仙的名字命名），1928年撤销，更名为中国劳动者共产主义大学（КУТК，取消命名），1930年秋关闭该校。1929—1937年改造，并隶属于苏共中央执行委员会。

中山大学在1926—1930年间先后创办了三种刊物：《国际评论》中文周刊（1926年9月至1927年6月，共38期，Международное обозрение 国际评论）、《中国问题资料》（1926—1928年，共16期，Материалы по китайскому вопросу）和《中国问题》（俄文季刊

1929—1930 年，Проблемы Китая）。这些刊物专门介绍、分析国际形势和对中国革命问题进行理论研究。

我们除了到俄联邦总统档案馆、俄联邦国家档案馆、俄罗斯现代文献中心、俄联邦外交部档案馆、俄罗斯国家影视档案收藏中心复制了大量有价值的文献，也抓住了一些细微之处。为搞清莫斯科中山大学的始末，我们到国立公共图书馆东方学分馆复制了大批中山大学教材等资料，譬如：《俄国无产阶级之理论与实际》《射击学之大纲》《东方史》《西方史》《西方革命史》《中国共产党史》《中国革命史》《近代史讲义参考材料》《中国共产劳动大学中国科学研究院的〈每周要览〉》等教材，还复制了较完整的同期中文报纸，譬如，《工人之路》《红旗报》《东方工人》《中国工人》《前进报》《工人生活》《中国报》等报纸。

一言以蔽之，若还动态史实以本来面目需要从六个字入手——只有"博、通、精"，才能"稳、准、深"。

印度档案

曹 寅

一、绪 论

今天我们就来讲印度的史料。大家可以看到现在展示的是一个殖民地时期孟加拉邦政府的档案。基本上英属印度时期的档案材料都是以英文为主的。档案的话格式差不多就是这样的，应该看起来不是太难，但是如果是前殖民地时期的印度史料，那就是完全不一样的了。其实讲档案之前或者说讲历史材料之前，我想问大家一个问题，一个很多人都好奇的问题。中国在历史上是大一统国家，但为什么印度却从来没有形成过？有一种解释是这样的，因为中国历史记载的习惯太强了。比如说，你如果生活在汉朝，你记不记得秦朝发生了什么事？你记得秦朝这个朝代吗？你肯定会觉得我这个问题很傻，为什么？我生活在汉语体系，我当然会记得历史上的秦朝或者比秦更早的朝代。但是另一个问题就来了，人类是否总是能记得100年前或200年前发生的事情？历史书写和记忆是常态还是非常态？大家可能因为生活在中国的语境下，觉得这应该是一个常态。但是我想跟大家说的是，在整个印度次大陆是完全不一样的景象。阿育王死后50年就没有人记得阿育王是谁，因为印度没有历史记载的传统。你不写下来，当然不知道50年前发生过什么事情。那么更重要的问题来了，中国历史的大一统可能就是因为我们一起记得我们历史上存在过大一统的情况。而相对于印度来说，如果你从来不记得，意识到你存在过大一统国家，那自然也没有什么动机去"重建"一统。所以说大一统帝国实际上是一个历史书写的问题，或者说是一个历史记忆的问题。

我们来到今天讲的印度历史的史料来看。首先我给大家看一个新闻，是一个 2015 年路透社的报道，标题是 "Special Report: By rewriting history, Hindu nationalists aim to assert their dominance over India"（《通过重写历史，印度教的民族主义者旨在重申他们对印度的统治性地位》）。我们来看一下这个报告。它说印度政府在印度现在总理莫迪的领导下，静悄悄地任命了一个由学者组成的委员会，委员会的职责是通过考古发现以及 DNA 测算方式去证明今天的印度教徒是最早来到这块土地上的人。他们最终想要确立一个民族身份，这个民族身份需要与印度教徒的宗教观相适应，即印度是印度教徒的印度。长久以来，我们并不认为印度只是一个印度教徒的印度，印度是一块多元文化的地方，它包括了耆那教、伊斯兰教、基督教和印度教，还有各种各样其他的信仰。印度教里还有达利特人。我们所持的印度是一个多元文化共存的、由移民构成的国家的观点，是英国殖民统治时期确立的。今天的印度政府想要挑战这种多元文化观点，他们认为印度自古以来就是印度教徒的，其他的人都是外来者。

英国人之所以这样叙述历史，其实是因为英国人想要让印度人觉得，大家都是外来人，英国殖民者只是比其他印度的族群来得迟了一点。如果把所有在印度定居的族群都说成是外来的，那么英国作为后来殖民者的合法性即可以被确立。英国人通过把印度描述成一个多元文化国家去消解印度人的民族主义合法性。而印度教民族主义者通过强调只有印度教徒才是印度自古以来一直存在于这块土地上的人来挑战英国殖民的合法性，并为自身的统治建立新的合法历史叙述。

然后大家来看国民服务团（RSS）。国民服务团其实是印度现在的执政党，印度人民党（BJP）下属的一个青年团组织。国民服务团认为所有的印度人，包括那些 1.7 亿的穆斯林，其实以前都是印度教徒。他们都是 Bharat 这个部族的后代。这些穆斯林是历史上印度教徒被强迫改宗的。印度的教育部长 Balmuk Pandey 甚至说要通过证实古代印度文本中的内容来恢复印度的荣光。但是古代印度文本包括一些什么内容呢？主要是印度的两大史诗，一个是《摩诃婆罗多》，一个是《罗摩衍那》。这些史诗里面有很多猴子救人啊，可以飞天啊这些内容，相当于中国的《封神榜》。印度教民族主义者想要证明这两大史诗中的内容是事实而非神话。印度教民族主义者在中学教科书里面也要把这些"印度教徒之印度"的理念加进去，让年轻人从小就建立起"印度是印度教徒的印度"这么一个认知。历史学家 Romila Thapar 认为谁自古以来就在这个地方，对于民族主义者来说非常重要。

目前已知印度最早的文明是印度河流域文明（以哈拉巴和摩亨佐·达罗遗址为代表）。但是印度河流域文明最好玩的一点在于人们至今也没有办法证实其跟印度教有任何联系。我们无法破解印度河流域的文字，而且马对于印度河流域文明并不重要。但是我们知道马在早期雅利安人的印度教文化中是非常神圣的。所以很大的可能就证明印度河流域文明并不是今天印度人的祖先。但是这个对于民族主义的叙事就形成了一个非常大的问题。已知印度最古老的文明的祖先跟现在的印度人不是同一种人。在英国殖民时期，人们普遍有一个共识，即今天主要生活在印度北部的雅利安人，是在大约三千年到四千年前从中亚或高加索地区移民到印度的。然而，新成立的委员会的任务是什么呢？他们计划通过考古学、DNA 分析以及其他方法来重新审视这段历史。具体来说，他们希望证实的是印度教文本中描述的事件是真实的，今天的印度人是那个时代人的后裔。正如我之前提到的印度神话故事一样，他们试图证明神话史诗中描述的许多事情实际上发生过，而今天的印度人确实是那个时代人的后代。

他们计划实施一项全面的计划来达到这个目标，包括对考古遗址的定年和对人类遗骸进行 DNA 测试。有趣的是，印度总理莫迪在 2014 年参观了孟买的一家医院，并通过此次访问提到了"古代宗教文本中记录的科学成就"，还提到了象头神。关于象头神，它是印度教中的神祇，通常被描绘成拥有大象头和人类身体。莫迪暗示，也许古代印度已经具备整形技术，因此可能有医生将大象头部与人身体相结合，这是总理所提到的。

总之，他强调了印度古代文化在各个领域的巨大贡献，甚至暗示了可能存在整容手术的早期形式，将大象头部与人体结合在一起。

二、史料与史实

　　印度教民族主义者对于印度独立后的第一任总理尼赫鲁也一直持批评态度。尼赫鲁将印度描述为一个多元文化国家。但印度教民族主义者说尼赫鲁受西方世界影响太深了。对于印度教民族主义者来说，印度的政治应该是具当有"印度泥土的味道"。读了这么多之后，我们发现这些民族主义者强调最多的是"史实"，就是我们今天课上要讲的史料。当然大家读了这些话之后，可能会忍俊不禁，觉得史料、史实这些词从这些政治家嘴里说出来蛮可笑的。所以这说明了什么？史料和史实本身其实是被筛选过的。其实我想说的是，在印度，史料和史实本身不断地在建构当中。而通过考古挖掘和 DNA 测算技术，历史在不断地被重新书写。

　　最近我在做一个项目，整理近年来刚刚解谜的尼赫鲁私人档案。这些尼赫鲁的私人文件是被莫迪政府解密的。大家知道莫迪政府跟尼赫鲁和尼赫鲁的印度国大党是死对头。莫迪在上台之后解密了尼赫鲁的私人档案，就是想要让历史学家从中找出很多负面材料，从而矮化尼赫鲁的历史地位。所以历史学家找了很多尼赫鲁的私人信件、档案去检查。莫迪政府以让历史学家更好地找到"历史事实"为理由去解密档案，但是他只解密了尼赫鲁的档案。历史学家以档案为原始文献。因此被解密的档案自然成为历史学家研究的对象。但是大家可想而知，根据解密出来的尼赫鲁档案，历史学家的研究一定是有很多对尼赫鲁这个人的重新定位。所以说一方面莫迪政府会说我并没有想要抹黑尼赫鲁；但另一方面却又把他的档案解密出来，让历史学家研究。这样操作的背后存在着怎样的政治动机，其实是很明显的。这就再一次告诉我们，档案文献是一个权力建构的过程。然而，更重要的是历史学家没有看到什么东西，以及这些东西是如何在历史上消失的。

　　现在我们再来看英国殖民话语体系中的多元文化印度是怎么样形成的。英国人在 18 世纪的时候来到了印度。一开始来的是东印度公司。东印度公司到印度来，它的主要的目的是赚钱。赚钱最重要的第一步是得懂当地的语言。第二，英国人得知道当地以什么法规来收税。英国人觉得印度人可能有一个相应的税收法规，这个法规很可能隐藏在他们宗教的一些法典里。英国人就开始大量的翻译梵文写成的法典。翻译之后他们发现这些法典更像是一些社会规范和信仰仪式，没有太多的法律内容。英国人因此觉得假如印度人没有办法解释和管理自己的社会，没有像欧洲一样的理性发展，那么就由英国人来帮印度人解释。所以说这些欧洲人，主要是学了梵语等印度语言的东方学家，就开始尝试用欧洲的办法去理解印度的社会。英国人认为他们自己的社会里面有一个宗教，即基督教。那么印度也应该有个宗教，他们不应该没有宗教，所以说英国人把所有社会规范和仪式都归纳为印度教。

在建构了印度的宗教之后，英国人开始尝试书写印度的历史。他们到了印度后完全不了解它的历史，也无法解释它的历史，因此只能用自己的历史书写方法套在印度之上。所以说英国人开始用编年史的那套理论书写印度的历史。印度历史的发展需要与印度教结合起来，因为西方的历史书写是和基督教结合起来的。印度的历史发展也就跟印度教的发展结合在一起了。我们今天来看这个方法可能是非常的谬误，为什么印度历史发展要跟印度教结合起来？这个话后来被印度教民族主义者利用了。所以现代人要了解印度的历史，首先被要求学习印度教，同时要学习印度教的官方语言梵语。但是，印度的信仰体系非常的多元，也有很多其他的语言。所以我们需要反思为什么梵语渐渐代表了印度教以及印度的传统。

大多数东方学家到了印度要学习印度的梵语的时候都是跟当地的婆罗门学。所以英国人就认为婆罗门告诉的这些东西就是印度全部的历史，直至英国人采纳了一套婆罗门解释历史的角度，把它内化在了自己解释印度历史的这个地方。这就很吊诡，因为最后我们看到印度人又采纳了欧洲人这一套叙事，这其实是绕了一个圈子。最早开始深入东方学家以 Sir William Jones 为代表，他们在加尔各答成立了一个组织叫作 Asiatic Society（亚洲学会），然后就开始研究印度的语言、宗教和历史等主题。东方学家的必备能力是要先学习梵文，然后用梵文去解释印度的历史，这就变成了一个婆罗门中心的印度史叙事。

到了 19 世纪，特别是工业革命之后，一方面因为欧洲人越来越自信，越来越强大，另一方面因为殖民的需要，印度逐渐就被描述成了一个停滞的社会。在这种解释逻辑中，印度过去是一个非常辉煌的文明，但是因为某种原因，要么缺少理性的思维，要么缺少自由，总而言之自己走入了一个死胡同。然后印度需要一个外部的刺激。在这套叙事中，英国人并不是来殖民统治印度，而是来启蒙印度。而最吊诡的是印度人开始接受了这一套叙事。

印度教民族主义者相信印度的历史非常辉煌，但是因为穆斯林的入侵，印度教创造出的辉煌的印度历史被中断了，印度文明在穆斯林入侵后衰落了。穆斯林从什么时候开始入侵一直是需要核实的。德里苏丹国 1226 年建立，1556 年莫卧儿帝国建立，到 1847 年莫卧儿帝国正式结束，600 多年的穆斯林的统治，使得印度教文明创造的辉煌被浪费了。而这些穆斯林被形容为残暴的侵略者，他们落后野蛮的统治使得印度落后。

印度的本质是精神性的，这是西方人东方主义想象，但是印度知识精英也逐渐接受了这种想象，认为他们是一个精神民族。到了 20 世纪初，泛亚洲主义的思潮兴起之后，印度知识精英进一步认为精神性必然会超越物质性，物质的资本主义是注定要衰落的。印度作为一个精神性的文明，其实是人类的未来。印度文明更关注环境，更关注人类的内心。所以印度教民族主义者觉得东方主义在某些方面彰显了印度文明的伟大。这是一种自我东方主义。印度人接纳了东方主义，让自己变成了西方。这种思维转换直到今天都在影响研究印度的历史学家。

我们再来看史料。最早的史料当然就是考古发掘。在印度，早期的考古发掘包括摩亨佐·达罗和哈拉巴遗址中的商品、城墙和印章。除了城市的挖掘之外，还有大量的出土文献，比如说石刻、寺庙上面的铭文、石柱。譬如如果要研究阿育王时代的印度，主要材料来源就是阿育王时期刻的柱子，因为柱子上写着政府的政策、征服的地方，以及管理的细节，这是我们能够看到的唯一的文字材料。但为什么阿育王那时候把自己的很多的政见和政策刻在柱子上，100 年后却没有印度人知道阿育王是谁？这是值得我们思考的问题。

摩亨佐·达罗这个地方不是挖掘出来的，摩亨佐·达罗是一个古城，它就在巴基斯坦境内的印度河边上，不用挖掘，随时都可以去到，但没有任何人知道这座古城的历史源自哪里，直到英国人要在这个地方修一条铁路。铁轨要垫在枕木上，而枕木需要用石头来垫。然后英国人发现那个地方有个土城，那里有很多砖头，于是到那个地方去拆砖头建铁路。有一个英国工程师，发现砖头上还有一些古怪的文字，然后才发现原来这是一个几千年前的城市，然后才开始大规模发掘。但是问印度人却没有任何一个人知道，因为那个地方不用挖，几千年来它一直在，只不过不知道那是什么东西。这其实就跟阿育王石柱一样，几千年来他一直在，但是印度人并不关心。为什么印度人不关心？说实话印度人不太关心过去，这其实和他们的宗教观有关系。印度人的时间观是一个循环的时间观，过去就是未来。你没必要了解过去，因为过去会在未来的某一天重新发生在你身上。我觉得这个时间观很重要，对于印度人来说没必要了解过去，因为过去总而言之一定会回来。如果过去一定会回来，我为什么要了解过去？所以说即使这些历史的东西在他旁边，他也觉得不那么重要，没人关注。

当然研究印度古代史的话，主要依靠三类材料。第一类当然是宗教方面的材料了，比如说《吠陀经》，是用古梵语写的，四部吠陀是了解雅利安人怎么来到印度，在印度早期定居的最原始的材料。但是你不能把它当作严肃的历史材料，因为它其实是一个宗教性的文本，就像我们刚才说的，《吠陀经》里面大量的是教你怎么唱经，怎么跨越火盆，火盆怎么做。但是你至少可以通过这些东西猜出来那时候的生活状态是怎样的。当然还有斯里兰卡关于佛教的 *Dipavamsa*（《岛史》），还有佛教的经典，《三藏经》《法论》《往事书》，这些都是宗教典籍，基本上都是用梵文写成的。当然还有世俗的文献，主要是两部史诗，《摩诃婆罗多》和《罗摩衍那》。当然了还有《政事论》《戒日王传》《王河》等世俗传说和政论文本。研究印度古代史最重要的除了考古发现以外，最重要的其实是中文材料。中文材料的研究对印度来说是至关重要的，主要是法显和玄奘的。法显和玄奘的两个游记是第一手的材料，印度人自己都从来没写过，留下来的只有法显和玄奘的见闻，所以是最重要的。当然还有一些波斯语、希腊语、拉丁语的材料，比如说有斯特拉波的《地理》这本书，他写到过印度的某些元素；老普林尼的《自然史》也写到过。对于研究印度古代史来说，外文材料非常多。

三、历史分期

按照目前通用的印度历史分期，印度历史被分成三段：古代、中世纪、殖民地时期。古代从上古时期一直延续到10世纪穆斯林入侵。中世纪，就是我刚才给大家说的穆斯林统治时期，从德里苏丹国一直到莫卧儿帝国，差不多是四百年左右，因为1526年莫卧儿帝国建立，莫卧儿帝国最后一个伟大的皇帝在17世纪中叶。这一段历史研究难度非常大。穆斯林进入印度之后，其实印度官方的史料很多。但中世纪主要文献的语言与研究古代印度是完全不一样的，是波斯语和阿拉伯语。当阿拉伯人进来之后，其实好处是史料多了，因为阿拉伯人有编年史的传统，所以留下了非常多的编年史。到了16世纪初的时候，耶稣会士开始进入印度了，葡萄牙语、拉丁语和西方其他语言的一手材料也开始增多。

这个是中世纪的上半段。当然，我们还有中世纪的下半段，就是莫卧儿帝国时期。莫卧儿人很好玩，他们跟我们刚才说的德里斯苏丹国不一样。德里苏丹国是从哪儿入侵印度的？大多数其实都是从阿富汗，因为当时的阿富汗受到波斯化程度非常深，所以那些人其实说的都是波斯语。莫卧儿人并不是阿富汗人，他们的老家在今天的乌兹别克斯坦。莫卧儿人其实是两个大帝国的后裔，一个是成吉思汗，大家从它的名字就可以看出来，Mughal 和 Mongol，蒙古人。他们的母系是成吉思汗一派的，他们的父系其实是突厥人。他们的第一个皇帝巴布尔其实是一个小贵族，住在乌兹别克斯坦，费尔干纳盆地。这个人的一生其实蛮坎坷的，他后来还为自己写了一个自传。研究莫卧儿帝国历史有一点好，就是这些皇帝很多人都会给自己写自传。第一个皇帝叫巴布尔，他写过一个 Tuzuk-i-Babur，是用察合台语写的。

研究莫卧儿帝国时期的材料非常多，很多可以在大英图书馆或者剑桥大学的图书馆找到，很大一部分是波斯语的手写本，只有经过严格的手稿阅读训练才能阅读。当时东印度公司已经来了，所以说我们研究莫卧儿时期的话，其实可以借鉴东印度公司的档案。目前英国东印度公司的档案可以在大英图书馆印度事务部资料室查询，其中主要包括东印度公司在南亚、东南亚和东亚地区的贸易站点信息和商业情报，也包括各地仓库的库存信息。这个档案也包括东印度公司官员跟伦敦的官员以及商人之间的私人信件。苏格兰爱丁堡的国家图书馆也有很多东印度公司的档案，因为当时为东印度公司做事的员工很多都是苏格兰人。这些档案包罗万象，比如说有私人的游记，有印度总督的一些个人的书信，有东印度公司在印度的战争记录，还有一些给东印度公司做生意的商人的记载，还有种植业从事者的回忆录。

由于前往伦敦的大英图书馆从事档案研究需要花费大量的时间和经费，所以目前许多学者依靠 AMD 公司制作的南亚研究和英帝国研究数据库来开展研究。但数据库公司介入到学术研究中也导致了新的问题。我们知道档案是没有系统和主题的，就是一团乱纸。而这些数据库的制作商把档案人为地变成了一个一个的主题。关键词索引和数据库公司制定的主题会让人跟着资本偏好的主题来进行研究。问题在于这些数据库公司按照谁的喜好，按照什么逻辑整理的这些主题，为什么只整理了这些主题，而不是其他的？我刚才已经给大家举了一个例子，尼赫鲁解密档案的例子。所以说到最后你的研究根本就不是你自己的，而其实是数据公司帮你做的。他端给你一盆已经烧了一半的菜，你只要再加点盐，加点酱油就做好了。我敢打赌，在座的同学用过一次这种数据库就戒不掉了，以后所有的疑虑你都会去找这个数据库，然后你会想我的选题一定要是数据库里面有的。所以说到底是谁在决定研究主题？是数据库公司帮你决定，还是你自己？这其实就是资本。

1947 年印度独立之后，绝大多数英国殖民统治时期留下的殖民地档案都留在了印度。英国人只把很小一部分跟他自己关系很紧密的档案搬回了伦敦的大英图书馆。绝大多数英国殖民地档案现在还在印度，在印度的各个邦的档案馆。但是我们研究 1947—1948 年的印度的时候，其实也可以借鉴英国外交部的档案，这个档案目前在伦敦的英国国家档案馆。

有关印度本土的档案，首先要了解的就是新德里的印度国家档案馆（National Archives of India）。这个档案馆对于外国人查档非常不方便，需要各种证明信和介绍信，但是里面的材料大多数是在伦敦找不到的，英国人没带走。其次，还可以去新德里的尼赫鲁纪念博物馆/图书馆（Nehru Memorial Museum & Library），这个机构里面大多数都是与印度民族主义运动和印度独立相关的档案。当然了还有很多地方档案馆，这其实是一个宝藏，比如说西孟加拉档案馆、马哈拉施特邦档案馆、泰米尔纳德邦档案馆。我觉得现在一个新的趋势就是越来越多地使用地方档案，还有私人的信件，而越来越少地使用伦敦的或者德里的中央档案。当然，印度的历史档案不仅仅是在印度，还要去巴基斯坦孟加拉国达卡，或者是缅甸仰光。甚至还可以去法国和荷兰，因为我们知道法国和荷兰在当时的印度也有很多殖民地，特别是法国，这都是一些可资利用的材料。这些是材料的情况。

最后给大家介绍一本书 Along the Archival Grain。这是一本很重要的关于档案文献的书，这本书的关键在于主体的焦虑。它是对于一个档案本身或者说是写档案的人做的人类学的剖析。大家想，到底是谁在写档案？是殖民地官员，低级的雇员、秘书、文书。他不一定是当地人，可能也是欧洲人。殖民地政府在发号施令的时候，低级雇员会草拟一些文件，这些文件日后就变成了档案。但其实这本书告诉我们在使用这些档案的时候，我们需要考虑书写这些档案的人，他们内心是怎么样的一个世界？因为我们今天用现代性的观点来看的话，档案和政府公文是最客观、最可靠的东西。但是这本书告诉我们，那些发号施令的小长官，那些抄录的职员，他们在起草这些档案的时候充满了对于不确定性的焦虑。档案制造对于殖民者来说其实是一种焦虑，一种对确定性的渴望。制造档案是为了什么？是为了制造对未来的确定性，这个很重要。举一个简单的例子，当你跑到一个非常陌生的地方，你是殖民官员，你要统治一个从来没来过的地方，面对的全都是不确定的东西，你需要抓住一根稻草，一种确定性，这种确定性就是能够用文字记述下来的东西，能够计量化的东西。这其实就是档案的最重要的功能，它的内容不重要，把它记下来很重要。但是负责记录的那些人面对着很多不确定性，所以说他们在写这些东西的时候，内心也一定是充满了焦虑。我们作为一个读者来看这些几百年前的档案，好像觉得这些都是很确定、很客观的知识。但如果你换位思考成一个当时的书记员，坐在这里打错两个字可能就会丢掉乌纱帽，但是又面对一个很不确定的周遭的环境，不知道怎么办的时候，你会怎么样？通过档案我们看到殖民主义其实是为自己制造一种确定性，但是是一种非常虚假的确定性，相当于自己在骗自己，让自己心安理得一点。因为他们其实是被一个巨大的恐惧、巨大的不确定性所包裹着。殖民地的文献最终是要展示给被殖民者看的，这些档案是区分殖民和被殖民者的一个重要标识。所以说文书的生产和知识生产本身没有关联，它生产出来的是一种让人觉得似是而非的权力。

文书档案中的历史·日本篇

刘晓峰

一、从汉字进入日本说起

这门课此前的老师大多都从自己专业的角度为大家介绍了不同国家、不同时代的文书档案，那么"文书档案"这个内容放在日本又该怎么讲呢？我从文字使用本身开始构思，便想到了这样一段话：

> 盖闻，上古之世，未有文字，贵贱老少，口口相传，前言往行，存而不忘。书契以来，不好谈古，浮华竞兴，还嗤旧老，遂使人历世而弥新，事逐代而变改，顾问故实，靡识根源。

这是一部日本古书《古语拾遗》（参见图1）中的话。《古语拾遗》在9世纪初（807年）成书，作者的家族忌部本来是世代帮助日本天皇家进行祭祀活动的，但是后来日本出现了一个新东西——文字，出现了一个新事物——图书。当日本人开始用文字写成图书来记载历史的时候，另一家帮助天皇家进行祭祀活动的中臣家很早就运用了这种文字方式，而忌部这个传承有自的家族晚了一步没参与，所以他们家是如何为天皇服务的很多内容就被忽略掉了。几十年过去之后，中臣家在朝廷祭祀活动中角色越来越重，而忌部家却在一些重要的祭祀中渐渐失去了替天皇做事情的资格。忌部家向天皇表达不满，认为自己家其实世世代代都在为天皇家服务，拥有协助天皇家做事的资格和位置。806年天皇以《古事记》《日本书纪》所记为准，承认了忌部的部分权利。忌部家认识到文字记载的重要性。因为这个家族已经被忽略了很长时间，家主斋部广成便以天皇询问为契机，发愤把他家族的传承事迹用汉字写了下来，这就是《古语拾遗》。

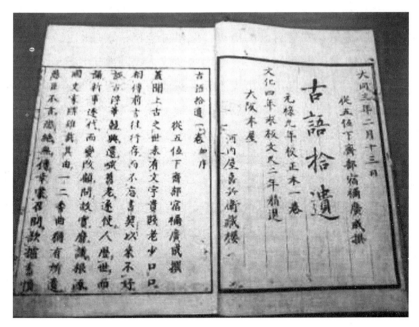

图 1

我们来看一下《古语拾遗》开头这段话,这和我们今天的题目密切相关:"盖闻,上古之世,未有文字,贵贱老少,口口相传,前言往行,存而不忘。书契以来,不好谈古,浮华竞兴,还嗤旧老,遂使人历世而弥新,事逐代而变改,顾问故实,靡识根源。"日本原本没有文字,那时候各种事情怎么传承呢?"贵贱老少,口口相传"。不管是高身份的贵族,还是一般老百姓,家庭的过去的事情全靠长辈与晚辈之间的口口相传,以致"前言往行,存而不忘"。但"书契以来,不好谈古"。自从有文字带来的图书记录以后,大家如果想了解过去的事迹,阅读对应的书籍即可,而不必非找老人讲什么,导致"浮华竞兴,还嗤旧老"。大家想,日本人原来非常朴素,主要的社会样态就是岛上发展起来的复数部落的部落首长联合间产生大王,其社会复杂程度和存在状态相对简单。但是传到日本的中国文化层次却非常丰富。有丰富的政治文化,《尚书》《左传》《诗经》《楚辞》《史记》《汉书》典籍源远流长,有《文选》中历朝历代优美语言的华美绚丽,更有隋唐文化的丰富多彩。在一个坚持口口相传历史的家族的后人看来,日本人在学习使用如此丰富的汉字汉语之后，却表现出"浮华竞兴"，各个家族都用文字编造、吹嘘自己的历史，保留古老朴素事迹的家族反而被耻笑。"遂使人历世而弥新，事遂代而变改，顾问故实，靡识根源"，一代代人之后，过去真正的历史不断地被改写，谁也不知道过去究竟是什么样子。"国史家牒，虽载其由"，这是说日本这个时候已经有了自己的历史，公元712年出现了日本最早的书籍《古事记》，该书记载日本天皇家族的传统；公元820年出现了《日本书纪》，该书把整个日本的历史像《史记》一样从头叙述了一遍。虽然说这两部书记载了日本较为基础的历史，可是"一二委曲，犹有所遗"，还有好多事迹此前的古书都没有写进去；"愚臣不言，恐绝无传，幸蒙召问，欲摅蓄愤，故录旧说，敢以上闻"。作者担心如果自己不说出这些历史的话，以后这些真实的历史事迹就传不下去了。正好天皇问起家族事迹，便奋发努力，把自己家族代代传承的事迹记述出来，让天皇知晓。我们称引的这段话，就来自《古语拾遗》的序言。

所以，日本人和文书档案的关系是什么呢？首先得有文字的存在。对于中国史研究中唐代及其以后的文书来说，存在一系列复杂的文书体系似乎是理所当然的；但是对于一个远离欧亚大陆的古代日本来说，拥有文字本身就是很难的一件事情。人们是希望能够记住过去的事情的，所以日本在得到文字之前有一个漫长的时代，"前言往行"都通过"口口相传"的方式保存，那是一个非常古老的传统。有这么一个家族从大陆流落到日本之后，给日本天皇献了一个马鞍子；有了这个马鞍子之后天皇骑马很舒服，从此这个家族便专门为天皇家提供马鞍，家族的名称就被称为鞍作氏。还有给天皇家做饭的高桥氏，家族世世代代都为天皇家做饭。在服务天皇的众多家族当中，有一个特殊的家族叫作语部氏。该家族负责传续天皇家的历史，所以这个家族之中单独有一套口耳相传的故事。昭和时代日本有一位作家名叫司马辽太郎。司马辽太郎原来不是作家而是一个报社的记者，报社工作时对面坐的同事便是语部家的后代。司马辽太郎曾询问过语部家的口传历史是否还在传承。因为这么一套口传的历史与《古事记》和《日本书纪》可能完全不一样，司马辽太郎特别希望同事能够讲一讲其家族的口传历史，但这位同事拒绝了他，并表示这部分历史只能讲给自己的儿孙，让儿孙再传承下去。司马辽太郎自从进报社一直到最后辞职的时间里，千方百计地希望同事能够告诉自己口传的故事，但是这位同事始终也没有告诉他。最后司马辽太郎说，当自己离开朝日新闻记者部的时候，回头看到同事闭着嘴的样子，恨不得拿一把刀把他的嘴划开，将口传的故事从他口中掏出来。这个部族自从上古时代开始，老人家便把前面的故事从头到尾讲给部族里聪明的小孩，讲到最后，这个小孩可以一字不差地把故事完整地叙述许多遍。老人去世之后，曾经的小孩便又重复起传承的工作。我看到司马辽太郎的文章时，觉得很不可思议，不用说太古老的秦朝、汉朝，我们就说从语部家族登场的唐朝开始，如果有一个家族从唐朝起把这个古老皇室的历史一直传递到今天，你希望不希望聆听一遍这个故事？司马辽太郎认为这种家族传承的故事如果没有更多人知晓的话，一旦家族内部传承中断，那相关记载也就没有了。所以日本最早的古书《古事记》并不是一本收集、征引很多文献的著作，而是天皇命令来自语部家族的稗田阿礼口述，太安万侣用汉文记下这些口述内容而形成的历史记录。我们中国的部分少数民族现在也有口口相传的历史传承方式，比方说《格萨尔王传》等史诗就是一代代年轻人跟着老人通过学史诗唱词的形式传承的，这种史诗唱起来能够一两个月不重复，现在也有研究史诗的人去做相关的文字记录了。我曾知道辽宁满族的一位老人在经历时代各种变迁之后，仍然记得童年时无数次聆听过的满族故事，遗憾的是由于老人的特殊遭遇，在老年时所回忆的故事版本已经不是完全准确的了。

那么我们想一想，当稗田阿礼给太安万侣讲故事的时候，整个过程里会有多少偶然的因素发生影响呢。也许稗田阿礼看到外边飞过一只小鸟便自然联想到传承故事中可能与小鸟有关的部分，讲述这部分时可能就把口述传承的故事中一些更重要的东西给忽略了。所以口口相传的故事通常都有很多种版本，你今天去记录的时候是这样一个版本，过了半年你再去记录，可能就是发生了变化的版本。但是语言文字和口传故事之间的关系是什么？当语言文字把一个故事记载下来的时候，这个故事就固定下来，甚至每一句话都完全固定在那里，你要想改它的时候，得拿出修改的道理来。稗田阿礼从小听着老人的讲述，全部记住之后，又按照自己的理解讲述出来。那么做记录的太安万侣是一个什么样的人呢？其实后世对他了解很少，所幸太安万侣的坟墓被考古工作者发现、挖掘，坟墓里边并没有随葬金银财宝，而是左手有一个铜牌，右手有一个铜牌，左手铜牌上写有"左琴"，右手铜牌上写有"右书"，恰好符合君子"左琴右书"。在去世之前，太安万侣肯定将自己想如何安葬的想法告诉了弟子或亲人。这种安葬方式也就在告诉我们，在太安万侣头脑中中国古代的这套礼仪文化是非常权威的存在。那么，这样一个对中国古代礼仪文化尤为尊奉的记录人，在听到古老传承故事的时候，他会不会把其中一些不符合自身文化认知的内容删除掉呢？也就是说，我们今天看到的《古事记》与《日本书纪》的内容，应该是经过那个时代用文字记录历史的知识分子头脑筛选加工过的。

《古语拾遗》这本书的内容特别有意思。"一闻夫开辟之初，伊弉诺、伊弉冉二神，共为夫妇。生大八州国及山川草木。次生日神、月神，最后生素戋鸣神。而素戋鸣神常以哭泣为行，故令人民夭折，青山变枯。因斯父母二神敕曰：'汝甚无道。宜早退去於根国矣。'"

传说天地最初形成的时候，有伊弉诺、伊弉冉，二神结合之后降生出日本的岛屿以及山川草木，然后又生了太阳神、月亮神，最后还生出死神素戋鸣神。素戋鸣神出生以后就开始大哭，他一哭老百姓就死，青山草木也随之而枯萎，后来男神与女神认为不能再让素戋鸣神影响世间苍生，就把素戋鸣神送到了根国。根国是一个很具有日本特色的表述，我们中国人把人死了去的地方叫作"黄泉之国"，而根国处在地下，后来素戋鸣神在地下的根国所管理的便是死亡。《古语拾遗》叙述日本历史的开头是一男一女结合而生万物的事件，但是在《古事记》中的描述却是"天地初发"的时候，在高天原诞生了一位叫御中主神的神明，后来又有"次高御产巢日神、次神产巢日神"。这三个神都是没有配偶的男神，似乎与中国的乾卦卦象形成对应，即"乾道独化"，从中已经可以看出日本的历史记叙受到中国文化影响。在此"三柱神"之后又降生了两位神明，成为"五柱神"。一、三、五、七、九,此一系列奇数在中国古代通常有着特殊的含义,比如传统节日的时间:正月初一是过年,三月初三过节,五月初五过节,七月初七过节,九月初九日过节。在"五柱神"之后又有"七柱神",仿佛《古事记》中神明的数字都是来自中国古代的知识。所以我们知道在男神和女神组合之前,《古事记》的叙述中存在一个按照中国文化创造的"三柱神"到"五柱神"到"七柱神"的谱系。并非只有《古事记》中的记述有此特点,《日本书纪》关于日本历史起源的记述也呈现出相同的特征。"乾道独化,所以成此纯男"。为什么有这三个男神?而且这三个男神都是独神,他们都一辈子都没有配偶?这是因为他们是形象化的"乾"的三个阳爻。再往下的"是谓神世七代者矣"也与上述对中国奇数文化相呼应保持一致。在稍稍晚于《古语拾遗》的《先代旧事本纪》中,有一段与中国文化呼应更为明显的记述:"古者元气混沌,天地未割。犹鸡卵子溟涬含牙。其后清气渐登薄靡为天,浮浊重沉淹滞为地,所谓州壤浮漂,开辟别割是也。譬犹游鱼之浮水上。于时天先成而地后定。然后于高天原化生一神。号曰天譲日天狭雾国禅日国狭雾尊。自厥以降,独化之外,俱生二代,耦生五代,所谓神世七代是也。"这与中国盘古开天辟地的神话十分相似。上述神话记述都来自日本当时崇尚汉文化的知识分子,他们对于《尚书》《周礼》《史记》等中国经典十分熟悉,脑袋里面有一大堆中国的知识,而那些中国的知识在那时对于他们而言,就好比"科学"在今日的重要性。当时的东亚,中国文化比日本要先进许多,所以当这套文化传入的时候,日本方面很"自觉"地进行了吸收,并以此改造、阐述了自己的文化传统。所以我觉得《古语拾遗》哪怕成书比较晚,但此书开头这简单的叙述很有可能才是日本古代原本神话的起源形式。回顾《古语拾遗》所记载的神话起源,它反映出日本先民对于周边生活世界起源的朴素回答:这世界为什么有这么多岛屿?因为男神和女神结合以后生出了这么多岛屿;为什么有山川草木呢?是男神女神生的;为什么有太阳和月亮呢?是男神女神生的;最后,为什么人会死去?因为男神女神阴阳两界后的恩怨,还因为他们生了死神。可能原来日本的起源传说就是很朴素的这么一套叙述,当中国的知识传过去以后,日本人对世界的想象一下子复杂起来,对应世界起源的传说也越来越复杂,就出现了《古事记》与《日本书纪》中所记载的天地开辟的复杂叙述。

所以,相较于我们中国古代文书档案的研究来说,我们在这课堂上讲到的中国文书档案不同时代的具体特征以及研究取径就和日本很不相同。对于大海那边的日本民族来说,尽管他们很在意过去的事情,但是他们没有创造出文字,只是靠口耳相传的办法把事迹一代代地传下去。文字对他们来讲便是大海西边传来的宝贝。可是这套宝贝文字很不客气,文字后边有一大堆法相庄严的东西。佛出生的时候,天上地下有三百六十种响动;汉字传到日本这个岛上的时候,日本的天上地下仿佛也有三百六十种响动。日本原先的好多东西都因为汉字的记录被改变了。所以汉字的传入并非文字的简单传入,与此同时还将汉字背后中国文化的价值体系传入了日本。中国这套文化体系对日本文明的改造,在文字传入的时代便已经开始了。

二、金石文:名垂青史的渴望

日本人也渴望能够青史留名。古代日本文字最早不是书写于纸上,而是出现于金石一类的器物之上,比方说这面有名的镜子叫作三角缘神兽镜(参见图2)。这名字得于镜子周围有环状的三角形纹路且中间有神兽花纹。三角缘神兽镜一般都是在墓葬中发现,且通常被埋在故去的人的头部、胸部等位置。这样的布置背后带有一种保护死者灵魂的巫术观念。我们在日本能看见的最早汉字便来自一面三角缘神兽镜,其上有铭文:"景初四年五月丙午之日,陈是作镜。吏人铭之,位至三公。母人铭之,保子宜孙。寿如金石兮。"除了交代镜子制作的时间及制造者以外,铭文中还提到了镜子具有祥瑞之气,即当官的吏人有这面镜子便能"位至三公",女人有这面镜子便能"保子宜孙"。更为有趣的一点在于年号的表述。"景初"这个年号在中国只用到景初三年(264),此后皇帝改元,所以在中国没有"景初四年"的纪年。那这个镜子的铭文为何会是"景初四年"?一个没有用过的年号怎么会刻在镜子上?就好像在今天日本令和天皇已经改元令和之后,有人仍然在使用平成这个改元之前的年号一样。另外，这面镜子为什么有这么大的功能？因为它是"五月丙午之日"所作。在中国古代的相关知识看来，五月是华北地区最为炎热的时节，而在天干当中丙和丁都是火，而其中的阳火又胜于阴火；在十二地支当中"午"又是阳气最盛的时候。所以"丙午"是天干和地支搭配都为"火"最盛的日子，这时所造出的镜子便带有特殊的功能。

图 2

那么为什么会出现"景初四年"，据后来的学者研究，当时正好是中国的三国时代，吴国的匠人坐着船被拉到了日本，他们在日本铸造了这面镜子。吴国匠人离开的时候中国纪年是"景初三年"，过了一年之后，他们很自然地觉得应该是"景初四年"。所以日本学者认为这面镜子是日本制造，而中国学者却认为这是中国制造的。在争论过程中，日本学者指出铭文中"母人"的描述不符合中国语言的表述习惯，应当是日本本土的说法。我印象特别深的是，在某一年中日学者的学术集会上，一位日本教授占用大会十分钟时间汇报了自己两年半的研究成果。这位教授在没有数据库检索工具的时代，花了两年半时间把中国的典籍查了一遍，就查中国传统文献叙述中有没有"母人"这种表达；全部查完之后，他发现这些典籍里面并没有"母人"的表达，所以推断这面镜子就是在日本制造的，铭文的表达里有日本人的痕迹；中国的典籍里边出现的"母人"大多来自佛经翻译，因为刚开始翻译佛经的那些人也面临语言转换的问题。根据这项来自文本的证据，这面镜子基本可以判断为吴地匠人在日本本土制造的铜镜。

这面铜镜的铭文也提示我们：汉字可能早已传到了日本。《三国志·东夷列传》中有倭人部分，我们日本史研究者一般称之为"倭人传"，"倭人"就是日本人，因为"倭"带有低矮的意思。倭人中出了一个女王叫"ひみこ"，我们没有这个词，用汉字音译表示出来则称为"卑弥呼"。据《倭人传》记载，日本的女王卑弥呼派了两个使者，其中一人叫"难升米"，还带来了男、女奴隶各六人以及布匹，以此向魏王进贡；魏王很高兴，因为日本的进贡象征着自己的威望远播海外，便赐给使者国王金印以及许多赏赐。这件金印上便刻有汉字。曹魏赐给他们的铜镜上也有汉字。日本人通过这个经历理解到汉字是很权威、很厉害的，因为刻有文字的王印盖到哪张纸上，这张纸便拥有了法律的效力，类似于只有学校的印章盖到毕业证上，你的证书才具备真正的效力。

日本人很快就发现文字如果能被刻在金石上，便可以得到长远的流传，即"勒之金石，传之久远"。后来的日本人开始学会使用汉字，金石上用文字镌刻的内容十分丰富。在日本出土有两把铁刀，日本人将之称为"铁剑"，研究者通过考古科学技术发现铁剑锈迹的背后刻有嵌金的文字，文字释读出来有"杖刀人首"的字样。"杖刀"即佩戴刀剑者，"杖刀人首"即使用这种长刀作为武器的人的首领。这个首领想把家族的事情记载下来永久传播，所以就用文字把相关事迹刻在了这把刀上。这把刀上有铭文（参见图3）："辛亥年七月中纪、乎获居臣、上祖名意富比垝、其儿多加利足尼、其儿名弓已加利获居……"从能追溯到的最远祖先的名字一直到今世的传人，一共有八代人；铭文记载该家族世世代代都替天皇家担任"杖刀人首"，即天皇家中武力护卫的角色。联系《圣经》中有关亚当后世谱系的记录以及屈原在

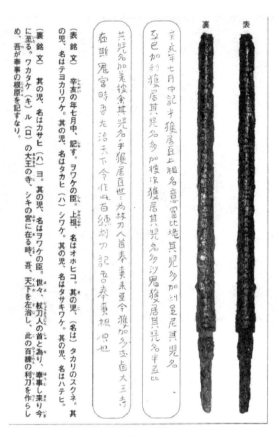

图3

《离骚》中的先祖追溯，我们可以看到这处铭文传达了血缘传承在古代如何被重视。在古代，能够把自己的祖先推到八代以前，是很了不起的事情。杖刀人首把八代祖先的名字都刻到刀上，是因为他想把自己家族的历史用金石铁器铭文的方式流传下去。其实日本人文字记述的历史在"稻荷山铁剑铭"（大致在四世纪或五世纪）的时代还没有正式出现，此时距离《古事记》和《日本书纪》还有好几百年的时间，但是在这个时代，日本人内心的历史意识已经起步了，只是没有机会和能力把历史事迹完全记载下来而已。

日本较早的文字还出现在这面隅田八幡神社人物画像镜上（参见图4）。根据其上的铭文记载，这面镜子制造于癸未年八月，是当时的百济国王为日本的大王祝寿所作。为了铸成这面镜子派遣费直、秽人

图 4

二人，用上等的白铜制成。此段铭文共有四十八字，镜背的花纹其实与中国的西王母传说相关。顺便说一下，隅田八幡神社供奉的祖先主要是从中国移民的秦朝遗民后代，他们自称为秦始皇的后代。秦这个部族是从中国逃亡到朝鲜，又遭遇朝鲜内乱后流亡到日本的。此时的日本还是以部族为主的社会形态，突然到来的大量大陆移民大多被抓到其他部族中充当奴隶或手工业者。秦氏的首领后来发现众多日本部族中最有权威的还是天皇，他就趁着天皇在外打猎的时候突然出现，并邀请天皇到自己家中喝水休息。天皇喝完水之后询问秦氏家族的来历，秦氏家族的首领借机向天皇展示用中国技术织出的绸缎。天皇家也很少有这些财富。天皇询问绸缎如何得来，秦氏家族的首领解释是当地风水卓越的缘故，并推荐天皇家在此设立皇宫。后来天皇便把皇宫搬到了此处，而秦氏家族的人也大多进入皇宫做事，家族首领更是成为日本第一任大藏大臣，并借此将散落的大陆遗民重新聚集了起来。

图 5 中的天皇在日本历史上被称为"继体天皇"，继体天皇是一个很特殊的天皇。大家都知道日本人会强调天皇"万世一系"，但是日本

图 5

真正的王统实际是从继体天皇开始的。在继体天皇之前，武烈天皇突然间暴毙，并没有留下子女，后来找到了应神天皇的八世孙——继体天皇，本来拒绝天皇之位的这位"八世孙"是再三劝进之下登上天皇之位的。可是寻找到继体天皇的地方是福井县，距离日本古都京都、奈良都较为遥远，而且继体天皇即位后的宫殿选址一直绕着奈良和京都徘徊，但从不进入。此外，继体天皇坟墓的考古挖掘也提出了诸多疑点。本来天皇家尤为看重对祖先陵墓的保护，但因为时代过早，今天被认为是继体天皇的坟墓没有被标识，也可能是继体天皇的坟墓位置一直以来都被记错了。天皇家标识保护的继体天皇陵并不是真正的坟墓，真正的继体天皇陵是在织田信长与人作战时遭到了些微破坏后被发现的。后来考古学家发掘了这座古墓，发现继体天皇的陪葬品接近朝鲜古代器物的形制，而且在继体天皇的棺材之下还有一块从百济运输过去的巨石。同学们想一想,在没有现代工程技术的古代,将这块石头从朝鲜运送到日本需要花费多少人力物力?为什么要费这么大的功夫把一块朝鲜的石头放置到棺材的下面呢?这里有一个很大胆的问题:日本的天皇家与朝鲜半岛的关系。东京大学治学严谨的教授井上光贞曾在私人席间怀疑:继体天皇很有可能是渡来人。这令同席的考古学家森浩一大吃一惊。这是日本史圈子里有名的典故。

现在一般认为日本的天皇王统其实有三个源流:古王朝、中王朝以及继体天皇以后。中王朝的王统其实在武烈天皇以后就断绝了,今天日本天皇的王统开始于继体天皇。从继体天皇以后,天皇的世代谱系很明晰。继体天皇以后的王统有许多特点,比方说王宫大多建在河边,这其实更接近我们中国大陆的文化,以前的日本人建都城不太考虑水利与水运,但是继体天皇时代都城大多建在河边。

所以在有完整的文字信息之前,日本的历史是很模糊的。1948年,东京大学有一位叫江上波夫的教授提出古代日本曾被一个骑马的民族征服,这个骑马民族来自大陆。在古代骑兵与步兵的交战中,骑兵具备显著优势,所以骑马民族能够很轻易拓展征服之路。"骑马民族征服"的概念提出以后影响非常大,而作为东京大学学术竞争对手的京都大学则试图推翻此说。面对突然之间在日本出土了的很多当时的马具与黄金饰品,江上波夫认为这便是骑马民族征服日本的考古学证据。但京都大学的教授认为骑马民族没有来,原因是对应这一时期的高句丽国王叫作好太王,好太王的时代是高句丽迅速扩张的时代,朝鲜半岛地区的百济与新罗受到了压迫,而百济跟日本关系很好,所以日本人参与到对好太王的作战之中。有大量的日本军队进入了朝鲜半岛,他们学习到骑马作战的先进方法,并把骑马作战的文化带回了日本,因此才有这时期大量马具的考古发现。并非骑马民族征服了日本人,而是日本人在朝鲜半岛学会了骑马的文化。这一观点迅速获得了主流的认可。可能是因为骑马民族征服说某种程度上撼动了日本民族的历史认知,后者更为"政治正确",为此,江上波夫的观点后来越来越非主流化。事实上,当时在日本不光有大量马具出土,而且陶器的形制、埋葬方式也都与朝鲜半岛非常相似。

这大概便是汉字进入日本的历史。最初是带有汉字的器物或借助大陆移民流入日本，再往后日本人开始通过汉字学习背后的汉文化，到了中国的隋唐以后，他们开始实行部分中国化的改革，最后形成了属于自己的文字，自身的文化传统又慢慢回到了日本化的时代。

三、大化改新后律令时代的文书档案

日本古代最大的一件事大概便是"大化改新"，而大化改新的一个直接动力来源就是佛教传入日本。佛教由百济小兽林王遣人传入。当时日本的苏我家是渡来人，祖先来自朝鲜，率先主张信仰佛教，有一些日本本土的氏族对佛教传入具有抵触情绪。天皇后来决定苏我家可先供佛，以后如果有正面作用，便推广佛教信仰；如果供佛以后有负面影响，那就取消供佛。随后，苏我家便盖起了庙宇修读佛经、敬供佛祖。第二年，日本流行传染病，许多人在瘟疫中去世。给天皇家制作物件的物部氏对此大为不满，认为苏我氏供奉外来神使得日本本土的神明不快，于是降下了这么多灾祸。最后物部氏领人跑到苏我氏家宅中，将苏我氏修建的庙宇拆毁，把供奉的佛像扔到河里。物部氏亵渎佛教信仰的行为令苏我氏怀恨在心，所以苏我氏后来积蓄力量击败了物部氏。物部氏被击败以后，日本才开始正式流行佛教。

对比历史事件对后来产生的巨大历史影响，真实的历史中物部氏与苏我氏双方交战的人数非常有限。日本这个时代交战，通常双方会各自回到家中用稻草围成墙，以此等待援兵到来并等待对方进攻。强势的一方会率先发起进攻。如果一举击败了对方，那么便获得了胜利；如果进攻失败，便是被打败了，进攻方将任由防守方处置。物部氏回家围好稻草以后，苏我氏便开始了进攻。物部氏队伍中好几个人会射箭，冲锋才到一半的时候苏我氏的队伍便被射杀了许多人，于是苏我氏一方只得败下阵来。但是同苏我氏一起的圣德太子手下有一个来自秦氏家族的人，他用四根木头削出佛教四大天王的像，宣传说戴此像冲锋刀枪不入，以此为苏我氏部下将士壮胆助威，使得发起再冲锋的苏我氏队伍一下子击败了已经在庆祝胜利的物部氏。

物部氏被击败后，苏我氏近乎独揽朝廷大权。在苏我氏论功行赏时，圣德太子及其手下的秦氏家族后裔都获得了许多奖赏，而秦氏家族后裔还因为获封荒地而修建堤坝，被日本人称为"秦河胜"（有"战胜河水泛滥"之意）。在此之后，日本人开始陆陆续续地信仰佛教。但苏我氏逐渐做大以后，原先获得赏赐的圣德太子也受到了欺压，甚至天皇也要由苏我氏拥立，被拥立的少年天皇完全处于被操纵而不能发表自己旨意的状态。有人给天皇进贡了一头野猪，天皇发现这头野猪的面孔同苏我氏后人苏我马子的面容十分相似，他便抽出长剑砍向野猪头，感叹自己何时才能像砍这头野猪一样砍杀自己所恨之人。苏我氏的耳目将天皇的做法告知了苏我马子，苏我马子忌惮天皇的野心，便派人把少年天皇杀掉了，然后又把自己的外甥女立为天皇，即日本的推古天皇。推古天皇登基以后，内心也不赞同继续由苏我氏把持政权，便努力扶植圣德太子，让圣德太子与苏我氏相制衡。最后推翻苏我氏势力的是中大兄皇子。中大兄皇子通过宫中职掌祭祀的中臣氏接触到许多留学归国的日本人，这些留学中国的日本人在中国学习了很长时间，并且试图在日本建立起与中国类似的国家体制。中大兄皇子及反对势力决定在天皇召见朝鲜使者时刺杀苏我入鹿。会见使者是一个国际性的活动，苏我氏家族必定会出席。因为苏我入鹿当时已经是带剑上殿，所以安排了一位表演者请求用苏我入鹿的宝剑完成戏法表演，苏我入鹿未曾多想便交出了宝剑。后来，天皇在一处坐着，一人面向天皇读诏书，臣子则都跪成一排，在帷幕的后面安排一位力士拿一把长矛准备刺杀苏我入鹿。由于苏我入鹿体格高大、仪态威严，这位力士迟迟下不了手。但此时已经"箭在弦上不得不发"，读诏书的人也知道必须在宣读诏书的时候动手，才可能从背后刺杀苏我入鹿，问题是诏书已经快要读完了，却仍然不见有人动手，他只能无奈地拖长自己的声音。最后，中大兄皇子眼看形势紧迫，夺过长矛一把刺向苏我入鹿。在后来与苏我氏的交战中，中大兄皇子得到了多数人的拥戴和认同，苏我入鹿的父亲苏我虾夷感到势单力孤，自杀身亡，苏我氏本宗至此几近覆灭。中大兄皇子及其党羽得到政权之后，便开始推行大化改新。在这整个"乙巳之变"里留学中国的日本人起到了很大作用。

具体而言，新政权在此时学习中国实行了班田制。突然之间日本人的土地都划归国家，然后由天皇来进行"班田"，仿照中国编造户籍，并授予口分田，配套的租庸调制度也在此时建立起来。这些制度在日本以前都是没有的，所以大化改新使日本天皇有史以来第一次直接把握了全国的财力，天皇的权力也借此扩大了许多倍。日本天皇忽然间拥有的权力使得天皇产生了扩张的野心，恰好唐朝此时正联合新罗攻打百济，日本天皇认为正是介入的良机，于是日本前后派遣了大约三万人前往朝鲜半岛参加"朝鲜争霸赛"。面对加入战场的日本人，唐军将领刘仁贵将唐朝与新罗的士兵列为军阵，第一次在大陆作战的日本人还不知道军阵的巨大杀伤力，面对强硬的军阵发起了盲目冲锋。结果日本人被唐军大败，而且战船也被烧毁。此战在历史上被称为"白村江之战"。这一仗打完之后，日本人认识到中国在军事方面的强大实力，所以日本历史上把这一战记载得十分详细，包括面对唐军阵法时日本人如何商量的细节都有所记载。但是很遗憾，在中国的相关历史记载当中，"白村江之战"的记载文字不多。日本士兵败退回国以后担心受到唐朝军队的报复，便号召政府发起了全国动员，组织新部队，并且沿着日本海修筑了大量观望用的哨点，试图较早地发现唐朝军队。但唐朝军队始终没有出现。面对孤寂的驻守生活，放哨的士兵便写诗来排遣思念与感伤，日语中指代这批士兵有一个特殊的词叫"防人"。日本最早的诗歌总集叫作《万叶集》，《万叶集》之于日本，类似于《诗经》之于中国，《万叶集》中收录许多"防人歌"。

佛教传到日本以后，日本天皇都开始直接信仰佛教，鉴真和尚到日本的时候，日本圣武天皇与皇后及诸多大臣都是恭敬地跪受佛戒，可见天皇对佛教信仰的真挚。圣武天皇后来选择了放弃天皇身份而出家。圣武天皇去世以后，他的皇后也特别尊奉佛教，便把圣武天皇所有用过的物品都捐给了寺庙。寺庙接收这批物件以后有些为难，直接使用天皇家的物件似乎于礼不合，于是便修建了一所仓库将这批物件贮藏起来。公元756年，日本的皇后把天皇的物件送到了寺庙里；今天，这所寺庙仓库还较完整地保存着这批物件，这所仓库叫作"正仓院"。这所仓库里还保存有唐朝赐予日本的诸多物件。

这是我们要介绍的一份古文书，是皇后把这批物件送进寺庙之前所写的文书（参见图6）。其中透露出许多历史的细节。我们分析一下这件文书：这件文书颁行的时候，圣武天皇已经去世，新的孝谦天皇已经继位。按道理的话，国家事务应该是由孝谦天皇处理，但是皇太后在这件文书上盖的印章却是"天皇御玺"。这说明在756年这个时间点，皇太后的女儿孝谦天皇并没有掌握实际权力，代表皇权的大印，仍然把握在皇太后藤原光明子手中。这告诉我们真正支配朝政的仍然是藤原光明子皇后而不是孝谦天皇。文书的重要性便体现在这里。不经意间把最重要的细节一下子保留下来。正仓院的宝物部分来自唐朝，有乐器、盛水的器皿、各类金银玉器、上好的瓷器以及来自中亚的银币和各类丝绸纺织品等，这批文物很多呈现出唐朝的风格。

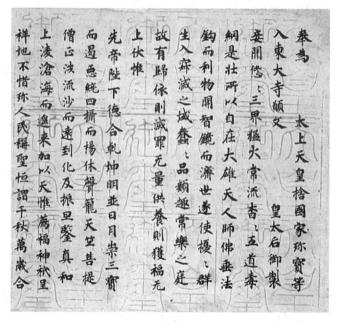

图6

在将圣武天皇相关的这些器件从宫中移送到庙宇中时，如何保护易碎品是一个大问题。恰好当时日本推行班田制需要大量登记户口，地方登记的户籍文件因为当地居民的去世、出生、人口迁移或流动等，制度上需要大约六年就重新登记一次。新的户籍登记完，大量过期的户口登记文件便没有了价值。这些废弃的户籍登记用纸就被用来包裹在玉石等易碎品上送进了正仓院，就好比咱们今天用废报纸包裹物品起到保护作用一样。于是圣武天皇时代的很多户口登记件便这样得到了较为完整的保存。图7便是一件来自正仓院的户籍原件图片，上面有"筑前国印"的印章字样。筑前国的"国"是当时日本的行政单位。我们看日本古代正式的文书并不是首先写好内容，而是在书写之前先把印章盖好，以此证明这是记载国家重要文件的纸张，然后才在上面开始写字。像这样记载郡国的户籍原件在正仓院内还有许多，原先用来包东西的"废纸"现在都是宝贝。

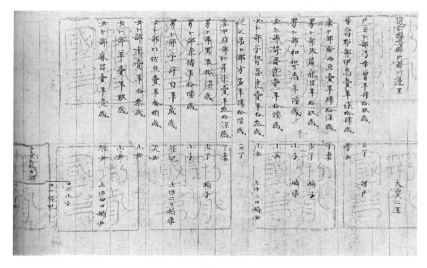

图7

在这样一堆户籍原件中，半布里地区的户籍原件（图8，半布里户籍文书）引起了后续研究者的重视。当时的半布里是日本御野国加毛郡（今岐阜县加贺郡）下的一个村落。半布里的户籍统计得非常清楚，而且保存得比较完整，一些日本学者还根据文书内容到半布里实地进行了考古工作。根据这些文书和考古结果的结合，学者们发现：在户籍记载的时代，半布里通常都是五户人家围合聚居，且每五六户人家之间间隔一定距离，这对应当时建造房屋的"一保"的原则（五户为一保）；此外，当地五十八户人家对应有十一保，第一保的户籍没有保

文书档案中的历史

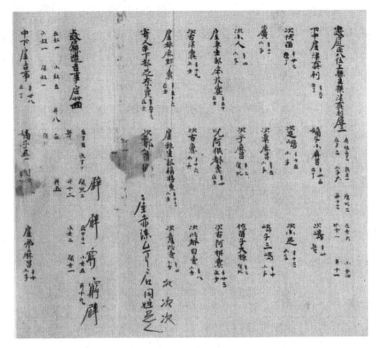

图 8

存下来，而根据其他保存下来的户籍信息推断，第二保、第三保、第四保、第八保都是原来住在此地的世家；而第五保、第七保、第九保、第十保都是秦氏家族；第六保则大多是零散的小户人家；第十一保则是渡来人与本地人杂居。这个村落的总户数有五十八户，人口则在一千一百人左右。当地村民耕种的人均田地面积，与唐朝班田制所规定的人均土地耕种面积基本相同。一些偶然保存在正仓院里边的古代村落文书，和半布里的考古研究成果能够完全匹配到一起，我觉得这是做文书研究的一个特别经典的案例。这是半布里古代村落样貌的一幅还原图，不同的圆圈即代表排列的"保"。

实际上我们今天看到的日本人很多都是大陆移民的后代，因为古代有许多人从大陆去到日本，为日本带去了许多先进的生产技术和农业作物。大陆这边司空见惯的物件，拿到日本可能就是好东西。海洋在今天不是特别大的阻隔，燕京号从天津港出发，用不了几天就能到达神户。古代没有如此方便的条件，所以古代技术的流传其实也非常不容易。中国这套文化传到日本很多是靠人员的流动偶然实现的。同时，大陆的新发明如同浪潮一般不断冲击着日本本土传统的生长以及从前学习大陆产生的旧传统。比如在鉴真东渡日本之前，日本人已经信仰佛教很多年了，但突然间唐朝佛教律宗门派开始强调戒律的教义，认为没有律宗高僧实行授戒的话，人去世以后是不能成佛的。日本天皇知道这条新教义以后十分担忧自己没有受戒的机会，于是派遣使者来到中国邀请高僧前往日本。但当时日本国路途遥远且较为贫瘠，一般的高僧都不愿意前往，最后鉴真和尚答应了邀请，因为鉴真小时候曾与日本皇室结缘（图9）。在鉴真还是一位小沙弥时，日本的长屋王一心向往中国佛教，却因为皇室身份不得随意前往大陆，于是便派人制作了一千件袈裟，将之施舍到中国的寺庙中。小和尚鉴真也领到了一件袈裟，袈裟上写有十六字："山川异域，风月同天。寄诸佛子，共结来缘。"这书写在袈裟上的文字，也是一种文书。长屋王子借此表示自己虽然与中国的僧人不在一处山川，但是共享同一轮明月、同一阵长风，自己把袈裟送给唐朝僧人，希望下一辈子结成法缘。鉴真和尚联想到自己小时候的此段经历，愿意回应此段法缘前往日本。这是文书的意思得到了最有效的传达。

图9

鉴真和尚一共六次尝试东渡日本，最后一次才顺利到达。其中有一次鉴真的船队被大风吹到了海南岛，鉴真便在海南岛建庙传道，最后鉴真到达日本的时候，已经双目失明，他受到了天皇与皇后的隆重欢迎。这些事迹在《续日本纪》的记载中很清楚。天皇家中有人患病，天皇也会邀请鉴真和尚进行诊断。

日本这个时代很多技术都是由渡来人带去的，日本来到唐朝学习的学者也发挥了很大作用。在中国学习八个月的遍照金刚（即空海大师）不仅写得一手好字，而且还写了一本书叫作《文镜秘府论》，是研究中国古代文论必读的一部书。可见日本人可以对中国文字掌握得如何到位。但后来日本人认为使用中文太费劲了，而日本人本来就有互相沟通的语言，只是没有文字；学习中国汉字以后，日本人觉得复杂的汉字有些不符合自己表达的需要，就开始了对汉字的改造。比如空海便创造了假名，尝试把汉字简单化。具体做法是将五十个汉字简单化，以此来表示日本语的发音。日本的文书发展到此时的样态，我们读起来就比较费力了。

一开始的官府文书与中国文书形制非常一致（图10，757年的越前国司牒），文字大多为真字（对应后来的"假名"），因为整个时代的特征表现为对中国的学习。但后来官员署名的时候却大量出现看似

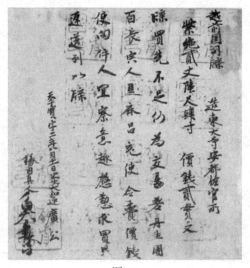

图10

较为潦草的花押，很多日本人认为这是日本人的独创。我见到过宋代皇帝宋徽宗与宋钦宗都有自己的花押，所以这部分实际上也是日本学习中国的一个表现。

四、从律令国家体制到庄园制

后来，日本觉得不光是文字需要不完全照搬中国，在制度方面也开始了这个过程。比如仿照唐朝实行的班田制逐渐崩溃，土地被划归私有，日本的社会状态从此进入庄园制的社会。在庄园社会的时代，日本的天皇怎样发布命令？同时期中国皇帝一般委托文臣给他起草诏书，然后诏书发到六部去，六部则把诏书变成国家文件，然后往下发行。但是这么复杂的官僚机器运作对于体制较小的日本来说并不合适，天皇一旁的女官通常会将天皇的口令记录成文字，将其直接作为天皇的口头命令发出去，所以这时候出现了此类女官书写的奉书（图11，女房奉书）。这些文书也是国家的法定文书。

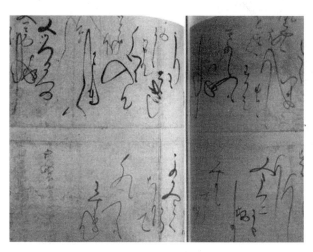

图 11

女官写东西不太喜欢写较为复杂的汉字，而倾向于用潦草的假名书写，经过漫长的时间以后，这些潦草的假名成为很正式的日本文字。从"真名"到"假名"，这便是文化与历史的变化。随着后来日本武家掌握政权，幕府开始逐渐建立比较固定严明的文书形制，但日本文书已经与中国文书严格的律令格式有所不同了。

这是一件来自日本镰仓时代的代表性文书（参见图12），此时大约对应中国的宋元时期。这些文书有什么用途？因为此时的日本已经属于私人庄园为主的社会形态，所以庄园土地的所有权问题自然是头等要事，拥有较大的庄园即意味着拥有较大的经济与政治实力。在这样的一个时代，从将军手里领到一个庄园尤为重要。庄园的首领被称为"地头"，此件文书上便有"补任地头职事、左卫门尉藤原朝政"的字样。将军封赐的庄园能够世袭，但获得庄园的贵族对将军也负有责任和义务，一旦镰仓家的政权受到了威胁，接受封赐的贵族必须携带武器前去支援。这些贵族被称为"御家人"，即"将军的家人"。日本不只是在社会形态上发生了本土化，法律也在本土化。

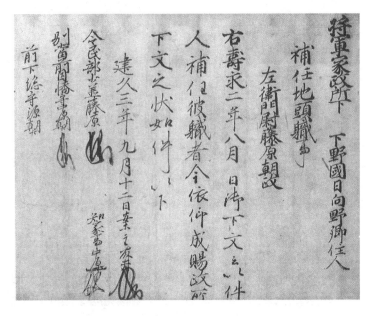

图12

这件特殊的文书上的内容有人说是遗言（参见图13），它来自日本史上的承久之乱。承久之乱时，后鸟羽上皇（"上皇"即提前退位出家的天皇）和顺德天皇试图在第一任镰仓将军去世后新立天皇家的皇

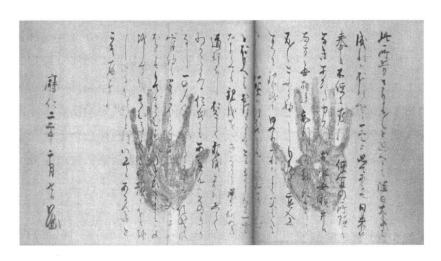

图 13

子成为将军，但遭到了将军家势力的拒绝；后鸟羽上皇和顺德天皇便以镰仓政权不具备合法性为由准备向镰仓幕府发起进攻。武士怎么敢和天皇敌对呢？镰仓幕府中有的地方武士听闻天皇的讨伐号令以后甚至暗中表示愿意向天皇投降。后来，一代镰仓将军的妻子北条政子将武士聚集起来，告诉他们武士们的俸禄都来自镰仓将军，镰仓将军对他们的恩情如山海一般浩瀚；北条政子指出，天皇的号令没有任何道理。她号召手下的武士，哪怕将军去世，也应该继续追随将军家的势力。许多武士因此认识到自己的庄园和权力其实来源于将军的封赐，便重新团结起来。最后天皇的威势并未发挥预想的作用，将军家的武士们顺利打败了天皇家。幕府扶持起新的天皇以后，失败的天皇被将军家流放到荒岛。这文书就是后鸟羽天皇在荒岛留下的按下自己血手印的文书。

　　日本朝廷以唐朝为样板建立了他们的律令制度，很多律令法条都是把中国唐朝的法律直接挪过去的。唐朝律令没完整保存下来，我们只能在一些文献里编辑出一些条目。于是日本学者宫崎道三郎最初提出从日本律令当中恢复唐朝律令的思路，他的学生中田熏开始收集材料，最后由中田熏的学生仁井田升完成了一部《唐令拾遗》。这部书是师生三代共同努力完成的。此后仁井田升的学生池田温又带领学生完成了《〈唐令拾遗〉补》一书。唐令研究就这样在日本学者一代代努力下向前推进的。《天圣令》发现之后，日本的唐令研究又在继续进步。所以今天中国史研究中有关唐令部分，离开日本人的研究便很难入手，因为几代日本学人用心血在这个领域浇灌出了丰硕的成果。可当初丰富的唐朝律令传到日本后，对于当时的日本人来说实在过于复杂。到了武家当政的镰仓幕府时代，他们避开复杂的律令体系，建立起一套以武家和民间的习惯法为基础的简单实用的新法，这就是完全可以写在一张纸上的《贞永式目》（参见图14）。这法律设计较为简单，相关法律直接来源于武士旧俗习惯，比方说杀人就要偿命，偷窃便要受到刑罚；《贞永式目》另一个来源是"民间之法"，所以这套法律贯穿的大多是"平常的道理"。《贞永式目》可以看作日本在法律层面从中国的复杂体系回复到自身朴素本土社会的转向。这件文书里面的法条非常简洁，不能面对和处理太多复杂的事情，但古代日本学习到的唐朝律令却足够复杂。《令义解》中收入的法条内容十分复杂，法条解释规定得极其细致。武家使用《贞永式目》，并没有废止律令。日本法律在这一时代发生的这种变化，是非常有意思的。

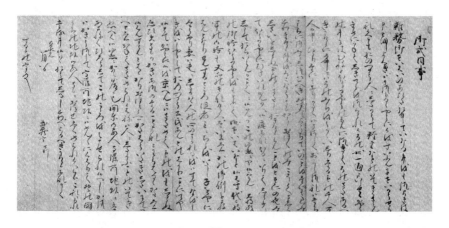

图14

这是镰仓之后的室町幕府时代流传下来的非常大的一个文书群，叫作"东寺百合文书"，这是一大批内容非常丰富的中世文书。这样收纳文书的箱子在东寺大概有一百箱（参见图15）。在以前上古文书课

图 15

学习到东寺百合文书时,我曾向老师发问:为什么有那么多文书收入东寺百合文书?许多已经出卖的土地,在其中都能够找到百年前交易的记录?老师回答我,在日本一块土地卖出以后,卖主与土地并非就此全然没有关系了,说不定以后的什么时候这块土地还能回到卖主手中。古代日本一直存有这个想法。镰仓幕府把一大堆庄园赏给了手下的御家人,这些御家人大多是武士,不太擅长经营,而善于经营的商人慢慢就把御家人的土地给买走了,武士因此逐渐走向没落。将军认为武士失去力量并非好事,便发布了一个命令,叫"德政令":某年某月某日开始,所有的土地权利归属全部恢复到幕府最早封赐的状态。这意味着商人购买土地的民间契约从此失效,土地资源再次回到武士手中。这就是"德政令"。日本人很看重自己拥有的土地,并强调自己在多少代以前就拥有对这块土地的支配权利,而文书越多表明他对这块土地的支配根源越深。东寺是一所拥有大量庄园的庞大庙宇,关于这些庄园的所有文件都被统一收集起来并保存得特别好。这是东寺百合文书的目录。东寺百合文书总数达到了四万多件,相当于从中国宋代一直到明代的时间跨度里一座庙宇几乎所有文书都保存下来了。所以做日本经济史的人都特别喜欢东寺百合文书，他们大都习惯根据文书来研究日本中世经济。这是东寺文书中与土地相关的部分（参见图16），与我们的鱼鳞图册比较相似。

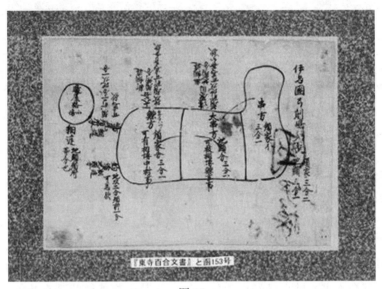

图 16

这件字体明朗的文书是明王朝发给日本室町幕府将军源道义的诏书（参见图17），注意这份诏书直接称呼源道义为"日本国王"。对于当时的明王朝来说，他们可能并不知道将军的背后还有一位天皇，而直接将源道义当作了国王。源道义可能是第一个用日本国王的名号同中国来往的日本幕府将军。明治维新以后，日本人重视宣传天皇家的正统性，在皇国史观为核心的那个时代的日本历史叙事中，源道义被视为对天皇不忠的"和奸"，他的不忠便表现在"假借日本国王的名义同中国来往"。那个时代同中国进行朝贡贸易是获利很大的交易，一个货物从中国运到日本有几十倍的利润。源道义派遣的使者到中国不仅能够得到皇家宝物的赏赐，还能从中国民间进口大量利润丰厚的商品，所以源道义愿意顶着"日本国王"的名号来与中国进行朝贡贸易。这个时代的日本还流行使用中国的钱币，尽管日本在工艺上已经能制造许多好的工艺品，制造铜钱更不在话下，但是在贸易流通中日本人还是更青睐使用中国钱币。为什么？因为中国钱币的质量相对有保障，而日本人这个时代没有以国家信用为基础铸造的钱币。民间铸造的钱币则经常出现灌锡等情况，使用时间较长之后这种钱币就会发生碎裂。所以日本人热衷于来中国用白银购买铜钱，中国有些地区甚至因为日本人的大量购买而出现"钱荒"，中国的"永乐钱"后来更是成为日本铜钱的标准。

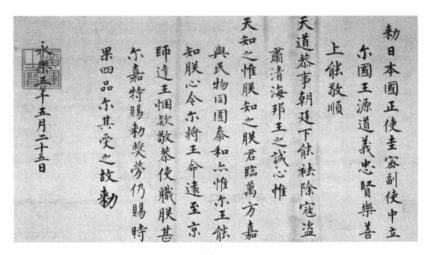

图17

请注意下面两份文书上古代日本人的签名（参见图18、图19）。这些文书的签名反映出日本民族某种集团性特征。日本也有农民起义（一揆），在农民起义发动的过程中，大多数成员不愿意直接成为首领，因为首领通常会在失败以后被追究家族的责任，但附和反叛者的家族不会受到牵连。因此，在日本参加农民起义成员所签署的文书当中，

图18

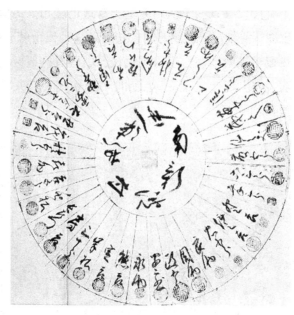

图 19

所有人的名字就这样形成一个圆环的向心结构，以此便可起到避免突出某一个人成为首领的效用。一件事情由集体负责，没有某一个人担责，文书中的细节是否体现出日本民族集团性行为的某些特征呢？

最后介绍的这件文书，与丰臣秀吉的侵略计划相关（参见图20）。丰臣秀吉侵略朝鲜是东亚历史上非常重大的事件。丰臣秀吉的侵略计划并不止步于朝鲜，他还有侵略中国的野心。他占领中国后企图实现的目标是：攻陷北京以后，安排天皇入主北京，京畿一带全部成为天皇家的庄园；然后再安排天皇家中的其他后裔在日本当天皇，以此管理日本和朝鲜；朝鲜国王要迁往日本；而秀吉本人则入主宁波。为什么是宁波？我想一是因为宁波是港口，他还要接下去打天竺。二是因为当时日本人渡海来中国的第一站多是宁波。宁波的繁华景象给日本使者留下了深刻的印象。在当时的日本人的想象里，宁波是首都之外最重要的城市，所以也成为丰臣秀吉所向往的目标。从古文书中我们能够直接了解丰臣秀吉当时很多具体的想法。古文书就是这样，是历史研究非常重要的第一手材料。

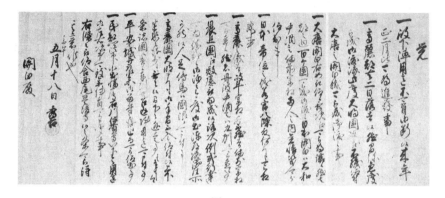

图 20

古文书非常重要,因为它保存有文书所在时代很多重要细节,是历史研究重要的材料。文字传入日本是日本古文书出现的契机。而文书出现后不同时代的文书,总在反映不同的时代特征。本课挑选了一些有代表性的日本古文书,并以文书为线索讲述了日本历史一些片段,期待唤起同学们对日本历史的兴趣。谢谢大家。

(初稿整理者:赵予辰)